평화의 정치사상

나남출판

나남신서 · 550

평화의 정치사상

최 상 용

나남출판

A Political Philosophy of Peace

by

Sang – Yong Choi

NANAM

NANAM Publishing House

—

책머리에

이 책은 1997년 초판이 나온 이래 주로 국내의 평화연구가와 학생들이 많이 읽었다. 2000년 한국유네스코에서 유엔 '평화의 문화' 기념시리즈의 일환으로 이 책의 영역판이 나온 후부터는 외국의 평화연구가와 정치가, 외교관, 시민운동가 등 평화실천가들의 관심을 끌게 되었다.

영문판 *A Political Philosophy of Peace*에 보낸 두 분의 서문에 대해 이 자리를 빌려 고마움을 전하고자 한다. 특히 세계평화학회(IPRA)의 사무총장을 지낸 평화연구가 사카모토 요시카즈 동경대학 명예교수는 원고를 꼼꼼히 읽고 귀중한 조언을 주었고, 평화사상연구의 대가인 쟈니느 샹퇴르 소르본느대학 명예교수는 필자에게 공동저술을 제의해 왔다. 또한 이 책을 읽고 격려의 메시지를 보내준 바이체커 전 독일대통령, 노르웨이의 사이스테드 전 노벨평화상 심사위원장, 코피 아난 유엔사무총장에게도 경의를 표한다. 그리고 필자가 일본에서 대사로 근무할 때

이 책을 외교활동에 필요한 선물로 사용했는데, 그때 보내준 외
국대사들의 독후감을 지금도 잊을 수 없다.

세계적 수준의 냉전체제가 붕괴된 지금, 인류는 탈냉전·냉전
후 시대에 걸맞은 평화를 뿌리내려야 함에도 불구하고 전쟁, 테
러 등 집단폭력과 기아, 공해 등 구조폭력에 시달리고 있다. 아
직도 한반도 냉전을 극복하지 못하고 있는 한국인의 입장에서는
평화야말로 최우선순위의 가치가 아닐 수 없다. 이 책은 서양의
평화사상을 다루고 있지만 원래 평화는 국경을 초월한 보편적
가치이며, 특히 이 책의 주제인 민주주의 체제와 평화의 관계에
관한 연구는 한반도에서 민주적 평화(democratic peace)를 어떻게
실현할 수 있을 것인가에 대해 많은 것을 시사하고 있다. 초판
에 실린 "Thoughts on Peace and Political Systems"를 다시 수
록한 것도 이 논문이 1997년 세계정치학대회(IPSA)에서 발표한
기조논문으로서 이 책의 주제인 민주적 평화에 대한 필자의 일
관된 메시지가 담겨있기 때문이다.

이 책이 세계평화와 한반도 평화 실현에 종사하고 있는 지도
자나 시민들의 활동에 이론적 지침을 제공하는 데 조금이나마 도
움이 되었으면 하는 바람이다. 재정적 어려움을 감수하고도 흔
쾌히 재판에 응해주신 나남출판 조상호 사장에게 경의를 표한다.

2006년 3월 1일
한국평화연구원 연구실에서
최 상 용

—

책을 내면서

이 연구는 원래 1,200쪽이 넘는 방대한 양을 세 권으로 나누어 출간할 예정이었다. 개개 정치철학자들의 사상의 기본구조를 밝힌 다음, 그 속에서 평화의 사상을 도출하고 길고 친절한 주석을 달기로 했었다. 그러나 관련 전문가와 대학원 학생 그리고 출판사와 의논한 끝에 나는 주제의 일관성을 위해, 대상을 평화 사상에 한정하고 각주의 긴 설명을 아예 없앰으로써 한 권의 책으로 묶었다. 그리고 이 책의 말미에 보론으로 "Thoughts on Peace and Political Systems"를 덧붙였다. 이 글은 제 17 회 서울 세계정치학회 개회식에서 기조 논문으로 발표된 것이다.

이 연구는 진로문화재단의 재정적 지원으로 이루어졌다. 재단의 도움으로 수차례에 걸쳐 독일, 프랑스, 영국, 스웨덴, 노르웨이 등 유럽 여러 나라와 미국, 일본 등 세계의 주요 평화연구소가 있는 나라들을 연구 여행할 수 있었고 방대한 자료를 구입할 수 있었다. 이 책이 한국이나 세계에서의 평화사상 연구의

수준을 높이는 데 조금이라도 기여할 수 있다면 이 또한 재단의
고마움에 대한 조그만 보답이 될 것이다.

　이 책이 나오기까지 많은 사람들의 도움을 받았다. 각 장의
논문을 읽고 비평해 준 동료 정치학자들, 고려대학교 정치사상
전공 대학원 학생들의 도움이 컸다. 특히 교정을 봐준 이수석
박사, 최광필 석사, 이병호 석사, 이준성 군 그리고 타자를 맡
아 준 김호정, 이성계, 하승우 군과 정영희, 유수진 양에게 각
별한 고마움을 전한다. 끝으로 잘 팔리지 않는 학술서의 출간을
기꺼이 맡아 준 나남출판의 조상호 사장께 경의를 표한다.

1997년 8월 15일
한국평화연구원 연구실에서

나남신서·550

평화의 정치사상

차 례

—

서 문

널리 알려져 있듯이 아리스토텔레스는 인간을 정치적 동물이라 했고, 정치학을 학문의 대종(*master science*)으로 보았다. 그리고 그는 정치학을 이론학이 아닌 실천학의 카테고리에 넣었다. 정치의 속성과 정치학의 운명을 예언이라도 하듯 이 말은 B.C. 4세기에 나온 것이지만 21세기를 눈앞에 둔 지금에 와서도 그 원형적 의미는 그대로 살아 숨쉰다.

우선 학문의 대종으로서의 정치학의 의미는 무엇인가?

첫째, 정치학은 무엇보다도 인간 혹은 인간관계에 관한 학문이라고 말할 수 있다. 동서고금을 막론하고 정치적 인간관계의 핵심은 소수의 지배자와 다수의 피지배자의 관계이다. 소수의 지배자가 1인의 폭군 또는 성군일 경우와 소수의 귀족일 경우도 있었고 근대적인 의미에서 소수정예의 혁명가나 공복이란 이름의 지도집단일 수도 있다. 그리고 다수의 피지배자가 절대다수의 백성이나 신민일 수도 있었고, 근대로 들어오면서 참여의식이 높은 시민이나 주권을 가진 국민으로 그 의미가 변하기도 했다. 그러나 지배자든 피지배자든 정치의 세계에는 '정치적 동물', 정치적 인간이란 무엇인가, 보다 궁극적으로 인간이란 무엇인가에 대한 근본적인 물음이 바닥에 깔려 있다. 정치 이외의 다른 영역은 대체로 시간이 흐름에 따라 비약적으로 발전해 왔지만, 정치의 세계는 반드시 단선적인 발전을 기대할 수 없었던 것도 예나 지금이나 정치적 행위자인 인간의 본성 자체에 근본적인 변화가 없기 때문이다. 인간성에 대한 관점에 따라, 즉 성선설이냐 성악설이냐에 따라 그 정치적 논의의 과정과 결론이 달라진다. 그러면서도 인간성의 선악의 문제는 어디까지나 상대적인 문제라는 점을 터득하는 것은 그리 어려운 일이 아니다. 인간성에 내재하는 천사적 요인과 악마적 요인을 문맥적으로 파악하는 것이 정치적 사유의 속성이다. 이처럼 정치학은 인간을 문제삼는 인간학으로서의 위상을 영원히 보유할 것이다.

둘째, 정치학에서 인간성에 대한 성찰을 중시하는 것도 궁극적으로는 보다 좋은 정치공동체가 무엇인가에 대한 해답을 찾기 위해서이다. 그리스의 폴리스 이래 정치학의 1차적인 관심은 국가, 정치체, 정치사회 등으로 불리는 정치공동체의 질서를 어떻게 형성하는가 하는 문제였다. 지금까지의 정치학설은 대체로 당시의 정치공동체가 당면한 문제에 대한 구체적인 해답이며, 따라서 그 정치고장의 특수성으로부터 자유로울 수 없다.

셋째, 서양의 고대국가는 그리스 정신이라는 문화적 동질성에 기반을 둔 보편국가였고, 중세사회는 기독교라는 세계종교에 바탕을 둔 보편사회였다. 따라서 개별 정치단위간의 관계는 1차적 중요성을 갖지 못했다. 그러나, 근대 민족국가가 성립한 이후의 국제관계는 경제력, 군사력을 바탕으로 한 정치적 우·적(友敵) 관계가 일상화되다시피 했다. 고대 이래 인류사의 많은 부분이 전쟁사였지만, 특히 근대 이후의 전쟁은 정치의 연장으로서의 자각이 선명했다. 더욱이 실정법이 존재하는 국내 정치사회와는 달리 유효한 재판정을 갖고 있지 않은 국제관계는 근본적으로 무정부적 속성을 지니는 것이다. 따라서 개별 민족국가는 동맹, 협상, 연합 등 이합집산을 하면서도 전쟁상태의 국제관계에서 살아 남기 위한 수단과 방법을 모색하지 않을 수 없게 되었다. 특히 근대 이후는 국가이성(raison d'État)의 개념이 확립됨으로써 국내정치는 국제정치의 변화, 즉 전쟁과 평화의 상호작용 속에서 자국의 무한한 국가이익을 추구하는 것이 지극히 당연한 것으로 간주되었다. 더욱이 현대에 들어와서는 국내정치와 국제정치의 연계는 학문적으로나 현실적으로 이미 그 중요성이 입증되고 있다.

이처럼 정치학은 인간학인 동시에 국가학, 국가학인 동시에 국제학으로서 인간과 국가와 세계를 다루는 학문이기에 아리스토텔레스 이래 학문의 대종으로서의 위상을 유지하고 있다고 볼 수 있다.

그 다음 실천학으로서의 정치학의 문제이다. 위에서 지적한

대로 정치학은 인간성이라는 보편적 주제를 다루고 있긴 하나 그 인간성에 대한 보편이론은 아직은 존재하지 않으며 개개 민족국가의 경우도 그 민족의 개성과 역사적 특수성에 의해 정치적 처방전도 구체성과 개별성을 띠지 않을 수 없다. 더욱이 전쟁상태로서의 잠재적 성격을 가지고 있는 국제관계를 규제할 수 있는 구속력 있는 제도적 장치가 없고 효과적인 세계정부의 존재가능성도 희박하다고 말하지 않을 수 없다. 이처럼 현실적으로 정치학은 지구상에 있는 모든 개별국가를 만족시킬 수 있는 일반이론의 구축이 어려우며 사상가들이 창출한 보편적 이념도 특정의 정치적 공간 속에서 수정되지 않으면 안된다. 따라서 정치는 특수한 상황과 구체적 조건을 문제삼고 그에 대한 적절한 해답을 강구해 나가는 끝없는 실천과정이며, 정치학은 실천적 지식을 다루는 학문, 즉 실천학이 아닐 수 없다.

2500여 년의 정치학의 역사에서 일관되게 논의되어 온 정치학의 열쇠개념들은 그 모두가 인간과 정치공동체를 문제삼고 있으나 시·공을 초월한 보편적 정의는 없고 시대와 장소에 따라 그 의미내용과 적용범위가 달라져 왔던 것이다. 이를테면 권력, 자유, 평등, 정의, 민족, 전쟁, 평화 등은 정치학의 영원한 주제들이다. 권력이 무엇인가 하는 것은 인간의 영원한 물음이며 자유와 평등과 정의는 정치사회가 존재한 이래 인간이 끊임없이 추구해온 가치요, 규범이다. 그렇다면 영원히 생명력을 갖고 있는 이들 정치학의 개념들이 시간과 장소에 따라 어떻게 변화해

왔으며, 그 변화의 저변에 관류하는 계속성은 무엇인가. 이러한
물음에 답하는 것은 학문의 대종이요, 실천학으로서의 정치학의
주요 과제일 것이다.

　나는 1960년부터 정치학을 공부하면서 당시 한국이라는 정치
고장에서 최우선 순위의 정치학의 연구과제가 민족주의라고 생
각했다. 민족주의에 대한 문제의식은 1960년대의 한국의 사회과
학도라면 누구나 겪었던 하나의 지적 홍역이었지만, 민족주의를
다룸에 있어서 그 개념과 담당세력의 문제에 대한 학문적 관심
을 불러일으킨 분은 은사 동주(東洲) 이용희(李用熙) 선생님이었
다. 나의 첫번째 저서인 《미군정과 한국민족주의》는 동주 선생
님의 가르침과 4·19 상황 속에서 키워 온 20대의 나의 학문적
고민의 산물이다. 분단과 전쟁으로 점철된 한국의 민족문제는
평화와 통일로 극복되어야 한다. 이 경우 평화는 단순히 통일의
방법일 뿐만 아니라 통일한국이 추구하는 목표가치이다. 그리고
평화는 힘의 정치와 권위주의에 대한 비판개념인 동시에 탈냉전
민주화의 시대정신에 걸맞은 규범적 가치이다. 평화에 대한 나
의 연구관심을 꽃피게 한 것은 동경대학 대학원 재학 당시 지도
교수였던 사카모토 요시카즈(坂本義和) 선생님의 학문적 교시였
다. 사카모토 선생님은 1960년대 후반부터 민족국가 수준의 권
력정치가 전쟁의 근본원인이라고 보고 그 민족국가의 틀을 깨는
시야를 개발하면서 군축, 평화연구에 몰두하고 있었다. 그 분의
영향을 받은 나는 1973년 이래 대학에서 서양정치사상사 강의를

하면서 자연스럽게 제2의 연구테마로 평화사상을 잡게 되었다.

널리 알려져 있듯이 평화에 대한 접근은 크게 세 가지 수준으로 나누어 볼 수 있다.

첫째는, 인간적, 개인적 수준의 접근이다. 전쟁의 원인을 인간성에 내재해 있다고 보고 인간의 공격성, 전쟁본능을 순화함으로써 내면적인 마음의 평화는 물론 나라와 나라 사이의 전쟁을 막는 데도 이바지할 수 있다고 보는 관점이다.

둘째, 국가 수준의 접근이다. 이는 전쟁과 평화의 행동주체나 논의의 거점을 개별 민족국가에 두고 국내의 정치개혁 또는 민주화를 통해서 전쟁을 막고 평화에 접근하려는 발상이다.

셋째, 국가간의 교섭이나 기구를 통한 국제적 수준의 접근이다. 어떤 형태로든 개별국가의 주권을 제한하여 연맹이나 세계정부를 설립함으로써 평화에 접근하려는 시도이다.

그외 생태적 접근이나 세계화에 따른 지구수준의 접근이 가능하나 평화, 그것도 정치적 평화에 대한 논의는 정치단위로서의 국가로부터 완전히 자유로울 수 없다.

이들 평화에의 접근방법은 서양정치철학의 역사에서 보면 고대 그리스의 폴리스 이래 있어 왔고 그 사상이 중세철학에 계승되면서 르네상스 이후 근대에 들어와 본격적인 평화론이 전개되어 왔던 것이다.

나는 1970년대 후반부터 플라톤에서 맑스에 이르는 서양 고전 속에서 전쟁과 평화에 대한 아이디어를 추출하여 그들의 정치사상 속에 나타난 평화관을 재구성하는 작업을 시작했다. 이 작업은 이미 읽은 고전들을 평화의 시각에 맞춰 읽고 또 읽어야 하는, 일견 무미건조한 노력을 수반하는 것이었다. 1980년대 후반부터 대학원 세미나에 참여했던 200여 명 이상의 학생들이 내가 놓쳐버린 옥돌을 찾는 데 많은 도움을 주었다. 하나의 주제로 정치사상사를 쓴다는 것이 얼마나 고통스러운지를 나는 절감했다. 스스로 무능을 개탄하고 끝없는 회의와 불만을 간직한 채 나는 이제 졸작을 세상에 내놓기로 했다.

첫 저서 《미군정과 한국민족주의》의 서문에서 나는 민족주의 연구에서 평화 연구로의 방향전환과 함께 이 책의 완성을 약속한 바 있다. 이제 다시 독자들에게 내 인생의 후반부에 할 일을 약속드린다면, 그것은 관용과 사려를 바탕으로 하여 인권, 통일, 환경, 생명을 주제로 한 넓은 의미의 평화의 실천에 헌신하는 것이다. 이와 같은 약속은 나의 태만과 연약한 의지에 대한 채찍이 될 것으로 믿어 의심치 않는다.

I 고대의 정치질서와 평화

1

플라톤의 正義와 평화

정치학은 고대 그리스인의 지적 훈련에서 출발하여 오늘날 사회과학 가운데 가장 오래된 학문분야로 뿌리를 내렸다. 정치사상사의 대상은 바로 이 정치학의 고전들이며 서양사에서 체계적인 정치학의 고전을 내놓은 최초의 사상가가 플라톤이다. 플라톤(427~347 B. C.)은 젊어서 소크라테스의 가르침을 받았고 저술을 남기지 않았던 스승의 언술을 이론화했다. 플라톤은 신화가 끝나는 곳에서 이데아가 시작한다고 말함으로써 신화를 이데아라는 객관적 인식으로 대체하려고 했다.

인간은 만물의 척도1) 라고 한 프로타고라스(Protagoras) 와 달

---

1) Plato, *Cratylus*, 386a sq. , *Theaetetus*, 152a, 160d, 161c sq. ,

리 플라톤은 이데아를 사물의 근본으로 보았던 것이다. 이데아
는 철학의 공리와도 같이 자명한 것이며 영원불변의 존재로서
감각적인 현상의 배후에 존재한다. 이데아는 실로 이상주의나
유토피아 사상의 원형이라고 말할 수 있다. 플라톤은 인간을 이
성과 감성의 두 구성요소로 되어 있는 중간자로 보고 이성으로
이데아를 아는 것이 지식이요 인식이며, 감성에 의한 개인의 자
의적인 사유를 의견이라고 했다.[2]

   플라톤에 의하면 정치적 지식은 단순한 경험으로부터나 어떤
종교적 권위에서 도출되는 것이 아니라 철학만이 그것을 가능하
게 한다. 그는 철인이 정치를 하거나 차선으로 정치가가 철학을
알아야 한다고 했다.[3] 우리가 곧잘 얘기하는 "정치가는 철학이
있어야 한다"는 말의 뿌리는 멀리 플라톤까지 소급한다고 볼 수
있다. 이러한 사상은 한편으로 철학과 정치학이 미분화된 시대
의 특징이라고 말할 수 있지만 다른 한편으로 정치와 철학 이론
과 실천, 나아가서 정치와 정치학의 본래적인 불가분성을 말해
주고 있다. 플라톤에게 지식과 권력(힘)은 둘 다 인간이 추구하
는 가치이며 지식을 가진다는 것은 동시에 힘을 가지는 것이다.
우리는 여기서 아는 것이 힘이라는 사상의 단초를 발견할 수 있
다. 그런데 정치에 대한 태도란 점에서 보면 플라톤은 정치에서
철학의 중요성을 자각적으로 제시했고 현실정치의 개혁에 열정

   162c, 164d, 166d, 167d sq., 170~171a, 178b, 183b., *The Collected Dialogues of Plato*, eds. Edith Hamilton and Huntington Cairns (Princeton, N. J. : Princeton University Press, 1987).

2) Plato, *Republic*, 475c~480a 참조.

3) *Ibid.*, 473c~d.

을 가지고 있었다는 점에서 스승 소크라테스보다 훨씬 정치적이
었다고 볼 수 있다. 소크라테스는 사적 수준에서, 즉 시민으로
서의 자유로운 대화를 통해 전통과 도덕의 재건을 주장했고 플
라톤은 공적, 정치적인 입장에서 일종의 윤리혁명을 주장했다.

그리고 플라톤은 자칭 현자나 철인이라고 했던 소피스트들의
수사학을 한낱 목적을 달성하려는 변론술로 보았고 인간의 영혼
그 자체의 개량을 목적으로 하는 고도의 정치술을 주장했다. 4)
소피스트들이 외적 인간(external man)을 중시한 데 대해서 소크
라테스나 그 제자 플라톤은 내적 인간(internal man)을 중시했다.
힘이 정의5)라는 소피스트(Trasymacus)의 명제는 플라톤에 와서
정의는 힘이란 의미로 역전되고 만다. 정의는 플라톤의 정치사
상을 푸는 열쇠 개념이며 우리는 여기서 전쟁과 평화에 대한 플
라톤의 관점도 그의 정의론에서 도출할 수 있다.

그러나 플라톤은 전쟁과 평화에 대해서 명쾌한 정의를 내리지
않았다. 더욱이 전쟁과 평화의 관계에 대해 수미일관한 설명을
한 적이 없다. 일방적으로 전쟁은 나쁜 것이고 평화는 바람직하
다고 말하지도 않았고 평화는 죽음의 침묵이요, 전쟁은 생명의
약동으로 보지도 않았다. 그리고 전쟁은 인간 내면의 본래적인
악의 표현이기 때문에 불가피하다고 단언하지도 않았고 평화가
인간에게 주는 혜택을 거부하지도 않았다. 그러나 페르시아와의
메디안(Median) 전쟁에서 이긴 그리스 도시로서는 그 전쟁의 승
리가 더없는 영광이요 자랑이었음에 틀림없다. 펠로폰네소스

---

4) Palto, *Gorgias*, 464b~465d, 501b~c, 502e, *Law*, 650b.

5) *Republic*, 338c~e, 340b, 341a.

(Peloponnesos) 전쟁에서 스파르타에 패배한 조국 아테네는 플라톤에게는 악몽이었음에 틀림없다. 플라톤은 그의 《국가론》에서 소크라테스의 입을 통하여 병사와 수호자의 교육을 토론하는 자리에서 "전쟁의 좋고 나쁜 영향에 대해서는 아직 말할 수 없다"[6] 고 하고 있으나 조국의 패망은 그의 스승 소크라테스의 죽음과 함께 슬픈 기억으로 남았을 것이다. 플라톤은 전쟁 일반에 대한 반대는 하지 않았으나 도시국가의 패망을 초래하는 전쟁은 명백한 악으로 보았다. 즉, 도시국가간의 전쟁에서는 이기는 것이 영광이며 시민은 그 도시국가의 방어에 참여할 신성한 의무가 있다고 보았다. 그가 가장 나쁜 것으로 간주했던 전쟁은 도시국가 내의 전쟁, 즉 내전이었다.[7] 그러나 내전에 대한 반대가 전쟁 일반을 반대하는 것은 전혀 아니다. 플라톤에게 중요한 것은 전쟁에 직면했을 때 도시국가가 어떻게 행동해야 하는가를 아는 것, 다시 말하면 그 전쟁에 어떻게 효과적으로 대처해야 하는가, 전쟁은 언제 그리고 어떤 조건하에서 일어나는가 하는 것을 바로 아는 것이었다. 따라서 플라톤에게 전쟁은 어디까지나 소여(所與)로서의 전쟁[8]이었다. 그의 일차적 관심은 전쟁이 일어났을 경우 정치공동체의 질서를 어떻게 회복할 것이며 내전이 일어나지 않도록 하기 위해서 정치공동체를 어떻게 견고하게 만드는가 하는 것이었다. 그러나 이러한 플라톤의 전쟁관이 전쟁에 명예롭게 승리만 하면 도시국가간이나 도시국가 내의 평화는

---

6) *Ibid.*, 373e.

7) *Ibid.*, 462a~b, *Law*, 629d.

8) *Law*, 626d.

아무래도 좋다는 의미는 전혀 아니다. 그리스인은 분명히 평화의 이익을 자각하고 있었다. [9] 그리스인은 평화가 도시국가의 조화로운 발전을 가능하게 하고 미래의 전쟁에 이길 수 있는 기회를 제공해 준다는 믿음을 갖고 있었다. [10] 전쟁과 평화에 관한 한 플라톤의 최대 관심사는 전쟁에 견딜 수 있는 정의로운 정치공동체를 어떻게 만들 것인가 하는 점이었다.

이처럼 플라톤에 있어서 평화의 사상은 그의 정의론, 즉 조화로운 정치공동체의 질서의 주장에서 그 실마리를 찾아볼 수 있다. 우리는 플라톤의 저술을 통하여 그가 지극히 드물게 표현했던 전쟁과 평화의 의미와 그의 정의론 및 그에 부응하는 정치체제의 구상, 사회구성원의 역할, 정치교육 등에서 암시하고 있는 평화의 사상이나 메시지를 추출해 보고자 한다.

정치질서에 대한 플라톤의 사상은 국가의 3계급과 개인의 3영혼과의 관계에 관한 그의 견해에 잘 나타나 있다. 그에 의하면 국가공동체는 통치자, 전사, 생산자의 3계급이 있고 그 각 계급에 상응한 이성, 기력, 욕망의 정신적 자질이 있다. 플라톤은 이성에 의해 기력과 욕망을 통제함으로써만이 조화로운 정의의 공동체를 만들 수 있다고 보았다. 그런데 이 이성의 통제능력이 개인의 수준에서는 도덕적인 수련이요, 그 수련의 도장이 바로 국가인 것이다. 그의 국가론은 소피스트처럼 자유와 평등을 전제로 출발하는 것이 아니라 국가라는 전체 공동체 속에 각자가

---

9) *Ibid.*, 628c~d, 803d, 829a 참조.

10) Janine Chanteur, *De la Guerre à la paix* (Presses Universitaires de France, 1989), *From War to Peace*, translated by Shirley Ann Weisz (Westview Press, 1992), p. 11.

자기의 직분(*due*)을 다함으로써 정의를 실현할 수 있다고 보았
다.[11] 요컨대 이성을 가진 철인, 기력을 가진 군인, 욕망을 가
진 평민이 각기 자기의 기능, 역할을 다하는 행위가 자유요, 그
러한 상태가 정의이며 그 정의의 실현을 통하여 조화로운 공동
체, 즉 평화로운 정치체제가 형성된다는 것이다. 볼린(S. Wolin)
이 적절히 지적했다시피 플라톤에게 정의(*Justice*)란 정당한 기능
(*just functioning*)으로서 각 계급이 정해진 직분을 다하는 분업체
제가 원활하게 기능하는 상태이며 그러한 질서정연한 정치공동
체가 정의로운 국가이다. 플라톤에게 평화는 바로 정의의 상태
이며 모든 불화와 전쟁의 원인은 바로 이 질서와 정의의 파괴에
서 비롯한다. 정의와 질서로 표현되는 플라톤의 평화는 갈등과
전쟁의 부재이며 안정과 무변화(*changelessness*)를 특징으로 한다.
플라톤이 바랐던 선(善)의 공동체는 근본적으로 정태적이며, 이
정태적인 평화사상이 그의 계급론, 교육론, 정체론 등으로 제도
화되고 있다.[12]

　플라톤이 말하는 3계급 분류는 어디까지나 기능적 차별로서
문벌, 성별 등에 의한 신분차별 자체는 아니다. 말하자면 질서
와 조화를 형성하기 위한, 전체의 부분으로서의 계급이다. 이
계급적 질서는 기능에 의한 계층화를, 욕망 위주의 평민계급,

---

11) *Republic*, 427e~445e 참조. 특히 433a~b, 435b, 441d 참조.
12) *Comparing Political Thinkers*, edited by Ross Fitzgerald
　　(Australia: Pergaman Press, 1980), p. 16 ; Karl R. Popper, *The
　　Open Society and Its Enemies*, Vol. I: *The Spell of Plato*, Fifth
　　Edition (Princeton: Princeton University Press, 1966), pp. 18~
　　56.

기력 위주의 군인계급, 그리고 이성적 지배자로서의 철인계급으로 나눈다. 플라톤이 본 철인의 자질 가운데 가장 중요한 것은 이데아에의 정열로서 진리에 대한 사랑이 그 핵심이다.[13] 그밖에도 철인은 시공을 초월하여 만유를 관조할 수 있는 영혼, 즉 정신적 자질, 타고난 기억력과 이해력 그리고 육체적 쾌락에로의 경향이 적고, 절제, 질서, 우아의 덕목을 가진 사람이라야 한다.[14] 요컨대 철인에게 일종의 무오류성의 신화를 요구하고 있는 것이다. 플라톤에게 철학이란 영원불멸의 존재인 영혼이 육체적 욕망에 의한 구속에서 해방되어 자기의 본질을 회복하는 지적 행위이다.[15] 따라서 철인은 선의 이데아라는 궁극적 원리를 통찰한 자로서 인간으로서 가장 신적인 존재일 뿐만 아니라 그에게 폴리스의 질서를 창출할 수 있는 임무가 있는 것이다. 이리하여 철인은 단순히 관조적 생활에 만족할 것이 아니라 최선의 정치공동체의 지배자가 되는 것이다. 요컨대 철인은 선의 이데아에 따라 만물의 존재를 파악하는 인간으로서 하나의 범형 (paradigm)에 따라 통치를 하는 왕, 즉 철인왕이다. 철인에 의한 지배야말로 국가의 최후의 담보이며 철인은 국가통치의 정점에서 일체의 구속에서 자유로운 주체, 조작자(manipulator)로서 현대용어로 말하면 물리적인 권력과 정신적인 권위의 독점자이며 사변적 능력과 조작적 능력을 겸비한 인간으로서 그에게는 이른 바 고상한 거짓말(pseudos)[16]의 구사가 허용되었다.

---

13) *Republic*, 475b sq.

14) *Ibid.*, 487a.

15) Plato, *Phaedo*, 66b~67b.

16) *Republic*, 414b~415e 참조.

이처럼 플라톤의 계급은 일종의 기능개념으로 파악될 수 있다. 그에 의하면 기능의 혼돈은 비(非)정의로서 나쁜 것이며 기능의 질서정연한 발휘야말로 선이며 정의인 것이다. 국가의 모든 구성원은 그들이 통일된 전체질서의 한 부분이라는 높은 자의식을 가져야 한다는 것이다. 모든 사람은 정치공동체의 이익에 참가한다는 점에서는 시민이지만 실제로 정치에 적극적으로 참가하는 것은 소수의 시민이다. 플라톤은 지배자가 아닌 사람도 지배자를 따라 정의로운 삶을 영위할 수 있다고 보아 개인이 지배자에 대해 추종, 모방할 것을 권유하고 있으나, 인간의 수평적, 자발적 상호행위에 관한 논의는 빈약하다고 말하지 않을 수 없다. 이 점은 포퍼(K. Popper)의 플라톤 비판에 극명히 나타나고 있는데 플라톤은 자유민주주의에 대한 도전자이며 현대 전체주의 사상의 사상적 원흉이라고 보는 견해가 바로 그것이다.17)

이러한 플라톤의 발상은 그의 교육론에서도 잘 나타나 있다. 그에게 정치는 곧 교육이며 교육은 바로 정치교육이었다. 플라톤에 의하면 이상사회 실현을 위한 방책으로서의 정치교육의 목적은 어디까지나 제도적응적인 인간의 재생산이며 철저한 엘리트 교육이었다.

국가의 평화는 질서와 정의의 상태이며 이는 곧 철인군주와 수호자의 지배의 상태를 말한다. 이러한 정의 질서 평화의 정치공동체를 유지하기 위한 수단이 바로 국가주도의 철저히 통제된 교육이다.

---

17) Karl R. Popper, *op. cit.* 참조.

플라톤의 교육론에 의하면 20세까지는 수호자 계급 모두에게 음악과 체육 교육을 하고 20세부터 철저한 엘리트 교육을 실시한다. 음악과 체육을 통한 감각적 판단을 익힌 다음 수학 교육으로 넘어가는데 이 수학이야말로 지적 활동의 진수이다. 수의 본질을 파악하는 것은 이데아의 본질을 파악하기 위한 실마리가 된다는 것이다. 교육은 단계적으로 실시된다. 20세에서 30세까지는 수학 교육을 통해서 엄격한 지적 훈련을 시킨 다음 30세에서 35세까지는 수호자 계급 가운데서 선발된 자에게 변증법을 가르침으로써 대화를 통하여 진리를 파악하는 능력을 개발한다. 35세에서 50세까지는 각종 공무에 봉사하게 한 다음 50세부터 고위급 정치에 참여할 수 있도록 정하고 있다. [18] 학교조직을 철저히 국가 관리하에 두었으며 종교에 관한 태도에서도 사적인 종교행사를 금지시켰고 국가 공인의 승려만을 인정하였다.

　지배자 계급의 교육과 그 제도화를 위한 노력의 하나로 지적해야 할 것은 다름 아닌 플라톤의 공유제에 관한 일관된 주장이다. [19] 그는 지배자 계층에게 사유재산 및 처자의 공유를 끈질기게 주장했다. 그는 지배계급을 생산활동으로부터 완전히 구별하여 사변적 헌신과 공무에 전념토록 하고 일체의 사적 이해나 동기를 배제하도록 했다. 말하자면 지배계급 내부에서의 원시적 소비공산제를 요구한 것이다. 요컨대 지배계급의 금욕을 제도화하기 위한 장치로서의 공유제를 주장한 것이다. 그의 사유재산 철폐의 사상은 후일 각종 사회주의 사상으로 연결되나 근대 사

---

18) *Republic*, 521b~541b, 특히 536c~540b.

19) *Ibid.*, 449c~471e.

회주의 사상이 인간의 사회적 평등을 주장함에 반해 플라톤의
공유제는 노예제를 당연시하는, 그런 의미에서 인간의 사회적
불평등을 전제로 한 것이었다.

플라톤은 정의로운 정치공동체를 도출하는 작업의 일환으로
국가의 3계급과 인간영혼의 3요소의 관계를 축으로 하여 6개의
정치체제를 분류했다. [20]

우선 이성이 지배하는 완전국가로 1인의 철인군주제와 귀족정
치를 들고 있고 다음으로 이성의 통제가 어려운 불완전 국가로
기력이 지배하는 군인정치와 욕망이 지배하는 과두정치, 민중정
치, 전제정치 등 4가지 정치체제를 제시하고 있다.

1인의 철인정치와 소수의 지자에 의한 귀족정치는 플라톤이
이상으로 했던 정치체제였으나 현실에는 4가지의 불완전 국가형
태가 순환적으로 변화하고 있음을 보여주고 있다.

군인정치는 기력이 이성에 우월한 경우로서 사유재산의 증대
로 생산계층의 노예화가 나타난다. 교육은 음악이 무시되고 체
육만 중시하는 경향이 있으며 교양없는 거친 무사의 지배로 이
성에 의한 욕망의 통제가 어려워진다. [21]

과두정치는 금력이 지배하는 금권정치로 이 정치체제하에서는
덕이 경시되고 지성이 황폐해지며 지혜로운 사람이 정치가가 되
기를 원하지 않고 빈부의 격차가 심화된다. [22] 이리하여 결국 통
치자의 무능, 빈자의 반항으로 과두정치는 무너지고 민중정치로

---

20) *Ibid.*, 445c~d, 543a~545c, 그리고 제 9 권 참조.
21) *Ibid.*, 545 sq.
22) *Ibid.*, 550c sq.

이행한다. 민중정치하에서는 자유, 평등이 중시되나 탁월성에
대한 증오, 지나친 평등화, 극단적인 욕망의 추구로 무정부 상
태를 초래하게 된다. 23) 이런 상황에서는 데마고그(demagogue) 형
지도자가 나타나 전제정치로 이행한다. 전제정치는 철인정치의
반대극으로 극단적인 중우정치에의 반동이라고 할 수 있으며 동
물적인 지배가 자행된다. 24)

　이처럼 플라톤은 국가체제가 황폐함에 따라서 인간의 영혼,
즉 인간의 정신적 자질도 이성에서 기력으로, 다시 기력에서 욕
망의 순으로 타락한다고 보았던 것이다. 그는 국가의 구조와 인
간 영혼의 구조의 관계에서 정부형태를 분류하고 있으며 정치부
패의 본원적 속성을 자각함으로써 정의로운 정치질서의 재생산,
다시 말하면 평화로운 삶을 보장하는 정치공동체를 창출하기 위
한 지배자의 사명감과 피지배자의 의무감을 강조했다.

　플라톤이 그의 《국가론》 끝부분에서 다시 에르(Er)의 신화를
내세워 영혼의 불멸, 인간의 사후재판25) 문제를 제기하고 있는
것도 내세의 상정에 주된 관심이 있었다기보다 지상의 정의 실
현에 높은 권위를 부여하기 위해서였다. 정의에 따랐느냐, 아니
냐에 따라 벌을 받게 된다는 것은 어쩌면 기독교의 최후심판의
희랍신화적인 표현이기도 하다.

　플라톤은 본격적인 첫번째 정치학 작품인 《국가론》과 말년의
작품인 《법률론》의 중간에 과도기적인 저술로서 《정치가론》을

---

23) *Ibid.*, 555b sq.
24) *Ibid.*, 562 sq.
25) *Ibid.*, 614b sq.

내놓았다.

《국가론》에서 플라톤은 3대계급과 인간영혼의 3대 구성부분을 기준으로 정체를 분류한 데 대해서 이 《정치가론》에서는 법과 지배자의 수를 기준으로 국가형태를 나눈 것이 특징이다. 26) 우리는 여기서 플라톤의 정치사상이 철학에서 법으로 그 중요성이 이행하고 있음을 볼 수 있다.

그에 의하면 정치는 인간에 있어서 최고의 기술이지만 현실적으로 탁월한 정치기술을 가진 자가 없기 때문에 최선의 이상형태는 어렵고 그 복사판으로서 법의 지배가 검토되었던 것이다. 그래서 철인 국가론에서 법률 국가론으로 이행하면서 철학 대신 법률이 전면에 부각하고 이러한 문제의식이 그의 《법률론》에서 더욱 철저화되었다.

《정치가론》에서는 법의 유무와 지배자의 수를 기준으로 6종의 정체를 분류했다. 27) 군주정은 법에 의거하는 한 최선의 정체이며 무법의 자의가 되면 최악의 참주제가 된다. 데모크라시는 민주정과 중우정 두 종류로 나뉘는데 민주정은 법에 의거하는 최하의 것이며 중우정은 무법 중의 최선의 정체이다. 그리고 법에 의거하는 소수의 정체가 귀족정이고 무법의 소수지배가 과두정이다.

플라톤의 후기의 작품인 《법률론》은 아테네, 스파르타, 크레타의 세 사람의 노인의 대화로 구성되는데 이는 경험과 현실을 중시한 데서 나왔다. 법률론의 주제를 이루는 것은 절제로서 이

---

26) Plato, *Statesman*, 291d~292a.
27) *Ibid.*, 302c~303b.

는 욕망에 대한 이성의 통제를 말하며 이 절제의 제도화가 다름 아닌 법[28]인 것이다. 플라톤에 의하면 법은 신으로부터 주어지는 것[29]이며 법의 지배는 곧 신의 지배로서 일종의 신정정치를 연상케 한다. 《법률론》은 소크라테스가 등장하지 않는 유일한 대화집으로 철인의 가치가 상대화되고 있다. 정치현상을 도덕적 확신에서 설명한 스승 소크라테스의 영향하에서 철인왕이 나왔었는데, 법에 의해 잘 다스려지는 나라를 제기함으로써 이상에서 현실로의 전환과 함께 철인이 사라진 것이다.

《정치가론》에서는 법과 지배자의 수가 정부형태의 기준이 되었는데 《법률론》에서는 정부형태에 대한 분류는 적극적으로 제시하지 않고 군주정의 지혜의 원리와 민주정치의 자유의 원리의 조화로서의 혼합정체론을 제시했다.[30] 특히 플라톤은 혼합체제야말로 절제와 중용에 걸맞은 체제이며 조화롭고, 정의롭고, 평화로운 정치질서를 보장할 수 있다고 보았다. 그후 서양정치사상사에서 혼합체제론은 끈질긴 생명력을 가지고 전개되어 왔다.

플라톤은 초기 20년간 스승 소크라테스와 같은 시대에 살았고 아리스토텔레스는 그후 20년간 그의 스승 플라톤의 아카데미아에 있었다. 플라톤의 법률국가론과 그 속에 나타나는 혼합정체론은 이미 아리스토텔레스의 등장을 예고하고 있었다.

플라톤의 저작 속에 나타난 전쟁과 평화는 지극히 단편적이고 전쟁과 평화에 대한 개인적 및 국제적(도시국가간의 전쟁 및 평화)

---

28) *Law*, 631c~d 참조.
29) *Ibid.*, 624a.
30) *Ibid.*, 693a~e, 701d~e.

수준의 문제의식은 결여되어 있으나 국가(도시국가)적 수준, 즉
정치공동체 내의 정의로운 정치질서로서의 평화를 유지한다는
점에서는 강인하고 일관된 문제의식이 견지되어 있다. 플라톤이
그의 교육론에서 제시한 인간 내면의 평화도 정치를 떠난 에피
쿠로스적 마음의 평화가 아니라 조화로운 정치공동체의 구성원
으로서 갖추어야 할 절제와 중용의 덕목이다. 그리고 외국과의
전쟁에서 승리하여 정치공동체를 지키는 영광이나 영웅적 심성
도 군사적 덕목이라기보다는 당시 그리스인의 최고의 덕목이었
던 지적 탁월성(arete)의 연장선에서 보아야 할 것이다. 원래 병
사의 자질인 용기도 전쟁을 위한, 전쟁에 필요한 힘 자체가 아
니라 오직 국가를 방위하고 필요하다면 국가를 위해 전쟁에서
이겨야 하는 시민의 내면적 영혼의 힘으로 묘사되고 있다. 《국
가론》의 부제 "정의에 관하여"가 의미심장하게 함의하고 있듯이
플라톤의 정의론은 국가수준의 최초의 체계적인 평화론이라고
말할 수 있다. 왜냐하면 그의 정의론은 평화의 핵심인 조화로운
정치체제에 대한 문제의식과 방법론을 철저히 다루고 있기 때문
이다. 플라톤은 전쟁과 평화의 문제를 정치체제와의 불가분한
관계에서 파악했다는 점에서, 즉 평화를 에피쿠로스적인 인간
내면의 평화가 아니라 처음부터 정치적 평화(civic peace)로 파악
했다는 점에서 평화의 정치사상을 논의하는 최초의 터전을 마련
하였다.

2

아리스토텔레스의 中庸과 평화

플라톤은 당시 문화의 중심이었던 아테네의 정치 현장에서 태어났고 아리스토텔레스(384~322 B. C.)는 그리스의 변경인 마케도니아의 국경 근처에서 태어났다.

아리스토텔레스는 20년간 아카데미아에서 플라톤의 가르침을 받았으나 문제의식과 방법에서 스승과 좋은 대조를 이루었다.

우선 플라톤은 이상적 사회 실현을 위한 개혁을 추구했으나 아리스토텔레스는 소여(所與)의 질서를 받아들여 그 조화를 달성하려는 실제적 인물이었다. 아리스토텔레스는 초경험적인 플라톤의 이데아를 비판하고 경험의 토대 위에 엄밀하고 정확한 지식을 추구하려 했다. 플라톤의 사상에서는 전체사회의 통일이념이 전면에 부각됐으나 아리스토텔레스는 부분의 다양성을 중시했

다. 플라톤이야말로 인류 역사에서 가장 행복한 정치철학자라고
해도 지나친 말이 아니다. 그는 위대한 스승 소크라테스와 위대
한 제자 아리스토텔레스와 각기 20년간 교류하면서 정치철학의
기본 주제를 거의 빠짐없이 다루었기 때문이다. 플라톤은 《국가
론》을 통하여 스승 소크라테스와, 《법률론》을 통하여 제자 아리
스토텔레스와 깊은 사상의 연결고리를 갖고 있었다. 국가론에서
법률론으로 이어지는 플라톤의 정치사상의 기본주제는 정의와
중용이었다. 플라톤은 지혜 가운데 가장 중요한 것은 정의와 중
용[1]이라고 했는데 이 경우 정의와 중용은 조화로운 정치질서,
평화로운 정치체제의 창출을 위한 기본규범이란 점에서 맥을 같
이한다.

정의는 플라톤의 정치사상의 핵심 개념으로 그의 국가론의 중
심 테마였다. 그런데 중용은 플라톤의 저작 특히 《법률론》에서
단편적으로 논의되다가 아리스토텔레스에 의해 체계적으로 계승
발전되었다. 플라톤은 모든 사람은 양극단이 아니라 중간적 평
형(平衡)을 꾀하는 타협의 길(path of compromise)을 택하는 것이
정당할 뿐만 아니라 이득이 된다고 했고[2] 절반이 전부보다 우월
하다[3]고 함으로써 중용의 효용을 주장했다. 그리고 플라톤은 교
육의 목적이 바로 중용의 실현이며 이 중용을 지키지 못하면 모
든 일이 뒤틀려 버리거나 제멋대로 되기 때문에 무질서와 불의
(不義, injustice)에 빠지고 만다고 했다.[4] 플라톤은 중용을 지키

---

1) Plato, *Symposium*, 209a～b.
2) Plato, *Letter* VIII, 355d.
3) Plato, *Law*, 690e.
4) *Ibid.*, 691c～d.

는 인간이 재앙을 피하고 평화와 번영을 얻을 수 있다고 보았
다. 5)

정의와 함께 중용을 평화상태로 파악한 플라톤의 문제의식은
아리스토텔레스에 이르러 더욱 선명해진다. 아리스토텔레스에게
중용은 정치학과 윤리학의 기본개념이다. 아리스토텔레스는 정
치학을 윤리학으로 파악했고 그의 윤리학은 인간의 정치적 성격
과 이성적 성격의 바탕 위에 형성되었다.

인간의 정치적 성격이란 고대 그리스에서 인간은 폴리스적 공
동체 안에서만이 자기의 존재이유가 있다는 뜻이다. 인간은 본
성적으로 정치적 동물이란 명제는 바로 이 인간의 정치적 성격
을 말해 주는 것이다. 6) 여기서 아리스토텔레스의 윤리학은 바로
폴리스의 공동목표 달성의 방법에 관한 학으로서의 정치학이 된
다. 정치적 성격이 인간의 본성인 이상 인간은 고립적인 존재로
서는 만족스러운 삶을 영위할 수가 없다. 따라서 폴리스는 인간
의 공동선을 실현하는 기본조건인 것이다.

이처럼 정치적 인간이 인간으로서의 참다운 삶을 실현하기 위
한 길을 연구하는 것이 윤리학이라면 폴리스가 윤리학의 대상이
되는 것은 오히려 당연하다. 그리고 인간의 참다운 삶의 실현은
좋은 정치공동체를 떠나서는 어렵기 때문에 공동체의 사고로서
의 정치학은 윤리적 자각을 떠나서는 있을 수 없다. 즉, 정치적
사려를 떠난 윤리학은 공허하며 윤리적 자각과 실천에 바탕을

---

5) Plato, *Letter* VIII, 352b~357d 참조.

6) Aristotle, *The Politics of Aristotle*, translated by Ernest Barker,
with Corrections (Oxford: Clarendon Press, 1948), I. 2. 1253a.

두지 않은 정치학은 맹목이라고 말할 수 있다. 아리스토텔레스
는《니코마코스 윤리학》에서 "이 연구는 정치학적 연구"라고 하
고 "정치의 궁극 목적은 인간적인 선"[7]이라고 했다. 이처럼 정치
와 윤리의 동태적 결합은 아리스토텔레스 정치사상의 핵심이라
고 할 수 있다.

그런데 인간의 정치적 성격은 인간의 이성적 성격과 표리일체
를 이룬다. 정치적 성격을 가진 인간의 실체는 어디까지나 개체
로서의 인간이며 그 인간의 인간다운 소이는 실제로 이성적 성
격에 있기 때문이다.

아리스토텔레스는 그의《니코마코스 윤리학》제 1 권에서 인간
에 고유한 이성과 행복의 관계를 다루었다. 즉 인간은 그냥 사
는 존재가 아니라 잘사는 것을 바라는 존재라는 점에서 행복의
단서를 찾을 수 있다. 잘산다고 하는 것은 결국 인간의 이성적
성격을 발휘함으로써 가능한 것인데, 이러한 이성의 훌륭한 발
휘, 즉 탁월성이야말로 넓은 의미의 덕(arete)에 다름아니다. 이
탁월성, 즉 덕의 성취가 선의 목표이며 그 완성태가 바로 행복
이다. 여기에 최고선은 행복과 일치한다.

아리스토텔레스에 의하면 인간의 이성적 활동은 관조와 실천
의 두 영역으로 나누어진다. 관조는 사물을 관찰하고 거기에 내
재하는 필연적인 원리를 통찰하는 것이며 여기서 이론 일반의
인식이 가능하다. 이에 대해 실천은 관조와는 달리 인간이 의지

---

7) Aristotle, *The Nicomachean Ethics*, with an English translation by
   H. Rackham, M. A., new and revised edition (Massachusetts:
   Harvard University Press & London: William Heinemann, 1934),
   I. 2. 1094b.

의 선택을 통하여 미결정의 상태에 있는 대상 속에서 미래의 방향을 결정하는 것이다. 형이상학, 수학, 자연학은 관조의 영역 즉 이론학에 속하는 학문이며 정치학은 실천의 영역 즉 실천학에 속한다. 인간행위의 시원은 욕구와 이성이며 이성에서의 긍정과 부정은 욕구에서의 추구와 기피에 해당한다. 아리스토텔레스에 의하면 선량한 의지의 선택은 참다운 이성과 바른 욕구에 의해 성립한다. 즉 이성의 긍정과 욕구의 추구의 일치8) 바로 그것이다.

그러면 인간의 이성적 활동이 어떻게 하여 중용의 형성을 가능하게 하는가.

아리스토텔레스에 의하면 중용은 정당한 이성에 따라 구할 수 있는 초과와 부족 간의 중간9)이다. 이성은 객관적인 질서인 동시에 그것을 지각하는 인간의 주관적 능력으로서 이성이 자연적 정의(情意)의 태도를 통제하여 과불급이 없는 중용상태로 향하게 한다.

따라서 중용은 객관적으로는 중간이나 가치적으로는 최선으로서의 의미를 가진다. 중용은 "실체적인 관점에서는 중간이나 동시에 그것이 최선이며 모든 것을 선하게 한다는 점에서 보면 최고구극(最高究極)이다."10)

이처럼 아리스토텔레스의 이성은 구체적인 목표달성능력이 되어 스스로를 전개함으로써 객관적 중용에로의 향도적 역할을 한

8) *Ibid.*, VI. 2. 1139a.
9) *Ibid.*, II. 2. 1104a, II. 5~6. 1106a~1107a, VI. 1. 1138b.
10) *Ibid.*, II. 6. 1106b.

다. 그러나 이성이 중용에로의 방향을 제시하는 것만으로는 목
표달성이 성취된 것이 아니다. 이성은 반드시 현실의 개별적 사
항에 대해서 수단의 이성으로서 그 스스로를 전개하지 않으면
안된다. 무릇 목적은 방향을 제시하는 것이며 여기엔 사려의 개
입이 필요없다. 이를테면 의사가 환자를 건강하게 할 것인가 말
것인가를 사려하는 사람은 없다. 그것은 당연한 목적이며 그러
한 목적은 사려의 대상이 되지 않는다. 사려의 대상은 목적이
아니라 수단이다. 이처럼 목적의 이성에 대한 수단의 이성이 인
간의 실천활동에서 전개되며 여기서 바로 실천적 사려가 생기는
것이다. 사려는 학문이나 기술이 아니다. 기술이 제작에 관련된
다면 사려는 행위에 관련된다. 사려는 "인간의 좋은 것과 나쁜
것에 관해 이성적으로 행위할 수 있는 상태"[11]로 정의된다. 또한
사려는 전체적 관점에서 어떤 것이 행복에 도움이 되는가를 신
중히 헤아리는 것이며 그러한 사람을 사려있는 사람이라고 한
다.[12] 왜냐하면 행복은 궁극적인 선이며 목적이요 부분의 사려
는 전체적인 목적과 연결됨으로써만이 의미가 있기 때문이다.
따라서 사려는 언제나 궁극적인 선에 걸맞은 행위를 선택해서
실천하는 능력이다. 그러나 그 전체적 사려가 결코 개별적 부분
을 무시한다는 의미는 아니다. 전체적 사려는 구체적 개(個)를
떠난 추상적 보편이 아니라 개개의 사항을 언제나 최고선에 일
치시키는 능력을 말한다. 따라서 "사려는 실천과 관련이 있고 실
천은 언제나 개별적이고 구체적이다."[13] 사려야말로 구체적인

---

11) *Ibid.*, VI. 5. 1140b.

12) *Ibid.*, VI. 5. 1140a.

13) *Ibid.*, VI. 7. 1141b, VI. 8. 1142a.

실천지(知)인 것이다.

사려가 실천에 관계되는 지성적 능력이라면 실천적 사려인 지성은 윤리적 덕과 떼려야 뗄 수 없는 관계에 있다.

아리스토텔레스는 윤리적 덕이 없는 사려의 위험성을 경고했다.14) 실천적 사려의 개념은 윤리적 덕과 떠나서 생각할 수 있는 영리(怜悧, *deinotes*)의 개념과는 근본적으로 다르다는 것이다. 아리스토텔레스는 실천적 사려와 영리를 엄밀히 구별했다. 영리는 제시된 목표에 맞는 수단을 교묘히 파악하는 능력이다. 따라서 그 목적이 정당하면 칭찬할 만하나 그렇지 않을 경우 교지(狡智, *panourgia*)가 된다. 사려는 목표달성을 위한 수단으로서의 영리 없이는 있을 수 없으나 영리가 그대로 사려는 아니다. 영리가 윤리적 덕에 바탕을 두었을 때 비로소 사려가 성립한다. 좋은 삶을 위한 행위에는 언제나 최고선이 대전제로 되어 있어 유덕한 사람은 이것을 잘 알고 있다. 여기에 비로소 목적을 실현하는 사려가 기능하게 되니까 유덕하고 선한 인간이 아니면 사려가 있을 수 없다.15)

"참다운 덕 없이 사려는 있을 수 없고 사려 없이는 윤리적 덕도 성취할 수 없다"16)고 한 것처럼 윤리적 덕과 사려는 불가분의 관계를 가진다. 더욱이 사려는 직접적으로는 수단의 이성으로서의 역할을 하니까 "덕은 정당한 목적을 분명히 하고 사려는 그에 대한 정당한 수단을 택한다"17)고 말할 수 있다. 그러나 그 수단

---

14) *Ibid.*, Ⅵ. 13. 1144b~1145a.
15) *Ibid.*, Ⅵ. 13. 1144b sq.
16) *Ibid.*, Ⅵ. 13. 1144b, 1145a.
17) *Ibid.*, Ⅵ. 13. 1145a.

은 정당한 목적의 대지 위에 비로소 그 역할을 다할 수 있는 능력이기 때문에 사려에는 어디까지나 목적의 이성이 내재한다. 그런 의미에서 칸트적 표현을 빌리면, 사려 없는 덕은 공히하고 덕 없는 사려는 맹목이라고 말할 수 있다.

그런데 사려와 덕의 결합은 단순히 고립적인 개인의 윤리규범이 아니다. 왜냐하면 폴리스의 정치질서하에서는 정치적인 매개 없이 개인이 선을 실현할 수 없기 때문이다. 따라서 사려는 본질적으로 정치적 사려를 떠나 생각할 수 없다.

이 정치적 사려의 밑바탕이 되는 윤리적 덕이 바로 중용이다. 인간에게는 원래 윤리적 덕을 실현하는 자연적 소질이 있으며 이 덕은 덕을 가진 자에게 완전한 선의 상태를 가져다주고 그 기능을 잘 발휘케 한다. [18] 이것이 바로 완전한 상태로서의 중용을 실현하는 것이다. 중용은 과불급이 없는 중(中)의 상태라고 말할 수 있는데 이 중에는 "사물에서의 중"과 "우리에의 관계에서의 중"이 있다. 사물의 중은 양극에서 같은 거리로 떨어진 중간으로 단순히 분량적으로 결정할 수 있다. 이런 의미의 중은 만인이 다 같다. 그러나 우리에의 관계에서의 중, 즉 이성과 덕에 바탕을 둔 중은 만인에게 동일한 것은 아니다. 무엇이 최선의 중인가는 마땅한 때, 마땅한 일, 마땅한 사람, 마땅한 목적, 그리고 마땅한 방법에 의해 결정된다. 인간의 악 특히 탐욕은 끝이 없으며 최선으로서의 중용은 한정적이어서 일정한 조건하에서만 가능한 것이다. [19]

---

18) *Ibid.*, II. 1. 1103a.
19) *Ibid.*, II. 6. 1106b.

정당하지 못한 선택을 하면 초과와 과소에 빠지고 정당한 선택에 의해서만 중용에 도달할 수 있다. 그 선택의 조건이 되는 것이 때(時), 일, 상대, 목적, 방법 등이다. 따라서 결국 윤리적 덕이란 우리 자신에게 관계되는 중용을 항시 파악할 수 있는 행위선택의 상태[20]라고 정의할 수 있다.

윤리적 탁월성으로서의 중용은 과불급이 없는, 과대(huperbole)와 과소(elleipsis)의 양극단에 치우치지 않은 바로 그 아름다운 조화의 중간(mesotes)이다. 미적 조화의 중(中)은 실은 전통 그리스 사상의 이상이며 호메로스 이래 플라톤에 이르기까지 도덕적 예찬의 표적이 되었다. 아리스토텔레스는 이러한 그리스 전통 속에 있는 중의 사상을 집대성하기 위해 수많은 예를 들고 있는데 이를테면 그는 용기를 태연과 공포의 중간이라고 설명했다. 그에 의하면 중용으로서의 용기는 도덕적 선의 자각에 입각하여 이성에 따라 행동함으로써 비로소 실현할 수 있는 조화 상태이다. 아리스토텔레스는 중용의 제도화의 예로서 국토, 인구, 법률, 재산 등의 규모에 대해서도 그의 《정치학》에서 많은 언급을 했다.

> 나라에서도 다른 모든 것 즉 동물, 식물, 도구에서와 마찬가지로 어떤 기준이 있다. 실제 이들은 어느 것이나 너무 작아도 또한 너무 커도 자기의 기능을 다할 수 없고 때로는 자기의 본성을 완전히 잃어버리거나 어떤 때는 졸렬한 상태에 있을 것이다.[21]

---

20) *Ibid.*, II. 6. 1106b.

21) Aristotele, *The Politics of Aristotle*, *op. cit.*, VII. 4. 1326 a35~40.

그리고 그는 국가도 인구가 너무 적으면 자족적이 되지 못하고 인구가 너무 많으면 국제(國制)를 가지기 어렵다고 했다. 22) 국가의 규모가 토지와 인구에 제약을 받지 않을 수 없는 이유로서 아리스토텔레스는 질서로서의 법의 효용에 대해서 다음과 같이 지적했다.

> 좋은 법률은 좋은 질서가 아니면 안된다. 그런데 너무 과도한 수는 질서가 될 수 없다. 실제로 그렇게 많은 수에 질서를 부여하는 것은 우주를 총괄할 수 있는 신의 힘이라야 가능하기 때문이다. 23)

> 인구가 너무 많은 국가는 좋은 법적 통치를 받기 어렵다. 아니 불가능하다는 것이 사실로 밝혀진다. 훌륭하게 통치되고 있다는 평판을 받는 국가는 하나같이 인구문제를 방치하지 않는다. 24)

재산의 규모에 대해서도 아리스토텔레스는 중용의 입장을 견지했다. 그는 정치질서와 평화의 유지를 위해 그리고 외부로부터의 위험을 막기 위해 적정한 수준의 재산이 있어야 한다고 했다. 즉,

> 재산은 국내에서 충분히 사용할 만큼 되어야 할 뿐만 아니라 국외로부터의 위험에 대응할 만큼 충분하지 않으면 안된다. 따라서 국가에 있는 재산의 액은 그 소유자가 침략자를 막을 수 없

---

22) *Ibid.*, VII. 4. 1326 b1~5.
23) *Ibid.*, VII. 4. 1326 a29~32.
24) *Ibid.*, VII. 4. 1326 a24~27.

음에도 불구하고 근린의 강국이 그것을 탐할 정도로 커서는 안
되며 동등의 국가나 유사한 국가와의 전쟁에까지 감당할 수 없
을 정도로 적어서는 안된다. … 따라서 재산의 최선의 한계는
그만큼의 부로는 보다 강한 나라가 여분의 재산을 얻기 위해 전
쟁을 해도 득이 없고 또 반대로 그만큼의 부를 소유하고 있지
않으면 전쟁을 걸어 올 위험이 있을 정도의 것이다. [25]

　아리스토텔레스는 이처럼 국토, 인구, 재산 등의 자원을 중용
의 상태에서 관리함으로써 외부로부터의 침략의 유혹을 막고 전
쟁이 있을 경우 그 전쟁에 버틸 수 있다고 보았다. 그는 중용을
통한 평화로운 공동체의 질서를 주장했다.

　아리스토텔레스는 플라톤과 마찬가지로 전쟁을 국가의 정치적
생활로서 소여(所與)로 받아들였기 때문에 폴리스를 지키기 위
해 필요하면 전쟁을 수행하는 것을 당연시했다. 그는 "전쟁을 위
해서는 자국의 영토 내에서만이 아니라 외국의 토지에 대해서도
유용한 무기를 사용해야 한다"[26]고 말했다. 개인의 정치적 생활
은 국가의 법 아래서의 평화의 생활이라고 말할 수 있으나, 국가
의 정치적 생활에 실제로 전쟁이 적지 않음을 인정했다. 그러
나, 아리스토텔레스에게도 전쟁은 개인이나 국가의 최량의 생활
은 아니며 어디까지나 재화를 획득하기 위한 기술일 뿐이다. 그
에 의하면 일의 목적이 여가인 것처럼 전쟁의 목적은 평화이다.
이처럼 아리스토텔레스는 평화의 가치와 전쟁의 사실을 동시에
인정하면서도 전쟁을 위한 전쟁이 아니라 "평화를 위한 전쟁"[27]

---

25) *Ibid.*, II. 7. 1267 a20~31.
26) *Ibid.*, II. 6. 1265 a20.

을 주장함으로써 평화에 관한 메시지를 분명히 전했다.

　아리스토텔레스의 정치사상에서 일관되고 있는 가치인 중용은 개인의 평화로운 생활을 보장하는 규범인 동시에 국가수순의 정치체제의 구상에서는 폴리티(polity)의 형태로 나타났다. 이 폴리티는 실현가능한 최선의 정치체제로서 과두제와 민주제를 결합한 혼합체제28)이며, 중용의 제도화에 다름아니다. 아리스토텔레스의 폴리티는 양극단의 단일체제를 지양하고 공익을 위한 다수의 지배라는 관점에서 고대의 정치체제 가운데 오늘날의 민주주의 체제와 가장 가까운 정체이다. 실제로 근대 이래 평화의 조건으로 이해되어 온 공화제와 민주정이 고대의 혼합정체의 전통을 이어받고 있다29)는 점을 감안하면 플라톤의 《법률론》에서 아리스토텔레스의 《정치학》으로 이어지는 혼합정체론은 평화를 정치체제와의 관련에서 파악하는 귀중한 단서를 제공했다고 볼 수 있다.

---

27) *Ibid.*, VII. 14~15. 1333a~1334a, 특히 1334a.
28) *Ibid.*, VI. 8. 1293b~1294a.
29) Kurt von Fritz, *The Theory of the Mixed Constitution in Antiquity* (New York: Columbia University Press, 1954), pp. 306~352.

3

헬레니즘의 평화사상

헬레니즘은 역사적으로는 알렉산더 대왕(336~323 B.C.)에서 아우구스투스 (31 B.C.~14 A.D.)에 이르는 시기에 나타난 사상으로 폴리스 해체기에서 로마로 이어지는 그리스 사상이다. 원래 그리스 사상은 정치적인 면과 비(非)정치적인 면이 공존하고 있었다. 전자의 철저한 형태가 폴리스 사상이고 후자의 전형적인 모습이 헬레니즘이다. 폴리스 시대에는 폴리스만이 인간의 자기실현을 위한 장소였지만 폴리스의 해체와 함께 그리스인은 사변적 생활(bios théorétikos)로 회귀하게 되었다. 폴리스 시대가 철저한 정치화의 시대라면 폴리스를 상실한 헬레니즘은 정치로부터의 전면적 소외 내지 공적 생활로부터의 자기철수에서 출발하는 것이다. 이처럼 탈(脫)폴리스적 사상상황을 대표하는 헬레니즘은

애당초 비정치적 사상으로 출발했으나 그 사상의 중심 축인 스토
아 사상이 로마의 정치현실과 기묘하게 결합함으로써 정치화되었
다.

그리스 사상은 폴리스 생활을 떠나서는 상상조차 할 수 없었
다. 폴리스는 정치, 경제, 종교, 교육 등 시민 개개인이나 집단의
생활의 원천이었다. 또한 폴리스는 시민의 생명과 재산을 보증
함과 동시에 절대적인 통제권력을 가지고 있었기 때문에 시민의
충성과 동경의 대상이기도 했다. 그래서 많은 전사들이 조국 폴
리스를 위해서 고귀한 생명을 바쳤고, 소크라테스도 탈옥과 망
명의 충언을 뿌리치고 폴리스의 법에 따라 독배를 마셨다. 플라
톤, 아리스토텔레스도 폴리스의 정치학 이상의 시야를 벗어나지
않았다. 특히 아리스토텔레스는 인간을 폴리스적 동물이라고 규
정함으로써 폴리스를 떠난 인간은 동물 아니면 신이라고 했다.

그러나, B. C. 238년의 카이로네시아의 패전으로 그리스 본토
의 폴리스 국가는 자유와 자치의 종주권을 완전히 상실했다. 그
리하여 마케도니아의 무력적 지도하에 스파르타를 제외한 폴리
스 연합체를 만들어 헬레스 연맹의 일원으로 살아 남게 되었다.
그후 알렉산드로스 대왕과 함께 동방정벌에 나서 전승한 결과
지금까지와는 다른 유럽과 아시아의 양세계가 융합한 일대제국
이 형성되었던 것이다.

여기에 당시의 철인들은 일종의 심각한 정체성 위기를 느끼게
되었다. 지금까지 폴리스의 소공동체에 안주하면서 자기실현을
했던 그들로서는 이러한 초(超)폴리스적인 실재인 세계국가 상
(像)을 어떻게 인식할 것인가 고민하지 않으면 안되었다. 이러
한 시대의 변화에 최초로 대응한 일군의 철인들이 키니코스 학파

였다. 이들은 현존의 인간적인 질서와 폴리스의 국가조직을 부
정하고 자연법에 따라 사회적 제약이나 정욕으로부터 해방된 자
유인으로서 스스로를 세계인(cosmopolitan)으로 불렀다. 키니코스
학파와 함께 당시의 정체성 위기를 극적으로 표현한 키레네 학파
는 종래의 생활에 대하여 무관심을 보이며 쾌락을 생활의 목적
으로 생각했다. 바로 이 탈폴리스적 사상상황을 대표하는 헬레
니즘의 2대 중심사상이 에피쿠로스 사상과 스토아 사상이다.

1. 에피쿠로스의 '마음의 평화'

헬레니즘기는 그리스의 폴리스의 붕괴와 함께 그리스 사상이
폴리스의 좁은 틀에 머물지 않고 세계의 공유재산으로 널리 퍼
져 나간 시대였다. 이것은 외형상으로는 그리스 문화가 세계를
정복한 것이 되나, 내면적으로는 플라톤, 아리스토텔레스에서
완숙했던 그리스 사상이 퇴영해 가는 과정이기도 했다. 철학의
역사에서도 자기 완결적인 폴리스 철학이 아리스토텔레스에서
종지부를 찍고 그후에는 수많은 학파가 난립하여 선구자의 사상
을 계승했지만 창의성이 결여되어 있었다. 그러나 이러한 이론
적 빈곤을 실천지(實踐知)로서 보완한 것도 이 시대의 특징이었
다. 시민의 안식처요, 생활의 터전이었던 폴리스가 붕괴하여 정
체성의 위기에 직면함으로써 인생의 여러 문제에 대한 개인적,
실존적 관심이 증대했다. 에피쿠로스의 사상은 이러한 시대정신
을 반영한 것으로서 공적 세계, 정치의 세계로부터의 자기철수
를 통하여 인간의 내면적 평화를 추구하고자 했다.

에피쿠로스의 평화를 이해하기 위한 핵심개념은 쾌락이다. 그

가 말하는 쾌락은 아타락시아, 곧 마음의 평정이다. 그는 쾌락
을 육체적 정신적 고통으로부터의 해방으로 정의하고 이 쾌락에
도달하는 과정에서 우정, 사려, 지식의 중요성을 역설했다.

에피쿠로스는 인간의 고민을 치유할 수 없는 철학자의 언술은
공허하다고 보았다. 왜냐하면 육체의 병을 치유할 수 없는 의술
이 아무런 효용이 없듯이 철학도 마음의 고통을 덜어주지 않으
면 쓸모없다는 것이다. 그는 하루하루의 삶의 보람을 확인하는
것이 참다운 철학이라고 했고 벗을 만나 즐기는 것이야말로 참
다운 행복이라고 했다. '에피쿠로스의 정원'은 우정의 모임이며
당시의 인간들의 평화로운 삶의 도장이었다. 에피쿠로스의 철학
을 원자론적 유물론이라 부르는 사람들의 논거에 의하면 존재하
는 모든 것은 원자이며 인간의 죽음은 '감각의 결여'에 지나지 않
고 한 생물로서의 인간이 원자군(群)으로부터 해체되는 것에 불
과하다고 보았다. 따라서 죽음에 대한 공포는 무의미하며 사후
를 무서워하는 것은 마음의 평화의 결여일 뿐이다. 우정은 인간
의 죽음을 초극하며 사람은 죽어도 우정은 영원하다는 것이다.
이처럼 에피쿠로스의 사상에서는 내세의 영혼불멸은 의미가 없
고 일상적 우정이 귀중한 가치로 평가되며 마음의 평정을 바탕
으로 한 우정이야말로 평화의 진수라고 할 수 있다.

이처럼 에피쿠로스의 사상은 차세(此世)적이며 철저히 공리적
이라고 말할 수 있다. 그는 인간의 선택, 회피의 동기를 적나라
한 자연적 본능의 상태로 보고 쾌락이야말로 행복이요 최고선이
라고 했다.[1] 이러한 논의는 자칫 인간을 무한한 쾌락추구로 몰

---

1) Diogenes Laertius X. 129.

고 간다. 키레네 학파의 초기 쾌락주의에 대한 비판도 바로 그러
한 이유 때문이었다.[2] 그러나 에피쿠로스의 사상은 이러한 양적
의미에서의 쾌락주의는 아니었다. 우선 에피쿠로스는 쾌락의 양
이 무한히 증가할 것으로 생각하지 않았다. 그에 의하면 쾌락의
크기의 한계는 일체의 고통이 제거되는 것이었다.[3] 쾌락의 한계
는 육체에서는 무고통이요, 영혼에서는 아타락시아, 즉 마음의
평화이다. 여기에 바로 사려(phronḗsis)를 매개로 한 쾌락의 측정
의 문제가 나온다. 쾌락은 사소한 것, 이를테면 빵 한 조각, 물
한 모금만으로도 만족할 수 있는 자족의 상태인 것이다. 호화로
운 식사는 과식하기 쉽고 그것이 일상화되면 더 호화로운 맛을
찾는 욕망이 생겨 오히려 쾌락으로부터 멀어질 수도 있다. 따라
서 호화로운 식사 자체는 유쾌한 것으로 바람직하지만 언제나
반드시 선택해야 할 것은 아니다. 또한 반대로 소박한 식사는
그 자체 반드시 바람직한 것은 아니나 회피해야 할 것은 아니다.
왜냐하면 소박한 식사라도 공복에 먹을 때는 분명히 맛이 있으
며, 오히려 그러한 식사를 적극적으로 선택해야 한다. 따라서
우리는 어떤 행위를 선택하거나 회피할 때 무엇보다 사려가 필
요하다. 에피쿠로스는 사려를 철학보다 귀중하다고[4] 했다. 사려
를 매개로 한 쾌락이 참다운 쾌락이며 그것이 바로 마음의 평정
—인간의 내면적 평화의 상태인 것이다. 그리고 에피쿠로스는
인간이 마음의 평화에 도달하기 위해서는 우선 우주만물에 대한

---

2) Wagner, F., *Der Sittlichkeitlegriff in der antiken Ethik*, S32~33.
3) D. L. X. 128.
4) D. L. X. 132.

지식이 필요하다고 했지만 그 지식은 어디까지나 필요조건일 뿐
충분조건은 되지 못한다. 지식이 사려와 결합함으로써 비로소
마음의 평정이 이루어지는 것이다. 그런데 사려는 지식과는 달
리 경험을 매개로 해서만이 가능하다. 그렇다고 해서 경험의 축
적이 곧 사려가 될 수 없고, 영혼을 좋은 상태에 두고 활동하게
하면서 경험을 쌓을 때 비로소 사려가 몸에 배게 되어 참다운 마
음의 평화에 도달할 수 있다. 에피쿠로스에 의하면 사려 깊게
살지 않으면 쾌락을 누릴 수 없고 삶의 쾌락을 맛보지 않고 사려
깊게 살아갈 수 없는 것이다. [5] 인간의 내면적 평화의 원형으로
서의 아타락시아는 지식과 사려의 결합을 통해서만이 가능한 것
이다.

에피쿠로스는 인간이 불행해지는 것은 공포와 욕망 때문이라
고 했으며 전쟁도 공포와 욕망의 산물이며 평화는 바로 이러한
공포와 욕망으로부터 해방된 마음의 상태에 다름아니라고 보았
다.

이처럼 에피쿠로스의 사상은 공적 생활로부터의 자기철수, 국
가공동체에 대한 무관심으로 인간의 내면적 마음의 평화를 추구
함으로써 국가를 초월한 세계주의의 형성을 가능케 했다. 에피
쿠로스 학파에 의해 제기된 세계상(像)을 더욱 체계화한 것이 스
토아 학파이다.

---

5) *Ibid*.

2. 스토아의 世界像과 평화

스토아 철학은 B. C. 301년 아테네에서 창립되었는데 창립자 제논은 키프로스도(島) 키티온 출신으로 인종적으로는 세미 족(族)에 속한 사람이다. 귀족 취미가 왕성했던 아테네에서 이방인 세미족 출신의 사상가가 철학 학교를 열었다는 사실은 새로운 시대를 예고하는 것이었다. 종래 아테네의 대표적 철학자들은 이방인을 적대시하고 있었다. 플라톤은 이방인을 본질적으로 적(敵)으로 보았기 때문에 이방인과의 전쟁을 당연한 의무로 보았다. 그리고 아리스토텔레스는 이방인을 주인의 입장에서 노예 취급을 해야 한다고 가르쳤다. 그러나 헬레니즘의 서막을 장식한 알렉산드로스는 전인류의 화합자로서 모든 인간은 어버이 제우스신의 아들이요 동포라고 했다. 헬레니즘을 사해동포사상이라 일컫는 이유가 여기에 있다. 인간은 선악에 의해 구별되어야지 인종에 의해 구별되어서는 안되며 그렇기 때문에 인간관계는 근본적으로 평화와 우정의 관계라고 가르쳤다. 제논을 비롯한 스토아 학파는 인간은 폴리스적 동물이라고 한 아리스토텔레스의 학설을 계승하면서도 새로운 역사적 사실인 알렉산드로스 제국의 출현 앞에 현실의 폴리스를 부정하고 전 우주를 포함하는 건설적인 세계국가를 제시했다. 이 세계국가를 지배하는 근원은 로고스, 즉 이성의 법(자연법)이며 인간이 이 로고스에 따라 생활하는 것이 참다운 행복이라고 했다.

스토아 학파는 인간과 동물의 차이를 이성의 유무에서 찾았다. 물론 인간과 동물의 차이를 이성에서 찾은 것은 반드시 스토아 학파의 독자적인 것은 아니다. 아리스토텔레스도 덕(德)을 향한 인간의 자연적 충동은 이성이 있기 때문에 가능하다고 했다. 그러나 스토아 학파의 인간은 아리스토텔레스가 말하는 좁은 의미의 폴리스적 인간에 머물러 있는 것이 아니라 전인류에까지 미친다. 아리스토텔레스가 인간을 폴리스적 동물로 규정한 데 대해서 스토아학파의 크리시포스는 의도적으로 폴리스란 말을 피하여 아리스토텔레스의 폴리스적 동물(Zoon Politikon) 대신 공동체적 동물(Zoon Koinonikon)이라고 표현했다. 그의 공동체는 이성을 가진 모든 인간의 결합으로서의 인류공동체이지 그리스적인 폴리스는 아니었다. 설령 '폴리스적'이란 말을 사용할 경우도 이미 아리스토텔레스가 알고 있던 도시국가란 의미의 자족적 폴리스가 아니라, 세계적 규모로 확대된 코스모폴리스였다.

이처럼 초기 스토아 학파는 새로운 공동체적 인간관을 형성하고 있었으며 제논은 이미 "모든 인간은 동일민중이고 동일시민"[6]이라고 생각하고 있었다. 표면상으로는 폴리스적인 것을 간직하고 있으나 여기서 말하는 시민은 그리스적인 시민이라기보다 이 지구상에 사는 전인류였다. 스토아 학파는 인간이 개별국가나 집단에서 생활하는 것이 아니라 전인류를 구성원으로 하는 하나의 세계 속에 존재한다고 보았다. 스토아 학파야말로 인류이미지, 지구이미지, 세계이미지를 형성한 사상적 산실이며 이들의 세계국가 상(像)은 근대평화사상의 한 줄기인 세계정부론에 원리적 기초를 제공했다.

---

6) SVF. Vol. 1, s. 61.

3. 키케로의 혼합정체와 평화

이처럼 자기자신에서 시작하여 인류 전체에까지 오이케이오시스(친근감)의 의식이 단계적이고 점진적으로 발전한다고 본 사상가가 바로 키케로였다. 그는 스토아 학파의 윤리사상을 설명하면서 인간은 누구에게나 인애(仁愛, commendatio)라는 공감이 있기 때문에 타인과 소원한 관계(alienum)에 있어서는 안된다[7]고 했다. 키케로는 다음과 같이 자기자신에서 인류 전체에 걸쳐 오이케이오시스의 의식이 단계적으로 확대된다고 보았다.

아이들은 양친의 사랑을 받으며 가정 전체가 결혼과 자손으로 맺어지는 것이다. 먼저 혈연관계에서 시작하여 혼인관계, 우인관계 나중엔 이웃관계, 시민 동맹국, 우방국 나아가 전인류의 결합으로 점차 바깥을 향하여 확대해 가는 것이다. [8]

이처럼 제논이나 크리시포스 등 초기 스토아 사상가들에 의해 제시된 인류공동체의 발상은 중기 스토아 사상의 대표자로 스토아 사상을 로마에 이식한 이티오스(185경~110/109 B. C.)나 안티오고스(130/129~68 B. C.) 등을 통해서 로마의 사상가요 현실정치가이기도 한 키케로에 의해 완성을 보게 되었다.

후기 스토아 사상에서도 인간은 본성적으로 공동체적이라는 생각은 현저했다. 네로의 스승 세네카는 노예든 자유시민이든 남을 위해 행하도록 자연이 우리에게 명하고 있다고 말했다. 그

---

7) SVF. Vol. 3, s. 83.
8) Cicero, *De finibus*, V. 23, 65.

리고 스토아 학파 최후의 철학자인 로마황제 마르쿠스 아우렐리
우스는 인간이 본질적으로 가지고 있는 제일의 조건을 공공적인
요소라고 했다. 여기서 우리는 공적 생활로부터의 철수를 명하
는 에피쿠로스의 사상과 공적 계기를 중시하는 스토아 사상의
차이를 쉽게 짐작할 수 있다. 에피쿠로스는 인간도 다른 생물과
마찬가지로 아톰의 집합체로서 고통을 피하고 쾌락을 추구하기
때문에 쾌락은 최초의 생래적인 선이며 고통은 생래적인 악이라
고 했다. 그러나 키케로는 에피쿠로스가 인간과 짐승을 기계적
으로 동일시하고 있다고 비판하고 최고선이 인간과 짐승에게 동
일하다고 볼 수 없으며[9] 인간과 짐승 간의 가장 큰 상이점은 자
연이 인간에게 이성을 부여하고 있는 점이라고 했다.[10] 요컨대
스토아 사상은 인간이 생득적으로 자기보존에서 시작하여 인류
전체에의 관심에 이르기까지 인애(仁愛)의 의식을 갖고 있다고
가르쳤다. 여기서 우리는 스토아의 인간관이 종래의 폴리스 중
심의 인간관과는 크게 다르다는 것을 볼 수 있다.

　사상사에서 스토아 사상이 중시되는 것은 무엇보다도 그의 자
연법 사상 때문이다. 스토아의 자연법 사상은 근대 자연법 사상
의 형성에 크게 기여했다. 이를테면 대표적인 근대 자연법론자
의 한 사람인 그로티우스는 그의 《전쟁과 평화의 법》에서 인간
은 다른 동물과 달리 사회에의 욕구를 가지고 있는데 거기서 요
구되는 사회가 바로 평화롭고 인간의 이성에 따르는 사회이며

---

9) Cicero, *De finibus Bonosum et Nalorum*, ed. by T. E. Page, II,
　111.
10) *Ibid.*, II, 45.

이러한 사회적 욕구를 스토아적인 인애(仁愛)라고 불렀다. 이처럼 스토아 사상이 제기하는 인간관은 평등, 인권 그리고 국제사회의 구상이라는 점에서 후대의 사상사의 흐름에 지대한 기여를 했다.

키케로의 대표작 《국가론》은 헬레니즘 특히, 스토아 사상의 영향을 크게 받았다. 《국가론》은 키케로 독자의 사상이면서 로마적인 성격이 강한 것으로 알려져 있는데 어디까지가 헬레니즘의 철학사상이며 어디부터가 키케로 고유의 사상인지를 구별하기가 매우 어렵다. 분명한 것은 스토아 사상에 내포되어 있는 인류 개념, 세계 개념을 매개로 한 자연법 사상이 키케로에 의하여 세속화됨으로써 추상적 원리로서의 스토아 사상이 현실의 로마 정치권력과 결합하는 계기를 마련해 주었다는 점이다. 키케로는 《국가론》에서 이상국가 및 이상적 시민에 관한 논의를 전개했다. 《국가론》 1권에서는 국가의 개념과 기원, 3개의 단순정체, 즉 왕정, 귀족정, 민주정의 특징과 그 결합, 그리고 완성된 국가로서의 혼합정체에 대해 논했다. 키케로에 의하면 국가(respublica)는 국민의 것이며 국민은 법의 동의와 공익의 공유에 의해 결합된 집단이다. 이 결합의 제일원인은 인간의 취약함이 아니라, 인간이 본래적으로 갖고 있는 군거성(群居性)이다. 이렇게 성립한 국가는 그 통치권자의 수에 따라 왕정, 귀족정, 민주정으로 나누어진다. 그러나 이들 단독정체엔 결점이 있다. 즉, 왕정은 참주정 또는 독재정, 귀족정은 과두정치, 민주정은 중우정(衆愚政)에 빠지기 쉽다. 더욱이 이들 단독정체의 국가는 그 정체가 순환하게 된다. 이 점은 폴리비우스의 정체순환론을 계승한 것으로 보이는데 이러한 순환을 숙지하는 것이야말로 현

자, 즉 정치가의 의무이다. 여기서 키케로는 제 4 의 혼합정체를
제기했다. 키케로는 그의 《국가론》 제 1 권에서 정체를 논하면서
혼합정체론의 우월성을 지적했으며 제 2 권에서는 이러한 혼합정
체가 로마에서 실시된 구체적인 이유를 설명했다. 그에 의하면
단독정체는 혼합정체보다 열등하지만, 단독정체 가운데는 왕정
이 낫다. 11) 그리고 그는 혼합정체야말로 왕정, 귀족정, 민주정
의 세 정체로부터 조정되고 중용을 얻어 혼합된 가장 안정된 정
치체제라고 했다. 키케로는 호전적인 애국주의를 경계했으며12)
평화는 설령 그것이 부정한 것이라도 정당한 전쟁보다 유익13) 하
다고 했다. 여기서 우리는 플라톤, 아리스토텔레스, 에피쿠로
스, 폴리비우스에 이어 키케로의 사상에서도 절제와 중용과 사
려를 바탕으로 하는 혼합정체가 체제의 안정과 평화14)에 기여한
다는 관점을 찾아 볼 수 있다.

---

11) *De republica*, I, 45.
12) Cicero, *De officiis* I, 11. 34.
13) Att. 7, 14, 3, "Les Belles Lettres".
14) *De republica*, I, 69.

II 중세의 기독교질서와 평화

1

아우구스티누스의 神國과 '지상의 평화'

아우구스티누스(Aurelius Augustinus, 354~430)는 교부철학의 아버지로 불린다. 이때 교부는 그리스 고전고대시대에서 로마로 이어지는 시기에 기독교 교의를 설명하고 변론한 일군의 기독교 신학자를 일컫는 말이다. 최대의 교부 아우구스티누스가 태어난 354년은 기독교가 국교로 공인되어 있던 때였다. 그는 소년기에 마니교에 심취했으나, 387년 기독교로 개종한 후부터 인간의 무력과 원죄를 강조하고 신의 은총으로 구원을 얻고자 했다.

아우구스티누스가 정치문제와 관련해서 남긴 대저가 바로 《신국론》(神國論)인데, 여기서 그는 안전과 평화 문제를 제기했다. 그에 의하면, 역사의 궁극목표는 신의 세계계획의 실현인데 이 목표를 향하여 역사가 진행하는 과정에서 신에의 사랑과 자기에

의 사랑, 즉 '신국'(civitas Dei)과 '지상국'(civitas terrena)의 대립이
생긴다. 여기서 지상국은 육체의 법칙에 따라 안전을 추구하는
사람들의 나라이고, 신국은 영혼에 따라 평화를 애호하는 사람
들의 나라이다.

아우구스티누스의《신국론》제19권은 그의 신국과 지상국의
종국 목적을 논하는 도입부이면서 그의 평화사상의 핵심을 알아
보는 데 중요한 실마리가 된다.

아우구스티누스는 평화를 논할 때 우선 신의 피조물, 특히 모
든 인간은 평화를 희구한다는 테제에서 출발한다. 인간이 평화
만큼 호의를 가지고 듣는 말도 없고 평화만큼 열심히 욕구하는
것도 없고 평화만큼 선한 것을 볼 수 없다[1]고 했고 평화를 희구
하지 않는 자는 한 사람도 없다[2]고 단언했다. 아우구스티누스에
의하면 평화는 신이 타락한 인간에게 남긴 존재론적 선에 다름
아니다.

아우구스티누스는 여러 가지 수준의 평화에 대해서 다음과 같
이 정의했다.

> 신체의 평화는 여러 부분의 질서 있는 조화이다. 비이성적 영혼
> (anima irrationalis)의 평화는 욕구의 질서 있는 휴식이다. 이성
> 적 영혼의 평화는 인식과 행위와의 질서 있는 일치이다. 신체와
> 영혼과의 평화는 생물의 질서 있는 생활과 건강이다. 가사적(可
> 死的) 인간과 신의 평화는 영원의 법 아래서의 신앙에 의한 질
> 서 있는 복종이다. 인간 상호간의 평화는 질서 있는 화합이다.

---

1) Augustinus, De civitate Dei (City of God), XIX, 11. (6), p. 162.
2) Ibid., XIX, 12. (6), pp. 162~166.

국가의 평화는 시민 가운데 명령하는 자와 복종하는 자의 질서 있는 화합이다. 천국의 평화는 신을 향수하고 신을 만나 서로 사랑하는 가장 질서 있고 가장 화합하는 교류이다. 모든 것의 평화는 질서의 평온(*tranquilitas ordinis*)이다. 3)

아우구스티누스의 평화에 대한 정의는 3개의 수준으로 분류할 수 있다. 즉, 제1은 신체, 비이성적 영혼, 이성적 영혼, 신체와 영혼, 인간과 신의 평화에 대한 정의이고, 제2는 인간 상호, 가(家), 국가의 평화에 관한 정의이며, 제3은 천국의 평화의 정의이다. 맨 끝에 나오는 평화의 정의, 즉 질서의 평온은 모든 수준의 평화의 정의에 대한 총괄적 정의라고 할 수 있다. 제1의 그룹은 인간을 분석하여 하위의 것에서 순서대로 신체-비이성적 영혼-이성적 영혼 3개를 들고 있는데, 각자가 별개의 것으로 존재하는 것이 아니라, 인간은 어디까지나 이들의 복합체(*compositun*)이다. 따라서 제1그룹은 개인적 존재로서의 인간의 평화를 정의하고 있다고 볼 수 있다. 제2의 그룹은 인간을 사회적 측면에서 분석한 것으로 아우구스티누스에 의하면, 평화는 인간의 사회적 본성의 요청이기 때문에 개인을 단위로 한 가(家), 가를 단위로 한 국가에로의 방향을 제시하고 있다. 제3의 천국의 평화는 영원평화(*pax arterna*)로서 시간적(일시적) 평화나 지상의 평화와 달리 신을 보고 신을 사랑하고 신을 만나서 서로 사랑하는 관계가 존재하는, 그야말로 참된 의미의 평화이다.

---

3) *Ibid.*, XIX, 13. (6), p. 174.

아우구스티누스에 의하면 시간적 존재로서의 인간의 평화는 신체와 영혼과의 질서 있는 조화 속에서 성립하며 인간 상호간의 평화는 명령과 복종의 질서 있는 화합 가운데 성립한다. 전자는 건강, 욕구의 건전한 균형, 인식과 행위의 일치, 바꾸어 말하면 인간의 모든 욕구와 행위가 신으로 향하는 선한 의지에 따르는 데에서 생긴다. 후자의 인간 상호간의 평화는 가정에서나 국가에서 지배자와 복종자 간의 질서 있는 화합의 관계에서 생긴다. 아우구스티누스는 "인간의 가정은 국가의 단서 혹은 부분"[4]이라고 보고 가장의 지배를 국가 수준의 정치지배의 모델로 이해했다. 지배자가 배려하고 복종자가 배려를 받음으로써 단순히 권력적인 상하관계가 아니라 사랑으로 봉사하고 사랑으로 따르는 데서 평화가 생긴다. 그러나 이러한 모든 관계는 불사(不死)의 지복이 주어지는 신국의 평화가 오면 소멸해 버린다. 따라서 지상의 시간적 평화는 지상에서의 생을 보내는 한에서만 필요하고 천국에서의 영구평화에 달하기 위해서만이 의미가 있다. 지상의 일시적 평화는 그 자체가 목적이 아니며 모든 지상의 평화는 궁극적인 신국의 영구평화의 수단으로서만 의미가 있다고 본 것이다. 요컨대 참다운 의미에서의 평화라고 할 수 있는 영구평화, 즉 천국의 평화는 부활에 의한 영적인 육체를 가지고 가사적(可死的) 생이 아닌 영생을 가진 자들간의 사랑의 교류에서만이 성립한다. 여기서는 이미 지배복종의 관계가 아니라 모든 자가 다 같이 불사성(不死性)에서 지복을 얻고 신과의 관계도 신앙에 의한 생활을 통하여 그야말로 '얼굴과 얼굴을 마주하

---

4) *Ibid.*, XIX, 16. (6), p. 192.

는' 평화로운 관계로 이행한다.

　이처럼 아우구스티누스는 '천상의 평화'라는 준거틀에서 '지상의 평화'를 상대화함으로써 그 한계와 함께 효용을 동시에 인정했다. 그에 의하면 로마는 신의 섭리에 의해서 깊고 넓게 평화를 창출할 수 있었다. 5) 그러나 그것은 덕의 완성이 아니라 '비참의 위로'였으며 '죄의 용서'에 지나지 않았다. 6) 로마의 평화 (Pax Romana)는 참다운 평화가 아니라 '바빌론의 평화'7)에 지나지 않는다. 그러나 한편 아우구스티누스는 평화를 희구하는 인간의 노력은 신의 섭리에 부응하는 선한 것이라고 보았다. 그는 신이 인간에게 지상의 시간적인 평화를 가사적 인간의 규범으로 주었다8)고 본 것이다. 따라서 아우구스티누스에 의하면 지상에서 평화를 회복하는 행위는 신의 정의의 부분적 실현을 의미하며 혼란한 차세(此世)의 사회생활을 질서지우는 지상의 평화는 신이 지상의 일에도 평화를 수립하려 함을 표상하는 것이다. 9)

　아우구스티누스는 이처럼 천국의 평화와 지상의 평화를 준별하고 있는데 중요한 것은 이 양자의 관계로서 후자의 한계를 분명히 인정하면서도 전자와의 관계에서 적극적인 의미를 부여하고 있는 점이다. 이 점이 바로 그의 평화사상의 특징이라고 볼

---

5) *Ibid.*, XXIII, 22. (5), p. 438.

6) *Ibid.*, XIX, 27. (6), p. 238.

7) *Ibid.*, XIX, 26. (6), p. 236.

8) *Ibid.*, XIX, 13. (6), pp. 178~180.

9) Ulrich Duchrow, *Christenheit und Weltantwortung : Traditions-geschichte und Systematiche Struktur der Zweireichelehre* (Stuttgart: Ernst Klett Verlag, 1970; Zweite Auflage, Stuttgart: Klett-Cotta, 1983), ss. 269~270.

수 있다. 지상의 평화에 대한 아우구스티누스의 관점을 그의 질
서(order) 개념을 중심으로 좀더 자세히 고찰해 보기로 하자.

아우구스티누스는 그의 다양한 수준에서의 평화의 정의에서
반드시 '질서 있는'(ordinata) 이라는 형용사를 붙이고 있고 평화에
대한 총괄적인 정의에서도 모든 것의 평화는 질서의 평온(tran-
quilitas ordinis) 이라고 함으로써, 평화에는 질서의 개념이 밀접하
게 연결되어 있음을 볼 수 있다.

아우구스티누스는 평화의 정의 바로 다음에 질서를 정의하면
서 "질서는 같은 것과 같지 않은 것을 각각의 장소에 할당, 배치
하는 것"10) 이라고 말했다. 즉, 만물의 창조주인 신이 모든 사물
을 각각 있어야 할 곳에 배치하고 지배한다는 것이다. 이와 같은
근원적 세계상을 아우구스티누스는 자연의 질서(ordo naturae) 라
고 부르는데 여기서는 모든 존재가 창조주의 의지에 복종하면서
각기 부여받은 고유의 영역과 고유의 본성에서 가치를 지니고
있다. 11) 이러한 상태를 질서라고 말할 수 있으며 거기에 바로
평화가 있는 것이다. 질서 있는 곳에 평화가 있고 평화 있는 곳
에 질서가 있는 것이다. 따라서 질서는 창조와 함께 만물에 부
여된 것이며 이 질서가 완전히 보존되는 곳에 질서의 평온, 즉
평화가 존재하는 것이다.

아우구스티누스에 의하면 평화는 단순히 싸움이 없는 휴지상
태를 의미하는 것이 아니다. 모든 것이 전체적 질서 속에 자기
의 장소와 의의를 발견하고 그 질서에 적극적으로 참여하는 가

---

10) *De civitate Dei*, XIX, 13. (6), p. 174.
11) *Ibid.*, XI, 22. (3), pp. 508~510.

운데 평화가 이루어진다. 마치 창조주로서의 신이라는 관념만 빼면 폴리스 정치질서에서 참여를 통해 자기실현과 행복과 평화를 향수할 수 있다는 플라톤 사상이 중세로 계승된 것을 보는 것 같다. 이와 관련하여 아우구스티누스가 사랑의 질서 또는 질서 있는 사랑(ordinata dilectia)이라고 정의한 덕(virtus)도 고대 폴리스의 전통적 철학의 형식을 수용하면서 그것을 기독교적으로 재구성한 것이라고 볼 수 있다.

그런데 아우구스티누스는 질서로의 평화가 신에 의해 주어져 있으나 지상의 나라에서는 그것이 끊임없이 위협받게 되어 전쟁의 가능성이 있음을 인정했다. 더욱이 그는 기독교에 대한 적과의 평화는 있을 수 없고 교회를 옹호하기 위한 전쟁은 정당하다고 선언했다. 아우구스티누스의 전쟁관은 토마스 아퀴나스와 후기 스콜라 철학의 정전론에 결정적인 영향을 끼쳤다. 두말할 것도 없이 아우구스티누스의 정전론은 기독교 사상과 떼려야 뗄 수 없는 관계에 있다.

구약성서에서는 전쟁에 관한 언급이 비교적 많으며 구약의 신은 전쟁의 신(Kriegsgott)으로 묘사되는 경우가 적지 않다. 구약에서 평화를 뜻하는 샤롬도 어원적으로는 '번영과 성장'이라는 적극적이고 동적인 상태이며[12] 이스라엘의 생존과 독립을 위한 전쟁에 바탕을 깔고 있다. 그러나 신약성서 가운데는 전쟁에 관한 언급보다는 평화를 사랑하는 정신을 확인할 수 있고, 특히 신국을 건설하기 위해서 무기를 가지고 로마인과 싸운다는 발상은 발견할 수 없다. [13] 정치권력을 갖지 않고 또 그 권력을 획득

---

12) L. Köhler, *Theologie des Alten Testament* (1936), p. 236.

하려고도 하지 않았던 초기 교회의 신자들의 입장에서는 전쟁문
제에 대해 그들의 생각을 분명히 해야 할 필요가 없었다. 그들
에게는 오히려 박해 당할 때의 마음가짐이 더 현실적인 문제이
며 그 경우를 위해서는 그리스도의 가르침에 따라 힘으로 악과
싸우려 하지 않았고 선을 위해 죽음을 당하는 것이 오히려 악에
대한 승리라고 믿고 있었다.

　결국 콘스탄티누스 1세가 기독교 신자가 되고 기독교가 공인
(312년)된 종교가 됨에 따라 사정은 일변하기 시작했다. 그후 기
독교도의 군주가 교회와 국가를 지키기 위해 어떻게 해야 하는
가 하는 것이 이제 피할 수 없는 현실문제가 되었다.

　아우구스티누스가 활약한 시대에는 야만인들이 로마제국의 적
인 동시에 또한 가톨릭 교회의 신자들을 가끔 박해하는 이단자
였다. 여기에 국가와 교회를 깊이 사랑했던 아우구스티누스는
자연스럽게도 그들의 침략으로부터 국가와 교회를 지키기 위한
전쟁을 정당한 것으로 간주하게 되었다. 그리고 그는 기독교도
지배자들간의 내부 전쟁을 허용하는 경우도 기독교적 평화와 질
서에 기여하는 조건을 설정했다.

　분명한 것은 아우구스티누스의 평화에 대한 염원과 확신이다.
그는 평화 그 자체를 좋은 것이라고 생각하고 있었다. 완전한
평화는 신국의 시민이 궁극적으로 추구하는 것이지만,14) 지상에
서도 평화의 실현이 가능하다고 보았다.15)

---

13) Mt. 4, 1-11.

14) *De civitate Dei*, XVII, 13, XIX, 27.

15) *Ibid.*, XIV, 1. (4).

　일관되게 평화를 염원했던 아우구스티누스가 다량의 유혈을 필연적으로 수반하는 전쟁에 대해서 쉽게 긍정적 의미를 부여할 수는 없었다. 그러나 그는 실제로 모든 전쟁을 전면 부정하지는 않았다. 그에 의하면 영구평화의 희망이 있는 싸움은 전혀 해방을 생각할 수 없는 포로보다 낫다.[16] 따라서 전쟁은 어디까지나 영구평화를 얻기 위한 수단이며 그 자체는 추구의 대상이 아니다. 아리스토텔레스의 '평화를 위한 전쟁'이란 발상이 계승되고 있다. 또한 아우구스티누스는 정당방위의 경우 자기를 지키기 위해 상대를 죽이는 것을 허가하는 법률은 인정하면서도 상대를 죽여도 좋다고 생각하지는 않았다. 그리고 그러한 정당방위의 경우도 사인(私人)과 병사를 분명히 구별했다.[17] 사인에게는 법률이 자기를 지키기 위해 상대를 죽이는 허가를 준 것일 뿐 그렇게 하도록 의무를 지운 것은 아니다. 따라서 양심에 따라 그 허가를 사용하지 않은 사람을 법률을 위반했다고 말할 수 없다. 그러나 병사에게는 법률은 단순히 허가를 줄 뿐만 아니라 필요한 경우에는 죄없는 인간을 지키기 위해서 부정한 상대를 죽일 의무가 주어진다. 따라서 이를 따르지 않는 병사는 법률을 위반한 것이다.

　아우구스티누스는 명예욕이나 허영심에 의한 모든 전쟁과 국토를 확대하기 위한 전쟁은 부정한 것으로 보고 로마의 역사에 그러한 전쟁이 많았던 것을 인정했다.[18] 그리고 그에 의하면 구

---

16) *Ibid.*, XXI, 15.

17) *De Livers Arbitrio*(아우구스티누스와 에보디우스의 대화).

18) *De civitate Dei*, IV, 14.

약성서 가운데 나오는 몇 가지 전쟁이나 로마제국이 행한 전쟁 가운데도 정전(正戰)이 있었다. 그러나 설령 그것이 정전이라고 하더라도 또한 아무리 좋은 결과를 가져와도 선량한 인간들에게 전쟁은 바람직한 것이 아니다.[19] 전쟁의 비참함을 고통 없이 참 거나 생각하는 자는 인간다운 감각조차 잃어버린 처참한 자이기 때문이다.[20] 그는 정당한 전쟁과 그렇지 않은 전쟁의 구별을 인정하여 선량한 사람의 참가를 정당한 전쟁의 경우에 한하고 그것도 불가피할 경우에만 허용한다[21]고 분명히 주장했다.

　아우구스티누스는 칼로 사람을 죽이기보다 언론에 의해 전쟁 그 자체를 없애는 것이, 또한 전쟁에 의해서가 아니라 평화에 의해 평화를 획득, 유지하는 것이 훨씬 자랑할 만한 것[22]이라고 생각했다. 그는 전쟁도 평화를 위한 것이지만 전쟁보다는 평화에 의한 평화의 획득을 더욱 가치 있는 것으로 보았다.

---

19) *Ibid.*, IV, 15.
20) *Ibid.*, XIX, 7.
21) *Ibid.*, IV, 14~15, XIX, 7.
22) Ep. 229. 2.

2

토마스 아퀴나스의 스콜라철학과 평화

  토마스 아퀴나스(Thomas Aquinas, 1225~1274)는 중세를 대표
하는 사상가이다. 그의 정치사상은 아우구스티누스를 중심으로
한 전통 기독교 신학(교부철학)과 아리스토텔레스의 철학을 수용
함으로써 중세 기독교 사상(스콜라 철학)을 집대성함과 동시에 중
세 신분사회를 이론적으로 변증하는 것이었다. 토마스 아퀴나스
의 연구과제는 어떻게 하면 새로 들어온 아리스토텔레스의 교의
를 전통 기독교 신앙과 모순 없이 조화롭게 설명하느냐 하는 것
이었다. 그의 평화사상도 아우구스티누스의 평화사상을 계승하
면서 그것을 아리스토텔레스의 정치사상, 국가관에 용해시킨 것
이었다. 이 작업은 당시로서는 엄청난 도전이었으며, 신선한 충
격이기도 했다.

미국의 중세사상 연구가인 루이스(Ewart Lewis)는 중세인들의 과거 역사에 대한 인식은 좁고 천박했다고 하면서 다음과 같이 말하고 있다.

중세의 이론가에게 정치적 권위의 기원 문제는 역사적인 문제가 아니었다. 중세인이 역사의 생성과 변동에 대해 자각이 없었다고 말할 수는 없으나 그들은 역사에 대해서 체계적인 의식을 갖고 있지 않았다. 그들이 역사적인 것이라고 믿은 유일한 것은 그들의 사상에서 가끔 결정적인 것, 즉 '인간의 원죄'였다. 1)

이처럼 중세인은 인간의 원죄라는 관점에서 역사를 보기 때문에 현실의 사회나 국가도 어디까지나 인간의 원죄, 타락한 인간의 산물로서 부자연스러운 것이며, 따라서 과소평가하는 경향이 있었다. 물론 원죄의 관념은 사도 바울에서 정식화되고 있으나 이 관념이 중세인의 의식구조에 뿌리내리도록 한 사상가는 아우구스티누스였다. 따라서 토마스 아퀴나스 사상의 특징, 그 존재 이유를 설명하기 위해서는 우선 아우구스티누스의 사회정치관을 보지 않을 수 없다.

아우구스티누스는 그의 《신국론》에서 인간의 원죄에 대해서 다음과 같이 말했다.

신이 인간을 만든 것은 다음과 같다. 신은 '인간들로 하여금 바다의 고기, 하늘의 새, 땅 위를 기는 모든 것들을 지배케 하노

---

1) Ewart Lewis, *Medieval Political Thought*, Vol. 1 (Routledge & Kegan Paul, 1954), p. 140.

라'고. 신은 자신의 모습으로 만든 자신의 이성적 피조물이 비
이성적 피조물 이외의 것까지 지배하는 것을 의도하지는 않았
다. 즉, 인간에 대한 인간의 지배가 아니라 짐승에 대한 인간
의 지배만을 의도했다. 따라서 최초의 의인(義人)은 인간의 왕
이 아니고 양을 모는 목자였다. 신은 이처럼 피조물들의 상대
적 위치가 무엇이며 죄에 대한 처벌이 무엇인지를 가르치고자
했다. 노예상태를 죄로 보는 것은 옳다. 때문에 의인 노아가
자식의 잘못을 책하기 위해 그 말을 쓸 때까지는 성서 안에 노
예라는 말을 결코 볼 수가 없다. 따라서 그 명칭을 가져온 것
은 죄이지 본성이 아니다. 노예라는 라틴어의 어원은 전쟁법에
의해 죽게 되어 있는 사람들을 전승자가 노예로 만들기 위해
보존한 데서 유래한다. … 따라서 인간을 인간의 지배에 복종시
키는 노예제의 제1원인은 죄이다. 2)

이처럼 아우구스티누스는 인간의 지배관계가 창조주인 신에
대한 인간의 배반, 즉 원죄의 직접적 결과라고 믿었다. 따라서
국가권력, 정치적 권위의 기원도 인간의 원죄 이후의 일이라고
보았다. 원죄 이후 인간사회는 지배욕에 사로잡혀 끝없는 투쟁
상태가 계속되는데, 이러한 공포의 상태를 배제하기 위한 수단
으로 인간에 의한 인간의 강제적 지배의 필요성이 생겼다는 것
이다. 이 강제력에 의한 정치지배 또한 인간의 원죄의 산물임은
두말할 필요도 없다. 그러나 정치권력의 기원은 인간 원죄에 뿌
리가 있다고 하더라도 그 권력의 기능은 인간사회에 상대적인

---

2) St. Augustine, *The City of God in Great Books of The Western
   World*, Vol. 18, translated by Macus Dods (Chicago: Encyclo-
   paedia Britannica, 1952), Bk. 19. Ch. 15.

질서를 제공함으로써 현실의 정치권력의 존재가 정당화된다. 요
컨대 강제력에 의한 일체의 정치적 지배는 원죄에 오염된 사악
한 인간세계에 대한 '죄와 벌의 교정'(poena et remedium peccati) 으
로서 신에 의해 주어진 것이다.[3]

　이처럼 아우구스티누스의 정치사상은 플라톤이나 아리스토텔
레스에 의해 체계화된 고전 정치이론과 비교하면 정치와 국가권
력에 대한 평가가 지극히 낮다. 폴리스 철학에서는 국가는 인간
이 만든 최고의 정치공동체요, 정치야말로 인간의 자기실현을
위한 창조적인 행위였다. 아우구스티누스에게 정치는 이미 폴리
스 철학에서처럼 적극적인 가치를 가질 수 없었다. 그에게 정치
는 신을 배반한 인간의 원죄의 산물이며, 원죄상황을 소여로서
받아들인 다음, 인간이 더이상 악하게 되지 않게 하기 위해서
강제력을 독점함으로써 일정한 질서를 유지하는 지배자의 행위
에 불과한 것이다. 따라서 아우구스티누스에게 국가는 인간에
의한 인간의 지배의 악순환을 봉쇄하기 위한 '신의 지배'의 하나
의 도구에 불과하다. 따라서 국가권력에 대한 저항은 허용될 수
없으며, 또한 어떤 형태로든 바람직한 이상의 국가를 이 땅에
만든다는 발상 자체도 나오기 어렵다. 다만 현실 정치권력에 대
한 소극적인 복종의 태도가 일관되게 흐르고 있을 따름이다.

　이와 같은 아우구스티누스의 국가관은 13세기 중엽 토마스 아
퀴나스가 등장할 때까지 중세 기독교 사회를 지배하는 정치이론

---

3) R. W. & A. J. Carlyle, *A History of Medieval Political Theory in
the West Edinburgh and London* (William Black Wood & Sons,
1903), pp. 81ff, 125ff.

이 되었다. 그렇다면 토마스 아퀴나스는 이러한 전통적 기독교 국가관을 어떻게 받아들였는가? 더욱이 토마스 아퀴나스는 아리스토텔레스의 철학, 특히 그의 유명한 명제인 "인간은 정치적 동물"(*zoon politikon*)이라는 관념을 받아들였는데, 이러한 작업이 아우구스티누스의 전통적 기독교 철학과 큰 모순 없이 진행되었다는 것은 그 자체로서도 주목할 만하다.

토마스 아퀴나스는 그의 《군주정치론》에서 다음과 같이 아리스토텔레스의 인간관을 받아들였다.

> 우리가 인간의 생활에 필요한 일체의 것을 생각할 때, 인간이 다른 모든 동물보다 훨씬 집단적으로 생활하도록 되어 있는 '사회적, 정치적 동물'(*animal sociale et politicum*)인 것이 분명하다. 다른 동물은 자연에 의해 주어진 먹을 것이나 자연의 모피를 가지고 있다. 그들은 또 이빨이나 뿔과 같은 방위의 수단을 가지고 있고 또한 적어도 도망가기 위한 속도가 주어져 있다. 이에 비해 인간은 그러한 것을 가지고 있지 않다. 그러나 그 대신 이성(*ratio*)을 가지고 있어서 인간에 필요한 것을 만들지 않으면 안된다. 그래도 인간은 한 사람만으로는 필요한 일체의 것을 조달할 수 없다. 어떠한 인간도 그의 힘만 가지고는 인간 생활을 충분히 영위할 수 없기 때문이다. 때문에 사람들간의 공존관계가 인간의 자연적인 필요이다. [4]

이처럼 토마스 아퀴나스는 신학적 전제로부터가 아니라 인간

---

4) Thomas Aquinas, *On Kingship*(*De regno — De regimine principum*), translated by G. B. Phelan and I. T. Eschmann (Tronto: PIMS, 1949), Bk. 1. Ch. 1. 〔5〕.

본성으로부터 정치사회의 기원을 도출하였다. 그가 인간을 이성
을 가진 '사회적, 정치적 동물'5)로 정의한 것은 대단히 흥미롭
다. 이러한 인간관은 원죄관에서 보는 아우구스티누스의 인간관
과 첨예하게 대립하는 것처럼 보이나, 아리스토텔레스의 '정치적
동물'을 '사회적, 정치적 동물'로 정의함으로써 토마스 아퀴나스
는 아우구스티누스와 아리스토텔레스 사이에서 절묘한 균형을
취하려고 했다. 우선 토마스 아퀴나스가 아리스토텔레스의 국가
관을 받아들인 것은 그의 저서에서 "철학자(아리스토텔레스 — 필
자)가 말한 것처럼"이나, 아리스토텔레스의 "《정치학》제 1 권에
주장하고 있는 것처럼" 등을 꼭 붙이는 것만 봐도 쉽게 짐작할
수 있다. 그리고 아리스토텔레스의 '정치적 동물'이라는 말이 중
세에 처음 소개된 것은 1260년 아리스토텔레스의 《정치학》이 라
틴어로 번역된 후6)부터였는데, 그때 윌리암(William of Moer-
beke)은 'animal civile'로 번역했다. 토마스 아퀴나스는 그의《아
리스토텔레스 정치학 주해》에서는 윌리암의 번역어 'animal
civile'를 사용했으나, 그 외의 다른 저작에서는 'animal sociale et
politicum'(사회적, 정치적 동물)이라는 표현을 썼다. 여기서 토마
스 아퀴나스가 사회적 동물이라고 받아들였을 때, 그 함의는 아
우구스티누스의 전통적 기독교 사상에서 말하는 개념과 별다른
차이가 없다. 왜냐하면 아우구스티누스의 사상에서도 신이 원래

---

5) *Ibid.*, Bk. 1. Ch. 1. 〔4〕.

6) cf. J. P. Canning, "Introduction : Politics Institutions, and Ideas,"
   in J. H. Burns(ed.), *The Cambridge History of Medieval Political
   Thought c.350~c.1450* (Cambridge: Cambridge University Press,
   .1988), p. 356.

인간을 사회적 존재로서 창조했다는 점이 분명히 밝혀져 있기 때문이다. 아우구스티누스에 의하면 인간은 원래 고립해서는 살 수 없도록 신에 의해 만들어졌다. 그래서 인간은 창조주인 신에게만 복종하고 동등한 자로서 자기를 서로 확인만 하면 신 앞에서 평등하며, 언제든지 평화상태를 향수할 수 있다고 했다. [7] 그러나 아우구스티누스의 눈에 비친 현실의 국가는 이런 의미의 '사회'와 거리가 너무나 멀었다. 현실은 원죄에 의한 지배, 강제적 형벌 등 인간의 습관적 제도들이 신이 만든 인간사회에 침입함으로써 인간은 사회적 존재로서의 구실을 할 수 없게 되었다는 것이다.

토마스 아퀴나스는 정치를 원죄 이후에 나타난 '노예제적 지배와 동일시하는 아우구스티누스의 견해를 내면적으로 소화하면서도 정치와 국가의 자연적 성격을 적극적으로 긍정하려는 태도를 견지하려고 하면서 다음과 같이 말했다.

> 인간은 자연적으로 사회적 동물이다. 따라서 원죄 이전의 상태에서도 인간은 사회 속에서 생활했을 것이다. 그러나 다수인이 집단으로 영위하는 사회생활은 그 가운데 누군가가 권위를 가지고 공동선에 대해 배려하지 않으면 존재할 수 없을 것이다. [8]

---

7) Augustine, *op. cit.*, Bk. 19. Ch. 17.

8) Thomas Acquinas, *The Summa Theologica* in *Great Books of The Western World*, Vol. 19~20, translated by Fathers of the English Dominican Province and revised by Daniel J. Sullivan (Chicago: Encyclopaedia Britannica, 1952), I. Question 96. Art. 4.

여기서 토마스 아퀴나스는 원죄 이전에 정치적 권위의 기원을 인정했다. 그는 아우구스티누스처럼 강제력을 독점하여 노예를 지배하는 주인의 이미지를 정치적 권위로 파악하는 것이 아니고, 인간의 자연본성에 의해 결합된 사회관계 속에서 공동선에 대해 배려하는 정치적 권위를 상정하고 있었다. 토마스 아퀴나스는 아우구스티누스에 의해 대표되는 전통 기독교 교의에서 일관되게 제기하는 원죄관에 아무런 반론을 제기하지 않으면서도 인간의 정치생활을 용인하려 했으며 그러한 관점을, 아리스토텔레스의 국가관을 적극적으로 수용함으로써 설명했다.

아리스토텔레스는 그의 《정치학》에서 "공동체는 어느 것이든 일종의 선한 것을 추구하고 있는데 그 가운데에서도 국가공동체는 지고의 선을 추구하고 있다"9)고 했다. 그리고 국가의 기원은 가정에서 촌락, 촌락에서 국가로 발전하며 그 국가공동체의 궁극목적이 바로 최고선과 자족의 실현이라고 했다. 10) 토마스 아퀴나스는 바로 이 아리스토텔레스의 국가관을 계승하여 다음과 같이 말했다.

> 한 사람의 인간이 한 가족의 성원인 것처럼 한 가족은 한 국가의 일부분이다. 그런데 아리스토텔레스의 《정치학》 제1권 제1장에 따르면 국가는 완전공동체이다. 그렇기 때문에 한 사람의 선이 궁극목적이 아니라 공동선에 종속하고 있는 것처럼 한 가족의 선은 완전공동체인 한 국가의 선에 종속한다. 11)

---

9) Aristotle, *Politics*, I. 1. 1252a3~6.
10) Aristotle, *Politics*, I. 2. 1252b14~1253a27.
11) T. Acquinas, *Summa Theologica*, II-1. Q. 90. Art. 3.

토마스 아퀴나스는 《군주정치론》(De Regimine Principum)에서
도 자족적인 국가공동체의 존재이유를 다음과 같이 설명했다.

인간은 혼자 남겨질 경우 스스로 생활의 필수품을 획득할 만큼
자기 충족적인 존재가 아니기 때문에 집단을 만들어 살지 않으
면 안된다. 따라서 사회는 생활필수품을 스스로 조달함에 있어
서 충족적이면 충족적일수록 점점 완전한 것이 된다. 12)

어떤 사물이 보다 고차적이면 고차적일수록 그것은 보다 자기
충족적이라고 볼 수 있다. 타자의 원조를 필요로 하는 것은 어
떤 것이든 그 사실 때문에 저차원의 것임을 알 수 있다. 13)

그리고 토마스 아퀴나스는 《마태복음 주해》에서도 다음과 같
이 말했다.

공동체는 3단계가 있다. 즉, 가정의 공동체, 도시의 공동체 및
왕국의 공동체이다. 가정은 공통의 행위를 하는 사람들로 구성
된 공동체이다. 그것은 3개의 결합으로 되어 있다. 즉, 부친과
자식, 남편과 처 그리고 주인과 노예의 결합이다. 도시의 공동
체는 인간의 생활에 필요한 모든 사물을 포함한다. 때문에 그
들 사물의 필요성만 생각하면 그것도 완전공동체이다. 세번째
의 공동체는 왕국의 공동체이다. 이것이야말로 문자 그대로 공
동체이다. 왜냐하면 외적의 위협이 있을 때 한 도시가 자력으
로 생존할 수 없기 때문에 그 외적의 위협에 많은 도시가 모여
하나의 공동체를 만드는 것이 필요한데 그것이 하나의 왕국을 형

---

12) T. Acquinas, On Kingship, Bk. 1. Ch. 1. (14).
.13) Ibid., Bk. 2. Ch. 3.

성하기 때문이다. 14)

이렇게 형성된 국가의 최고 목적을 토마스 아퀴나스는 평화라
고 했다. 그에 의하면 어떤 목적을 위해서는 가정이, 또 어떤 목
적을 위해서는 도시가 완전한 것일 수 있으나, 가정이나 도시에
서는 달성될 수 없는 가장 포괄적인 목적이 존재하는데, 그 중
에서도 가장 중요한 목적이 평화이다. 토마스 아퀴나스는 아리
스토텔레스의 국가기원론을 대체로 받아들이면서 아리스토텔레
스의 사상 속에서 자각적으로 제기되지 않았던 평화를 국가공동
체의 가장 중요한 목적으로 설정했다. 앞에 나온《마태복음 주
해》에서도 토마스 아퀴나스는 평화에 대해서 다음과 같이 언급
했다.

　　생명이 인간에 필요한 것처럼 평화는 왕국에 필요하다. 그리고
　　4개의 체액(혈액, 점액, 황담즙, 흑담즙)의 적당한 배합이 없으
　　면 결코 건강하다고 할 수 없는 것과 마찬가지로 평화는 유기체
　　가 본래의 질서를 유지할 때 비로소 존재한다. 그래서 건강이
　　무너질 때 인간이 죽음으로 향하는 것처럼 평화가 무너지면 왕
　　국은 죽음으로 향한다. 따라서 인간이 궁극적으로 추구하지 않
　　으면 안되는 것이 평화이다. 15)

나아가 토마스 아퀴나스는 교회와 국가의 관계에서 평화를 다

---

14) Evangelia S. Mathaei, in John Henry Newman(ed.), *Gloss on*
　　the New Treatment (London: Oxford, Parker, 1841~5), Ch. 12.
15) *Ibid.*, Ch. 12.

음과 같이 의미 부여했다.

평화는 정의가 평화에 대한 장애를 제거하는 한에서는 간접적
으로는 정의의 일이다. 그러나 자애(慈愛, *charity*)가 그 본성
에 따라 평화를 가져오는 이상 평화는 직접적으로 자애의 일이
다.[16]

여기서 자애는 종교와 교회의 일이며 정의는 정치와 국가의
일이다. 따라서 평화는 자애와 정의를 포괄하는 개념이며 그 평
화의 실현은 교회와 국가의 과제이다. 이처럼 평화를 국가공동
체의 본질적 조건으로 보았던 토마스 아퀴나스의 사상은《군주
정치론》에서도 일관되었다.

사회를 형성하고 있는 다수인의 복지와 안전은 그 사회의 통일
성의 유지 여부에 놓여 있으며 통일성의 유지는 평화로 불린
다. 만약 그것이 없어지면 사회생활의 이익도 사라지고, 더욱
이 불화상태에 있는 다수인은 사회 그 자체에도 무거운 부담이
된다.[17]

그런데 인간의 통일은 자연에 의해 주어지지만 우리가 평화라
고 부르는 사회의 통일은 지배자의 노력을 통해서 획득하지 않
을 수 없다. 따라서 다수인이 평화의 실현을 위해 유덕하게 살
아가기 위해서는 세 가지가 필요하다. 우선 첫째는 다수인이 평

---

16) T. Acquinas, *Summa Theologica*, II-II. Q. 29. Art. 3.
17) T. Acquinas, *On Kingship*, Bk. 1. Ch. 2. [17].

화의 통일 속에 확립되어야 한다. 둘째 이처럼 평화의 틀 속에
통일된 다수인은 선한 행동으로 인도되지 않으면 안된다. 왜냐
하면 평화롭게 통일되어 있지 않은 다수인은 집단으로서의 존재
그 자체를 거역하여 서로 대립함으로써 유덕한 행위를 할 수 없
기 때문이다. 셋째 적당한 정도로 살기 위해 필요한 사물의 충
분한 공급이 지배자의 노력에 의해 손쉽게 되는 것이 필요하
다. [18] 여기서 특기할 점은 토마스 아퀴나스가 평화의 조건을 달
성하기 위해서는 사회의 통합과 함께 정치지도자의 노력을 강조
했다는 점이다. 이와 관련하여 토마스 아퀴나스는 국가의 유지
에 대한 장애요인을 다음과 같이 지적했다.

　　국가의 유지에 대한 제3의 장애는 국가의 바깥에서 들어온다.
　　즉, 평화가 외적의 공격으로 파괴될 때 또는 가끔 그러하듯이
　　왕국이나 도시가 완전히 모습을 보이지 않을 때이다. [19]

　이처럼 토마스 아퀴나스는 아우구스티누스가 그의 《신국론》에
서 지상의 공동체의 목적으로 제시한 평화의 사상을 대체로 계
승했다. 그는 세계공동체의 정치적 조직에 대해서는 논하지 않
았으나, 정치적 공동체가 인정법을 필요로 하고 있다고 함으로
써 평화를 보전하기 위해서는 신법과 자연법으로서는 충분하지
않음을 인정했다. 즉, 실정법에 의한 강제권력을 가짐으로써 인
간을 유덕한 행동으로 인도할 수 있다고 보았다. [20] 토마스 아퀴

---

18) *Ibid.*, Bk. 1. Ch. 15.
19) *Ibid.*, Bk. 1. Ch. 15.
20) T. Acquinas, *Summa Theologica*, II-1. Q. 96. Art. 3.

나스에 의하면 실정법은 주권자 이외의 모든 인간에게 강제적으로 적용된다. 군주는 법의 강제력에 관한 한 법에 의해 구속되지 않는다. 군주는 자기의 의지로 법에 따르기 때문이다. 21)

요컨대, 인간본성이 타락한 상태에서는 신법과 자연법은 평화, 즉 정치공동체의 통일을 가져오기에는 불충분하다. 그래서 정치조직은 실정법을 필요로 하고 세계공동체라는 정치조직은 세계적 규모의 실정법을 필요로 하며, 이를 채용하고 집행하기 위해서는 세계적 수준의 사법 행정기관을 필요로 하게 된다. 국가간에 구속력이 있는 세계법이 존재하지 않으면, 흡사 인간 개개인이 국가의 틀 안에서 실정법이 존재하지 않을 경우 취할 것으로 예상되는 것과 같은 행동을 취하게 마련이다. 이것이야말로 평화의 파괴라 할 수 있다. 토마스 아퀴나스는 사회, 국가 수준에서의 평화의 보전을 위해 실정법에 의한 강제력을 인정했으나 그와 같은 논리를 세계 수준으로 확대하지는 않았다. 사상으로서의 세계국가를 자각적으로 제기한 사람은 재빨리 근세의 도래를 선취한 단테였다.

---

21) *Ibid.*, II-1. Q. 96. Art. 5.

III 근대정치사상과 평화

1

단테의 '세계정부'와 평화

단테(Alighieri Dante, 1265~1321)는 중세의 황혼에 서서 근세의 여명을 내다본 사상가로서 그의 세계제국론은 근대 이래 각종 세계국가 또는 세계정부 사상의 효시라고 할 수 있다. 그의 세계정부론은 국제적 수준에서의 평화에 대한 접근의 한 원형이라고 볼 수 있다. 단테의 세계국가 사상의 뿌리는 기독교와 로마제국에서 찾을 수 있다. 우선 기독교는 출발부터 보편 종교로서 보편적 인간조직의 사상이 바탕에 깔려 있기 때문에 지역과 민족에 한정된 이교도의 신앙을 부정하고 개개 국민간의 장벽을 깨는 데 기여했다. 기독교는 유일신에 대한 신앙, 특히 신 앞에 만민이 평등하다는 신앙에 의해 전인류를 하나로 파악했다. 그리고 기독교의 사랑의 교의는 민족적 자존심이나 민족의식과 같은, 인류의 결합에 장애가 되는 요인을 배제하는 수단을 제공했다. 말하자면 고대의 스토아학파에서 형성된 인류사상이 신플라톤 사상을 매개로 하여 기독교 사상에 연속되었다고 볼 수 있다.

그 다음 세계국가 사상의 또 하나의 기원은 몰락한 로마제국에서 찾을 수 있다. 로마제국은 북방으로부터의 침입자에게 그 문화와 함께 세계제국 사상을 전수했는데 게르만인은 이 로마의 유산을 실현하는 것을 스스로의 역사적 사명으로 삼았다.

이처럼 세계제국 사상에 2개의 역사적 기원이 존재한 것에 대응해서 이른바 양검론이 중세적 사고의 특징을 잘 설명해 주고 있다. 즉, 교황이 지배하는 교회에 의한 인류의 조직화와 황제가 지배하는 제국에 의한 인류의 조직화가 그것이다. 교회옹호론자들은 교황이야말로 인류 최고의 지배자이며 황제 및 그 국가조직은 교황에 종속한다고 주장했다. 이 주장은 일종의 세계교회국가(Weltkirchenstaat) 사상이다. 이에 대해 로마제국의 전통을 중시하여 세속의 국가를 교회의 상위에 둔 사람들은 황제가 교황에 종속되는 것을 반대했다. 그들은 교회가 외적 조직을 가지는 것을 인정하지 않고 교회의 활동영역을 인간의 내면에 한정하도록 했다. 전자의 사상은 중세적 사유의 전형이며, 후자의 사상은 중세사회 해체기에 나타났는데 그 사상의 승리는 중세의 붕괴와 근세를 예고하는 것이었다. 단테는 후자의 사상에 속하는 전형적인 황제주의자로서 그의 세계국가 사상은 로마의 전통과 황제의 독자성을 바탕에 깔고 있었다.

중세에는 제국양도설, 즉 로마제국의 황제 콘스탄티누스가 이탈리아 서쪽의 로마의 지배권을 로마 교황에게 양도(donation) 했다는 설이 8세기 말 이래 유포되어 있었다. 이에 대해 단테는 신

이 로마인의 덕과 고귀함으로 인하여 그들을 세계의 지배자로
정했고, 1) 콘스탄티누스 황제는 제국을 분할하여 그 일부를 교회
에 양도할 어떠한 권한도 없다2)고 했다. 이처럼 단테는 황제권
이 교황의 재결(judicium)에 의존한다고 한 교황주의자들의 주장
을 명백히 반대했다.

　중세의 세계제국 사상은 아우구스티누스 이래 간헐적으로 논
의되어 왔으나 그 내용은 비체계적이었으며 독립된 저서로서 세
계정부를 논한 것은 단테의 《제국론》이 처음이었다.　단테는 그
의 저서의 모두에서 세계제국에 대한 인식은 유익하나 가장 알
려져 있지 않은 진리로서 이 세계제국의 개념을 전면에 부각시
키는3) 것이 저술의 목적이라고 했다.

　단테는 세속적 세계정부를 "시간 속에 있는 모든 인간을 지배
하는, 다시 말해 시간에 의해 측정될 수 있는 만물 위와 안에 존
재하는 단일정부"4)라고 정의했다.

　단테는 로마제국과 그의 '제국'과의 시간적 연속성을 전제로
하고 있으나 그가 생각하는 세계국가의 범위를 역사상의 로마제
국의 판도에 한정하지는 않았다.　단테의 제국은 이상국가이며
일종의 유토피아로서 신적 기원을 가지며 불멸의 존재로서 시간
이 끝날 때까지 존속한다.　또한 그가 말하는 세계제국의 국민은

---

1) Dante, Alighieri, *On World-Government or De Monarchia*, trans-
　lated by H. W. Schneider (NY: Liberal Art Press, 1949), Bk. I.
　3~4, pp. 27~32.

2) *Ibid.*, Bk. III. 10, pp. 68~70.

3) *Ibid.*, Bk. I. 1, pp. 3~4.

4) *Ibid.*, Bk. I. 2, p. 4.

로마의 주민을 지적하는 것도 아니고 반드시 그리스도교도만을
가리키는 것도 아니다. 단테는 제국 지배하의 국민을 인류(*genus
humanum*)라고 불렀으며 세계제국의 영토를 전지구, 세계(*mun-
dus*)라고 했다. 인류의 보편적 행복을 위해서는 이처럼 단일한
세계정부가 필요하며, 5) 이는 절대적 세계정부이자 지배자인 신
의 유일 원리를 바탕으로 해야만 한다6)고 했다. 다른 왕들의 영
토는 서로 국경을 접하고 있는 데 반해서 세계정부의 황제지배
권을 한정하는 것은 대양뿐이므로 세계정부는 가장 덜 탐욕스러
운 동시에 가장 정의로운 정부가 될 수 있다7)고 했다.

  그렇다면 단테의 세계제국은 하위국가들과는 어떤 관계가 있
는가? 우선 모든 현존의 국가는 다소의 자치권을 가지고 그 수
장은 군주나 왕의 칭호를 가지나 주권자로서의 성격을 상실한
다. 현대적 의미에서의 국가에 해당하는 유일한 것은 세계제국
뿐이다. 단테는 특수한 부분인 국가와 민족들은 보편적 전체인
세계제국의 원리에 부합해야 하며, 신을 닮은 피조물인 인간의
속성상 인간세계가 하나로 통합되어 있어야 하는 것은 당연하다
고 보았다. 8) 또한 동등한 지위를 지닌 인간 국가들간에는 상위
의 최고 재판기관이 부재하여 분쟁을 평화롭고 권위있게 해결할
수 없으므로, 이런 불완전한 상태를 해소하기 위해서도 세계정
부가 필요하다고 했다. 9)

---

5) *Ibid.*, Bk. I. 5, pp. 8~9.
6) *Ibid.*, Bk. I. 7, p. 10.
7) *Ibid.*, Bk. I. 11, pp. 13~15.
8) *Ibid.*, Bk. I. 7~9, pp. 10~12.
9) *Ibid.*, Bk. I. 10, p. 12.

　단테가 살았던 당시 이탈리아는 하나의 국가가 아니라 여러 도시의 집합이었다. 이들 도시는 황제당과 교황당으로 나뉘어 있었으며 그 당내에서도 분파가 있어 서로 항쟁하고 있었다. 단테의 고향 피렌체는 원래 교황당에 속해 있었는데 그 안에 다시 백당과 흑당이 나뉘어 싸우고 있었다. 단테는 이 가운데에도 백당에 속해 있었고 교황 보니파키우스 8세는 흑당을 원조하고 있었다. 1301년 집정관이었던 단테는 교황에게 흑당에 대한 원조를 중지하도록 간청했다. 그러나 단테의 노력에도 불구하고 흑당이 승리함으로써 단테는 재산을 몰수당하고 국외로 추방되어 유랑으로 18년을 보내야 했다. 단테는 제후의 궁정을 전전하면서 기식자의 굴욕을 감내하지 않을 수 없었다. 당시 시인의 사회적 위치는 낮았다. "다른 사람의 빵이 얼마나 쓰고 타인의 집의 계단을 오르는 다리가 얼마나 무겁고 피곤한 일인가"를 단테는 사무치도록 느꼈던 것이다.

　단테가 고난의 정치투쟁을 통해 추구했던 목표는 세계제국에서의 유일 황제의 지배에 의한 평화의 실현이었다. 개개 지방에 특유한 중요사항의 규제는 각 지방권력(*principes particulares*)에 맡기고 전체에 공통한 중요사항의 규제는 완전히 세계황제에 유보되어 있다. 이 세계국가와 하위 국가의 관계를, 단테는 각 족장에게 비교적 중요도가 낮은 사항을 맡긴 모세 지휘하의 유대민족의 상태에 비유했다. [10] 세계국가는 복수의 국가의 결합체가 아니라 단일국가이며 황제는 보편, 지고의 입법자라고 한 단테는 이탈리아인에게 타자의 법률이 아니라 황제의 법률의 구속에

---

10) *Ibid.*, Bk. I. 14, p. 20.

의해서만이 소유를 향수할 수 있다고 호소했다.

단테의 세계국가는 중세에 일반적으로 수용된 고대 폴리스에 대한 정의, 즉 지고의 완전한 자족공동체에 가장 적합한 국가로서 그 판도 내에 일체의 제 단체를 포섭하고 위로는 제국에서 밑으로 개인에 이르기까지 전인류를 포섭하는 공동체이다. 이 구조는 복수의 개인이 가족을 형성하고 복수의 가족이 읍을 형성하고 복수의 읍이 도시를 형성하고 복수의 도시가 국가를 형성하는 것으로 이러한 단테의 관념은 중세 일반의 관념과 같은 것이었다. 그리하여 국가 아래에 있는 부분 단체들이나 국가 자체도 상위의 지배자인 세계황제, 상위의 지배단체인 세계제국의 지배에 복종11) 하는 것이다.

이처럼 단테의 국가이상은 그것이 근대국가의 기본적 성격을 가지고 있음에도 불구하고 복고적인 것으로 성격지우지 않을 수 없다. 중세의 황혼에서 근대를 전망한 단테는 그의 세계제국론과 평화사상을 정당화하는 논거를 고대 중세의 사상가들로부터 흡수했다.

서양사상사의 다른 분야에서도 그러하지만 국가론에서도 고대의 재생은 중세의 극복, 근대의 출발을 의미하는 것이었다. 근대의 국가론은 역사적으로 보면 중세에서 발전해 온 것이나 내용적으로는 중세보다 훨씬 먼 고대사상에 가깝다. 단테의 경우도 그의 국가론 가운데 근대적 요소로서 성격지울 수 있는 부분은 모두 고대에 기원을 둔 것이었다. 단테에게 근대적인 요소가 보이는 것도 그가 광범하게 플라톤이나 아리스토텔레스를 따랐

11) *Ibid.*, Bk. I, 5~9, pp. 8~12.

기 때문이다. 국가의 가치에 대한 단테의 견해, 국가와 개인의
관계에 대한 단테의 사상도 고대 그리스 사상에 뿌리를 두었다.
우선 단테의 《제국론》에는 플라톤이 한번도 인용되고 있지 않으
나 플라톤으로부터 분명히 이데아 사상이 계승되고 있다. 즉,
철학자의 국가지배라는 플라톤의 사상이 성직자의 세속지배라는
사상에 친근감을 갖게 되고 그렇기 때문에 단테와 같은 반교회
적인 황제주의자가 교회측의 사상가에게 공감을 불러일으켰던
것12) 이다.

　그 다음 아리스토텔레스의 저서는 단테를 포함하는 13세기 철
학자들의 필독서였다. 엄격한 기독교인인 단테가 이교도인 아리
스토텔레스를 스승으로 부른 것을 보면 아리스토텔레스의 단테
에 대한 영향력과 단테 자신의 아리스토텔레스에 대한 자발적인
순종의 모습을 볼 수가13) 있다. 아리스토텔레스의 《니코마코스
윤리학》과 《정치학》에 대해서 단테는 그의 《제국론》에서 40군데
이상을 인용하고 있는 것만 봐도 아리스토텔레스가 단테 철학에
서 점하는 비중을 알 수 있다. 우선 단테가 아리스토텔레스로부
터 차용한 기본개념은 단테의 국가철학의 특징을 나타내고 있
다. 단테는 개인은 가족에서, 가족은 촌락공동체에서, 그리고
촌락공동체는 국가에서만이 자족성을 가진다고 본 아리스토텔레

---

12) Vgl. Gennrich, *Die Staat und Kirchenlehre des Joh. V. Salisbury*,
　　S. 120ff.

13) Dante, *The Divine Comedy*, Vol. I : *Hell*, Vol. II : *Purgatory*,
　　Vol. III: *Paradise*, translated by Dorothy L. Sayers (Harmonds-
　　worth: Penguin Books, 1949~1962), Cantica I (Hell), Canto
　　IV-132, Cantica III (Paradise), Canto VIII-120.

스의 영향을 받아 단일한 세계정부를 정점으로 하는 유기체적
국가론을 전개했다. 14)

중세의 전 사상체계에서 성서가 차지하는 절대적인 비중을 생
각한다면 기독교 사상이 그의 국가론에 끼친 영향이 거대한 것
은 오히려 당연하다. 그의 국가론에서도 확실한 진리의 증거,
이론의 정당성의 근거로서 성서가 등장하고 있다. 근대적 이성
의 기준에서 보아 이치에 닿지 않아도 성서의 인용에 의해 학설
로서의 지위가 승인된 예도 적지 않았다. 이러한 사상 상황에서
는 성서야말로 무한정의 인용의 보고였다. 같은 성구가 정반대
의 주장의 논거로 아전인수로 원용되기도 했다. 양검 논쟁에서
교황과 황제의 관계에서도 성서로부터 자기의 형편에 맞는 근거
를 찾는 데 혈안이 되었다. 단테의 사상도 이러한 경향에서 완
전히 자유로울 수는 없었다. 그는 많은 곳에서 성서를 원용하고
있으며 《제국론》에서만도 100회 이상이나 된다.

단테가 그의 세계정부론에서 연구한 중세의 사상가 중에 아우
구스티누스가 있다. 그는 《제국론》에서 아우구스티누스의 《신국
론》을 인용했고, 《기독교 교의론》(de Doctrina Christina)에서도
두 번이나 인용했다. 아우구스티누스 특유의 개념, 이를테면 신
을 지고선(summum bonum) 15)이라고 하고 천상의 행복을 '신의
향수(享受)'16)로 보는 관점은 단테의 사상에서도 다를 바 없다.
그러나 국가론에 관해서는 아우구스티누스와 단테는 근본적으로

---

14) cf. Aristotle, *Politics*, *op. cit.*, I. 2, 1256b~1253a ; Dante, *On
    World-Government*, *op. cit.*, Bk. I. 5, pp. 8~9.

15) Dante, *Ibid.*, Bk. II. 2, p. 26.

16) *Ibid.*, Bk. III. 16, p. 78.

다르다. 아우구스티누스가 국가는 인간의 원죄관에서 나온 필요
악으로 교회에 복종해야 하며 교회는 국가의 정당성의 원천이라
고 본 데 반해 단테는 현세의 행복을 천상의 삶으로부터 독립한
목적으로 보고 국가와 교회를 독립된 제도로 보았다. 이처럼 국
가에 관한 아우구스티누스와 단테의 근본적인 견해차이에도 불
구하고 단테의 《제국론》에는 아우구스티누스의 《신국론》의 영향
이 현저하다. 국가는 지상의 평화(terena pax)를 실현해야 한다는
단테의 주장도 아우구스티누스가 그의 지상국가의 평화에 부여
한 의미와 질적으로 차이가 없으며 단테가 토마스 아퀴나스에서
차용한 양복론(die Lehre von den zweifachen Seligkeit) 및 그것과 관
련된 국가와 교회의 권한 획정도 그 기본사상은 아우구스티누스
와 다를 바 없다.

　아우구스티누스에 비하면 단테에 대한 토마스 아퀴나스의 영
향은 가히 절대적이라고 말할 수 있다. 단테가 선·악의 개념
규정에 통일성의 원리(principium unitatis)를 적용하는 것은 전적
으로 토마스 아퀴나스에 의존한 것이며 법을 신의 의지로 보는
것이나, 신법, 인법, 자연법 등의 구별은 그 사상적 원천을 토
마스 아퀴나스에서 찾을 수 있다. 평화를 국가의 중대임무로 본
토마스 아퀴나스의 관점은 그대로 단테에 계승되었다. 단테는
국가의 궁극목적을 "모든 지적 능력을 발현하는 것"[17]에서 찾았
고 이 국가목적의 달성을 위한 최선의 방법은 보편적 평화라고
했다.[18] 토마스 아퀴나스는 배의 비유를 통하여 선장은 한 사람

---

17) *Ibid.*, Bk. I. 3, pp. 5~7.
18) *Ibid.*, Bk. I. 4, p. 7.

이어야 한다고 강조했는데 이 비유는 단테도 즐겨 사용했다. 전술한 양복론은 특히 국가와 교회의 관계에 대한 이론의 기초가 되었는데 이와 똑같은 논의가 토마스 아퀴나스에도 있었다. 이처럼 단테 사상은 토마스 아퀴나스에 그 뿌리를 두고 있지만 주목해야 할 것은 두 사람의 결론이 전혀 다른 점이다. 즉, 도미니코 수도사였던 토마스 아퀴나스는 기독교의 교의에 따라서 천상의 행복에 대한 지상의 행복의 하위를 전제로 했고 그 전제는 국가와 교회의 관계에도 일관하고 있는 데 대해서 단테는 국가와 교회의 동권을 주장하여 교회 옹호의 사상가들과 공공연히 대립했다.

단테의 국가론이 당시 교회측의 비판을 받은 것은 쉽게 짐작할 수 있는 일이다. 교회는 단테의 《제국론》을 불살랐고 또한 교회측으로부터 반박의 저서들이 나왔다. 실제로 단테의 《제국론》은 문학의 《신곡》에 버금 갈 만한 걸작이라고 말할 수 있다. 그가 오늘날 우리가 세계정부라고 할 수 있는 세계제국이라는 새로운 개념을 본격적으로 논한 것이 바로 《제국론》이었다. 단테 사상의 구체적 요청은 당시 북부 이탈리아의 혼란했던 도시국가를 어떻게 통일하여 이를 재건하고 평화를 구축하는가 하는 것이었다. 이것이 그가 아리스토텔레스 이념을 섭취하게 된 동기이기도 했다. 단테는 토마스 아퀴나스 사상을 신학적 기반으로 하고 고대 그리스 이래의 정치사상을 수용하여 그것을 기본으로 14세기 이탈리아 상황에 적합한 세계국가의 이론을 구상했던 것이다. 이렇게 보면 단테의 사상은 계보적으로 기독교 이념에 그리스적인 개념을 섞은 일종의 혼합사상이었다.

단테는 토마스 아퀴나스가 제기한 통일성의 원리라는 질서 개

넘을 기초로 하여 교황이 아닌 세계황제의 지배하에 평화를 구축하려 했다. 여기에 나오는 평화는 이미 개인적 수준의 내면적 평화가 아니라 국가, 더욱이 세계국가 수준의 평화를 문제삼는 정치적 개념이다. 아우구스티누스 이래 사용되어 온 평온(*tranquilitas*)이라는 개념이, 토마스 아퀴나스에 와서는 사회의 통일을 표상하는 개념으로 변했고, 단테에 와서는 정치적 개념으로 재구성[19]된 것이다. 이러한 문제의식을 가지고 단테는 1310년에서 1313년에 걸쳐 모든 유럽이 보편적 평화를 위해 유일군주정치에 의해 통치될 필요가 있음을 호소하기 위해 《제국론》을 집필했던 것이다.

　단테는 인간생활의 목표나 이상을 달성할 수 있는 것은 정치체제, 즉 그의 이론에 의하면 단일권위의 존재양태 여하에 의해 결정된다고 했다. 그는 인간생활의 평화와 안전이 인간으로 하여금 그의 지능을 신장시키는 원동력이며 그가 말하는 세계국가의 주된 기능도 평화의 획득·유지에 있다고 했다. 세계정부론의 사상을 싣고 있는 그의 《제국론》에는 토마스 아퀴나스의 사상에서 말하는 평온이란 말이 국가에 적용되고 있다. 그는 국가간의 비참하고 탐욕스런 전쟁을 저지하기 위한 최선의 정치형태가 세계제국 차원의 군주정이며, 가장 이상적인 형태는 황제정치에 의해 각 국가를 일정한 방법으로 통치하는 것이라고 결론내렸다. 단테는 제국의 존립원리로 세계 전체에 타당한 보편법을 제안했는데 이 보편법은 스토아의 자연법이나 훗날 칸트가 영구평화를 위한 세계시민법이라고 이름 붙인 것과 다를 바 없

---

19) *Ibid.*, Bk. III. 16, p. 79.

다. 이 보편법이 각 민족의 풍습, 지리적 조건에 따라 특수화되
어 각 민족의 행위, 생활의 규범이 되는데 단테는 모든 인간은
이 보편법에 따라 평화로운 삶을 영위할 수 있다고 보았다.[20]

단테는 인간이 자기 완성을 위해 필요한 것은 무엇보다 평화
이며 평화는 여러 국가가 하나의 대제국으로 통일되어 공평무사
한 황제에 의해 통치될 때만이 가능하다고 보았다.

그에 의하면 인간은 두 개의 목적을 가진다. 영혼의 행복과
신체적 행복이 바로 그것이다. 단테는 이 목표를 '천상의 낙원'과
'지상의 낙원'이라는 말로 표현했다.[21] 전자에 대한 배려를 하는
것이 교황이고 후자에 대한 배려를 하는 것이 황제이다. 전자의
목적은 은총에 의한 신앙, 사랑 등 종교적 도덕에 의해 달성되
고 후자의 목적은 인간 고유의 이성에 의한 이성적 행위, 도덕
적 행위에 의해 달성된다. 신은 인간에 대해서 이 두 개의 목적
을 설정했다. 따라서 이 두 목적을 실현하는 관리자인 교황과
황제는 다 같이 직접 신으로부터 임명되었으며 일방이 타방에
종속되어 있는 것은 아니다. 다만 황제는 교황에 대해 존경을
표하지 않으면 안된다. 말하자면 교황과 황제는 한 사람의 아버
지로부터 나온 형제와 같은 관계로서 전자의 할 일은 영혼의 구
제이며, 후자의 목적은 지상의 평화로운 삶이다. 단테는 당시의
대세였던 스콜라 철학의 개념을 사용하면서도 그것을 뛰어넘는
구상력을 발휘했다. 세계국가 건설을 통한 평화의 실현이 바로
그것이다. 그러나 국가론의 영역에서 단테의 존재는 르네상스의

20) *Ibid.*, Bk. I. 14, pp. 19~21.
21) *Ibid.*, Bk. III. 16, pp. 77~79.

서광에 지나지 않았다. 르네상스의 태양이 떠오를 때 이 양광
아래서 성숙한 사상가가 마키아벨리이다.

2

에라스무스의 '평화의 호소'

서양사상사에서 르네상스 인문주의의 대표적인 사상가의 한 사람으로 에라스무스(Desiderius Erasmus, 1466~1536)를 꼽는 데는 아무런 이론이 없다. 그러나 그의 작품은 성서, 신학연구, 문학, 시사평론 등 광범한 영역에 걸쳐 있기 때문에 참다운 에라스무스상(像)을 이해하기란 쉬운 일이 아니다. 홀바인(Hans Holbein)은 그를 가리켜 창백한 입술에 냉소를 머금고 있는 석태(石胎)의 지성이라고 했고, 듀아멜(George Duhamel)은 그를 가리켜 순수관객이라고 했으며, 그의 막강한 논적 루터(Martin Luther)는 신·구교에 대한 에라스무스의 입장을 희화화하여 애매주의의 왕이라고 비꼬았다. 이러한 다양한 평가에도 불구하고 그의 작품 속에 일관되게 흐르는 특징은 자유지식인으로서의 독자성과 비판적 이성의 견지이며 바로 이러한 사상과 방법을 통하여 그가 추구했던 궁극의 목표는 신·구 기독교의 화해와 그것을 통한 세계의 평화였다. 르네상스와 종교개혁이라는 거대한 변혁기의 와중에서 에라스무스는 고대인의 이성, 지혜와 기독교의 복음, 신앙을 결합하려는 엄청난 지성적 과제를 안고 있었다. 그래서 그는 정통과 이단의 제로섬적 전쟁상태 속에서 신·구 2개 당파의 어느 한쪽에 가담하는 것을 거부하고, 분열한 기독교인의 마음을 유일신 그리스도로 통일하여 사랑과 평화의 세계를 실현하고자 노력했던 것이다. 에라스무스는 전쟁 특히 기독교 군주가 자행하는 전쟁의 원인을 철저히 분석하고 전쟁이 인민의 생활에 미치는 참화를 지적함으로써 평화의 유지야말로 군주와 인민의 번영에 필요한 기본조건임을 역설했다.

종교개혁의 시대라는 역사의 대변동기에 태어나 기독교 세계의 개혁을 생애의 과제로 삼았던 에라스무스는 그의 대부분의 저서가 종교적, 도덕적, 문학적인 것이었으나 그의 정치사상 또한 독특한 성격을 띠고 있었다. 특히 그의 평화사상은 근대 서양 정치사상사에서 평화문제를 생각하는 데 선구적인 역할[1]을 했다.

에라스무스는 그의 본격적인 평화론인 《평화의 호소》(Querela pacis, 1517)에 앞서 《전쟁은 안하는 사람만이 좋다》(Dulce bellum inexpertis, 1515)라는 소품을 남겼다. 이 글에서는 위 두 작품의

---

1) J. D. Tracy, *The Politics of Erasmus* : *A Pacifist International and Political Milieu* (Toronto, 1978) ; O. Herding, *Einleitung zur Querela pacis* (Amsterdam and Oxford, 1977) 참조.

분석을 통해서 에라스무스의 평화사상을 고찰하고자 한다.

에라스무스는 인간이 영위하는 모든 일 가운데 반드시 피해야
할 일이 전쟁이라는 것을 되풀이하여 강조했다. 에라스무스는
전쟁과 평화를 비교하면서 전쟁만큼 잔인하고 극악무도한 것은[2]
없으며 전쟁은 사람에게 육체적, 정신적, 물질적 희생을 강요할
뿐만 아니라 사회 전체에도 도덕적, 법적 황폐를 가져온다[3]고
했다. 이에 대해 평화는 천지에 충만해 있는 일체의 선의 원천
이며 자모이며 후견인이라고 했다. [4]

그럼에도 불구하고 기독교 군주들은 전쟁을 일삼고 있는데,
에라스무스는 그 이유에 대해서 어떤 사람은 조약에 규정되어
있지 않다는 구실로, 어떤 사람은 개인적인 이유로, 또 어떤 사
람은 민중의 불화에 권세의 안정이 있다고 생각하여 전쟁을 추
구한다[5]고 한다.

호전적인 것은 군주들만이 아니며 이교도와 기독교도, 속인과
성직자, 젊은이와 노인, 민중과 군주의 구별없이 전쟁에 종사하
는 사람들이 많다[6]고 에라스무스는 개탄했다.

---

2) Erasmus, *Dulce bellum inexpertis*, in J. Clericus(ed.), *Opera
omnia Desiderii Erasmi Roterodami*, Vol. 2 (Leiden, 1703~1706),
月村辰雄 譯, "戰爭は 體驗しない 者にこそ 快し," 二宮敬, 《エラ
スムス》(講談社, 1984), p. 292 (이하 *Dulce bellum inexpertis*, 日
譯).

3) *Dulce bellum inexpertis*, 日譯, pp. 296~298.

4) *Querela pacis*, 箕輪三郎 譯, 《平和の 訴え》(岩波書店, 1961),
p. 16 (이하 *Querela pacis*, 日譯).

5) *Ibid.*, pp. 51~53.

6) *Dulce bellum inexpertis*, 日譯, p. 292.

이러한 국가의 전쟁 지향성은 에라스무스에 의하면 인간의 사
회생활 전반에 그 뿌리가 있다. 에라스무스는 그 예로 다음 일
곱 가지를 그의 《평화의 호소》에서 열거했다.[7] (1) 관청, 재판
소, 원로원, 신전에서 보이는 쟁론, (2) 같은 법제하에 있는 도
시주민간의 불화, (3) 궁정내의 분열, (4) 학자간의 대립, (5) 종
교계의 분열, (6) 일심동체인 부부간의 불화, (7) 개인내의 이성
과 감정 간의 갈등 등.

이러한 갈등은 물욕, 야망, 탐욕 등에 의해 일어나며[8] 그 가
운데도 특히 탐욕이 분쟁의 뿌리가 된다.[9] 그리고 "권세와 명예
와 부와 보복을 위해서 싸우고 있는 곳에서는 평화가 확립될 수
없다."[10]

이처럼 에라스무스에게 전쟁이란 좁은 의미의 전쟁, 즉 정치
사회의 무장집단에 의한 전투행위만이 아니라 넓은 의미의 전
쟁, 즉 인간의 사회생활의 여러 측면에 생기는 불화 일반인 것
이다. 요컨대 "전쟁이란 세상에 만연해 있는 불화"의 총칭이며
평화는 "인간 상호간의 우애"이다.[11]

그러나 에라스무스는 국가간의 전쟁을 가장 중시했으며 이를
일으키는 당사자가 바로 궁정이라고 보았다. 그는 궁정 안에서
의 참다운 화합은 찾아볼 수 없고 모든 것이 파벌과 음모와 질투
로 분열되어 있으며, 궁정이야말로 모든 전쟁의 원천이요 온

---

7) *Querela pacis*, 日譯, pp. 25~32.

8) *Ibid.*, p. 32.

9) *Ibid.*, p. 68.

10) *Ibid.*, pp. 78~79.

11) *Dulce bellum inexpetis*, 日譯, p. 310.

상12)이라고 강조했다. 그리고 궁정의 중심 인물인 군주를 전쟁
으로 몰아붙이는 것이 바로 분노, 야망, 우매, 정욕, 탐욕, 광
폭성13)이다. 바로 이 전쟁이 군주를 전제군주로 만든다. 평시에
는 고등법원이나 집정관이 군주의 자의를 억제하나 전시가 되면
국사의 결정이 극소수에 의해 행해지기 때문이다.

그런데 에라스무스는 전쟁이 인류사의 최초부터 있었던 것이
아니고 역사적으로 형성된 것이라고 했다. 그는 전쟁 발생의 과
정을 다음과 같이 설명했다. 14) 그 최초의 단계가 야수와의 싸움
이다.

(1) 자위를 위해 인간에게 위해를 가하는 야수를 죽이는 단계
(2) 겨울의 추위로부터 몸을 보호하는 모피를 구하기 위해 짐
    승을 죽이는 단계
(3) 고기를 먹기 위해 야수를 죽이는 단계
(4) 유해한 동물만이 아니라 무해한 동물까지 도살함으로써 인
    간 이외의 모든 동물이 도살의 대상이 되는 단계

그 다음 단계가 인간도 살해의 사정 안에 들어가는 단계이다.
(1) 완력으로 싸우는 사람들이 야수 살해의 경험으로부터 인간
    도 용이하게 살해할 수 있다고 생각하게 되는 단계. 여기
    서 사용하는 것은 주먹, 몽둥이, 돌 등이며 이 단계에서는
    싸움이 개인간에 머물러 있다.

---

12) *Querela pacis*, 日譯, p. 26.
13) *Ibid.*
14) *Dulce bellum inexpertis*, 日譯, pp. 303~308.

⑵ 사람들이 도당을 만들어 집단으로 싸우는 단계. 사용되는
    무기로는 돌조각, 끝이 뾰족한 창 등이다. 단지 여기서는
    전투가 오래 지속되지는 않는다.

⑶ 여러 종류의 무기, 갑옷이 고안되어 사람들이 가는 곳마다
    싸우는 단계. 여기서는 무기로서 창이 등장하고 또한 위험
    을 무릅쓰고 적의 공격으로부터 가족과 재산을 지키는 자
    에게 용감하다는 명예가 주어진다.

⑷ 문명의 진보에 따라 전투기술이 발달하고 도시간, 국가간
    의 전쟁이 등장하는 단계. 이 단계에서는 무기는 창 정도
    이고 명예를 위해서만 싸우고 전쟁의 상대는 이방인에 한
    정되어 있다.

⑸ 최후로 전쟁이 지배권과 재산을 획득하기 위해 행해지는
    단계. 사람들은 죽음에 이르기까지 끊임없이 전쟁을 하게
    되는데 이 전쟁이 바로 그리스도교도의 현실이라고 에라스
    무스는 비꼬았다.

이처럼 인간은 원시시대에 야수의 습격에 대항하는 싸움을 통
하여 잔인성을 익혔고 드디어 이 습관의 힘과 생활상의 편의 때
문에 살상행위를 하게 되었다. 이 살상행위는 동물에서 인간으
로 이행했고 나아가 도당간의 전쟁에 이르게 되었다. 문명의 진
보와 함께 전쟁의 기술도 향상되어 도시간, 지방간, 국가간의
전쟁으로 확대되어 오늘날의 전쟁에 도달하게 된 것이다. 무엇
보다도 중요한 것은 평화를 역설했던 그리스도의 가르침이 그리
스도를 신봉하는 유럽에서 규범으로서의 효력을 상실해 버린 데
있다.

　　그러면 기독교의 가르침에 위배되는 전쟁이 왜 기독교도간에 확대되고 있는가. 에라스무스에 의하면 전쟁이라는 악덕은 다른 악덕과 마찬가지로 경솔한 인간을 통해서 서서히 습관화되었다. 그는 학문, 웅변 그리고 로마의 법이 모두 전쟁의 원인15) 이라고 보고 대체로 다음과 같이 그 원인을 설명했다.

　　첫째, 기독교도가 고대 그리스의 학문, 이를테면 철학, 시, 웅변술 등을 습득하여 이것을 이교도와의 논전에서 무기로 사용하게 되었다. 말하자면 이론으로 무장한 이교도와 싸우기 위해 학문이 도구화되었다는 것이다.

　　둘째, 중세의 스콜라 철학에서는 아리스토텔레스의 권위가 그리스도를 능가하여 기독교를 오염시켰다. 에라스무스는 인간은 육체의 완벽과 재산의 보존에서 모든 행복을 찾을 수 있다16) 는 주장이 모두 아리스토텔레스에 소급한다고 보았다. 아리스토텔레스의 학설이 신학에 유입되어 기독교가 육체와 사유재산의 옹호 등 이교도의 주장까지도 정당화하게 되었다.

　　셋째, 로마법의 수용이 복음서의 교의마저도 바꿔 버렸다. 힘에는 힘으로 대항하는 것이 정당화됨으로써 결국 정전론(正戰論)으로 이어지게 되었다는 것이다.

　　요컨대 에라스무스는 기독교의 가르침이 이교도의 변증가, 궤변가, 수학자, 시인, 철학자, 법률가 등의 언설에 의해 오염되어 버렸다17) 고 주장했다.

---

15) *Ibid.*, pp. 320~321.
16) *Ibid.*, p. 321.
17) *Ibid.*

이처럼 기독교 사회의 결함에도 불구하고 에라스무스는 전쟁
을 추구하는 자가 소수라는 것에 희망을 걸었다. "대다수의 일반
민중은 전쟁을 싫어하고 평화를 염원한다. 다만 민중의 불행 위
에 영화를 탐하는 극소수의 인간들이 전쟁을 바라고 있을 뿐이
다."18) 여기서 에라스무스 특유의 평화를 위한 전략의 구상이 가
능하게 된다.

에라스무스는 전쟁을 예방하기 위한 구체적 방안을 다음과 같
이 열거했다. 19)

(1) 군주들이 그 영토를 협정에 의해 확정하고 그후 사정에 의
    해 그것을 변경하지 말 것.
(2) 한 나라의 통치자의 빈번한 교체나 타국에의 이전을 막기
    위해 군주의 자손의 권한이 미치는 범위를 그 군주의 판도
    내에 한정하고 타국인과 결혼할 경우는 왕위계승권을 인정
    하지 않을 것.
(3) 왕위의 계승은 혈연관계의 가장 가까운 자가 인민투표에
    의해 선출되고 그 이외의 왕자들은 귀족으로서 대우할 것.
(4) 군주는 장기간의 여행을 피할 것.
(5) 전쟁을 검토할 경우 경험이 없는 젊은 사람이나 공공의 질
    서의 교란으로 이득을 얻는 자를 배제하고 사려깊고 편견
    에 사로잡히지 않고 확고한 조국애를 가진 나이든 사람의
    의견을 들을 것.
(6) 전국민의 승인이 없는 한 전쟁을 기도해서는 안되며 전쟁

---

18) *Querela pacis*, 日譯, p. 96.
19) *Ibid.*, pp. 70~74.

의 싹을 즉시 제거할 것.

(7) 필요하다면 평화를 살 것. 에라스무스는 그 예로 프랑스 국왕 프랑수아 1세를 들고 그를 가장 기독교적인 군주로[20] 보고 있다.

(8) 훌륭한 학자, 수도원장, 사교, 집정관에 의한 중재. [21]

(9) 전쟁회피를 위해 그리고 군비의 축소, 폐지를 위해 전력을 다하는 자에 대해 최대의 명예를 제공할 것 등.

에라스무스는 기독교도간의 전쟁의 참혹함을 다음과 같이 경고, 설명하면서 전쟁을 회피하기 위해서 무엇보다 기독교도 자신, 특히 사회지도층인 군주, 귀족, 성직자, 지식인의 이성과 신앙에 호소했다.

(1) 짐승과의 비교[22]이다. 에라스무스에 의하면 많은 짐승들이 온화하고, 맹수라도 같은 종끼리는 싸우지 않으며 싸울 경우 1 대 1로 결판을 내고 치명상을 내지 않으며 다른 동물과 싸우는 것은 자기와 새끼의 생존을 위한 경우이다.

(2) 이교도와의 비교이다. 에라스무스에 의하면 이교도가 기독교도보다 더 잔혹한 전쟁을 한 적은 한번도 없으며, 즉 이교도는 명예와 신앙을 위해 싸우지 기독교도처럼 무기와 전술을 채용하지 않았다. 대포를 발명한 것은 기독교인이었다. [23]

---

20) *Ibid.*, p. 96.
21) *Ibid.*, pp. 66~67.
22) *Dulce bellum inexpertis*, 日譯, pp. 279~301.
23) *Querela pacis*, 日譯, pp. 57~58.

(3) 전쟁이 인간에게 주는 물질적, 경제적, 정신적, 도덕적, 정치적, 문화적 손실의 설명이다. 에라스무스는 군주를 향하여 전쟁이야말로 급속히 그러나 확실히 그 국가를 멸망시킨다[24]고 했다. 그리고 설령 전쟁이 끝나도 그 영향이 오래도록 꼬리를 물고 학예를 쇠퇴시키고 통상도 장애를 받을 것[25]이다.

(4) 사회의 지도층에 대해서 각각의 역할과 책무의 자각을 촉진해야 한다. 우선 군주의 탐욕은 소란, 전쟁의 근원이며 이 탐욕에 의해 목적을 달성할 수 없다는 것을 경고해야 한다. 에라스무스에 의하면 군주는 그 자신을 위해서가 아니라 민중을 위해서 명령해야 하며 군주가 그 국가에 대해 마음 씀은 부친의 가족에 대한 마음가짐과 같은 것이다. 그리고 국왕은 인민이 유복하게 되었을 때 스스로도 유복하며 여러 도시가 항구 평화 속에 번영할 때 비로소 자기도 번영한다고 생각해야 한다. 다음, 국가의 지도층인 귀족과 집정관도 이러한 군주의 자세를 체득해야 할 필요가 있다. 즉, 그들도 만사를 국민 전체의 복지를 기준으로 해서 생각해야 하며 이것이야말로 자기의 복리를 올바르게 잴 수 있는 유익한 방법이라는 것을 자각해야 한다. [26] 사제, 수도사, 신학자는 참으로 기독교도에 상응한 언동을 지키고 성직자는 전쟁을 반대하고 모든 기회에 평화를 설파해야

---

24) *Ibid.*, p. 90.
25) *Dulce bellum inexpertis*, 日譯, pp. 345~346.
26) *Querela pacis*, 日譯, pp. 57~58.

하고 설령 전쟁을 저지할 수 없다 하더라도 전쟁에 협력하
던가, 전쟁을 추진하는 행사에 참여해서는 안된다.[27] 기독
교도들은 협력해서 전쟁에 반대하고 전제권력에 저항하고
모든 사람의 행복을 실현하기 위하여 노력해야 한다.[28]
  (5) 사람들에게 인간본성의 개선과 인간으로서의 자각을 촉진
  한다.[29]

  이처럼 에라스무스는 자연의 관념 및 그리스도의 가르침으로
군주, 성직자, 신학자, 관직보유자들에게 평화를 호소했다. 자
연의 제 요소의 힘은 균형상태를 이루어 항구적 평화를 유지하
는 우주에서 협동생활을 영위하는 동물계, 친근성을 가지고 평
화의 이익을 맛보고 있는 식물계, 자력에 의해 평화와 화합에
대한 감수성을 갖고 있는 광물계에 이르기까지 우리에게 평화와
협조를 가르쳐주고 있다.[30] 그 다음 인간의 본성에 대해서는,
인간은 한편으로 고독을 싫어하고 동료를 좋아하는 성향이 있으
며 언어와 이성을 갖고 있어서 우애와 사회생활을 영위할 수 있
는 존재이며 다른 한편으로는 능력의 불평등과 타고난 약함 때
문에 서로 도우면서 살아야 할 존재이다.[31] 이처럼 에라스무스
의 자연관에서 보면 인간은 외적 자연에 적응하여 그 자연과 공
생하고 내적 자연, 즉 이성을 상실하지 않으면 본래 평화롭게

27) *Ibid.*, p. 74.
28) *Ibid.*, p. 95.
29) *Dulce bellum inexpertis*, 日譯, pp. 293~296.
30) *Querela pacis*, in *Collected Works*, Vol. 27, p. 294.
31) *Ibid.*, p. 295.

살아가게 되어 있는 것이다.

그러나 에라스무스는 일체의 전쟁을 부인하는 절대적 평화주의자라고 말할 수는 없다. 32) 기독교도간의 전쟁을 그렇게 혐오했던 에라스무스도 침략자에 대한 전쟁, 즉 자국과 기독교 사회의 방위전쟁을 불가피한 것으로 받아들였다. 33) 그러나 이 경우도 침략자를 격퇴하는 방법에 조건을 붙였다. 이를테면 터키인으로부터 공격을 받았을 경우 기독교의 정신에 따라 "그들을 수탈하기 위해서가 아니고 그들을 구제하기 위해서 싸운다는 것을 터키인도 이해할 수 있도록 싸워라"34)고 에라스무스는 호소했다.

또한 부득이 전쟁에 돌입하지 않을 수 없게 되더라도 평화를 지키기 위한 모든 수단을 시도한 뒤에 최후의 수단으로서 전쟁에 호소35)하고 전쟁의 재앙은 사악한 인간들, 이를테면 흉악범, 용병, 해적 등이 받고 무고한 인간의 피를 가능한 한 흘리지 않도록 노력하는 것이 바람직하다고 했다.

에라스무스는 그리스도를 철저히 '평화의 군주'36)로 파악하고 기독교의 가르침의 핵심을 산상(山上)의 수훈(垂訓)에서 나타난 적에 대한 사랑과 폭력 거부의 윤리에서 찾았다. 에라스무스는

---

32) Z. A. Fernandez, "Erasmus on the just war," *Journal of the History of Ideas*, 34 (1973), p. 219.

33) *Querela pacis*, 日譯, p. 75.

34) *Dulce bellum inexpertis*, 日譯, pp. 342~343.

35) J. J. Mulryan, "Erasmus and war," *The Adages and Beyond*, Moreana XXIII, No. 89 (1986), pp. 15~28.

36) *Querela pacis*, 日譯, p. 33.

"예수 그리스도는 권세와 영예와 부와 보복을 위해 싸우는 곳에
서는 평화를 확립할 수 없다는 것을 알고 있었기 때문에 그 제자
들의 마음에서 이러한 강한 욕망을 근절하려 했고 더욱이 악에
대해서 저항하는 것까지 일체 허용하지 않고 가능하다면 나쁜
행위를 한 사람에게도 선으로 갚는 것을 명했다"[37]고 말했다.

> 만약 우리들이 모든 악덕에 물들여지지 않는 무구(無垢)와 가능
> 한 한 선을 만인에게 베푸는 자비와 우리에게 악을 행하는 인간
> 에게도 참고 부정에도 선으로 갚는 인내, 이 셋의 미덕을 보인
> 다면, (기독교도의 이름에 걸맞은 사람이 되려면 누구나 이 미덕
> 을 보이지 않으면 안되지만) 사소한 것을 원인으로 우리들 사이
> 에 전쟁이 일어날 수 있겠는가. [38]

　이상에서 보면 에라스무스의 평화사상은 그리스도의 가르침과
생애를 '인간 상호의 평화와 사랑'[39]에 있다고 보고 이것을 기독
교의 정치사회만이 아니라 이교도와의 관계에까지도 적용한 철
저한 반전평화의 사상이다. 에라스무스는 교회의 규율에 따르고
의식에 참가하는 것으로 충분하다고 믿었던 당시 가톨릭 교회의
형식주의를 비판하고 그리스도 자신의 가르침이라는 원점에 돌
아가야 한다고 호소하고 그의 기독교 철학의 입장을 대외관계에
까지 적용했다. 그의 평화 개념은 부전(不戰)을 넘어서 사회 전
체의 화합이라는 넓은 의미로 해석된다. 이 경우 사회 전체라고

---

37) *Ibid.*, p. 41.
38) *Querela pacis*, 日譯, pp. 83~84.
39) *Dulce bellum inexpertis*, 日譯, p. 347.

하지만 기독교도 사회를 주된 대상으로 하고 있음은 두말할 것
도 없다. 분명히 에라스무스는 이슬람교도를 기독교와 완전히
동등하게 보지 않았다는 한계가 있다. 에라스무스는 극한 상황
을 상정해서 다음과 같이 말했다. 즉, 만일 전쟁 없이는 살아갈
수 없다는 것이 인간성에 내재하는 숙명적 병이라면 기독교도끼
리 죄많은 전쟁을 하기보다 오히려 터키인과 싸우는 것이 그 죄
가 가볍고, 터키인과의 전쟁으로 이를테면 상호의 사랑이 기독
교도를 결합하는 것까지는 못하더라도 공통의 적의 존재가 그들
을 연합시켜 진짜 화합은 볼 수 없다 하더라도 어느 정도는 기독
교도들을 협력하도록 할 것이다. [40]

　그러나 이 경우 "터키인과도 무력으로 공격하기보다 교화와 친
절과 깨끗한 생활의 실례를 보임으로써 기독교로 유도해야 한
다"[41]고 하는 유보조항을 붙여 전쟁을 불가피한 경우에 한정했
다. 주목해야 할 것은 에라스무스가 이처럼 불가피한 전쟁마저
도 그것을 결코 정당한 것으로 생각하지 않았다는 점이다.

　에라스무스는 스키너의 지적[42]대로 정의의 전쟁이라는 사고방
식 자체를 거부했다. 그 근거는 대체로 다음과 같다.

　(1) 에라스무스의 《평화의 호소》에는 정당한 전쟁이라는 말이
　　　전혀 쓰이고 있지 않았다.

　(2) 《기독교 군주교육》에서 에라스무스는 전쟁이 비참하고 범
　　　죄적인 사태라는 점을 강조하고 설령 정당화될 수 있는 전

---

40) *Querela pacis*, 日譯, p. 76.

41) *Ibid.*

42) Q. Skinner, *The Foundation of Modern Political Thought*, Vol. I :
　　The Renaissance (Cambridge, 1978), pp. 245～246.

쟁이라고 해도 그것이 모든 다수에게 해악을 가져오며 "우리는 전쟁이 과연 정당한가 아닌가를 논할 생각은 없으나 누가 자기의 주장이 정당하지 않다고 생각하겠는가"라고 진술함으로써43) 정당한 전쟁이라는 발상에 회의적이었다.

(3) 《전쟁은 안하는 사람만이 좋다》에서도 에라스무스는 같은 말을 반복하면서 정전(正戰)의 상대성을 지적했다. 즉, "사람들은 정당한 전쟁이면 싸우는 것이 당연하다든지, 정의를 위한 전쟁은 허용된다고들 말하나 누가 자기의 주장을 정의라고 생각하지 않을 사람이 있겠는가"44) 라고 반문했다.

이것은 전쟁에 관한 윤리적 절대성을 인정하지 않는 입장이다. 이런 의미에서 베이턴이 에라스무스의 평화사상의 특징을 그 전까지의 정의의 전쟁이라는 이론을 거부한 데서 찾고45) 있는 것은 주목할 만하다. 베이턴에 의하면 키케로가 고대에서 가장 체계적인 정전론을 정식화했다. 그것은 정의의 확립과 평화의 회복을 목적으로 하고 그 수단으로서 정식의 선전포고, 조약의 존중, 민간인의 제외, 인질과 포로에 대한 인간적인 대우 등을 취급했다. 아우구스티누스는 이들 고대의 정전론을 기독교화했고 이어서 토마스 아퀴나스의 스콜라적 정전론, 그후 종교개혁 당시도 기독교도에 전쟁을 용인하지 않았던 재세례파를 예외

---

43) Institutis Principis Christiani, *The Education of a Christian Prince*, translated by L. K. Born (New York, 1936), pp. 249~251.

44) *Dulce bellum inexpertis*, 日譯, pp. 328~329.

45) R. H. Baiton, *Erasmus of Christiendom* (New York, 1969), p. 120.

로 한다면 정전론의 전통은 이어져 왔고 종교개혁의 기수인 루
터도 침략에 대한 자위전쟁에 한정하여 정전론을 받아들였다.

에라스무스는 악을 처벌하기 위한 전쟁은 허용된다는 견해도
정당화될 수 없다는 것을 다음과 같이 예를 들어 설명했다.[46]
악인이 법정에서 그 유죄를 인정받아 법률에 따라 처벌받는 데
대해 전쟁에서는 양 당사자가 서로 상대를 고발한다. 전자의 경
우는 재앙이 악인에게만 가지만 후자의 경우는 재앙의 대부분이
전쟁과 무관한 사람들에게 간다. 형벌의 경우는 만인의 안전을
위해서 한 사람의 악인을 처벌하나 전쟁에서는 소수의 인간을
징벌하려는 이유에서 죄없는 다수의 인간이 고통을 당한다. 에
라스무스는 죄를 저지른 자가 벌을 받지 않은 것을 부정이라고
한다면 죄없는 다수의 인간이 혹독한 재앙에 휘말리는 것이 훨
씬 더 큰 부정이라고 했다. 이와 관련해서 주목해야 할 것은 에
라스무스의 평화사상에 내재하는 공리적인 관점이다. 그의 평화
사상은 그 이전의 사상가와는 달리 군비와 전쟁의 비경제성을
강조함으로써 전쟁과 평화 문제를 단순히 종교적, 윤리적, 법
적인 측면뿐만 아니라 경제와 복지라는 인간의 공리적인 측면에
서 파악하고 있는 점이 특징이다. 에라스무스는 전쟁과 평화를
비교하면서 전쟁이 가져오는 정신적 고통, 도덕의 퇴폐, 무법,
불신앙의 만연, 학문·문화의 쇠퇴를 지적했다. 나아가 에라스
무스는 평화와 전쟁을 둘러싼 경제적 이해득실을 따졌다. 즉,
무기의 구입, 진영의 설치, 용병 등 전쟁의 비용, 더욱이 전쟁
에 의한 도시의 파괴, 농촌의 황폐, 통상의 단절 등에서 생기

---

46) *Dulce bellum inexpertis*, 日譯, pp. 331∼332.

는 경제적 손실을 생각하면 평화는 이들 전쟁에 드는 비용의 10
분의 1의 비용으로 살 수 있다[47]고 말했다. 이러한 계산을 토
대로 에라스무스는 부정한 평화라도 정의의 전쟁보다 훨씬 가치
가 있다[48]고 하는 공리적 관점을 그의 평화사상에 과감히 적용
했다.

에라스무스는 "나는 가짜 기독교도보다 진짜 터키인을 좋아한
다"[49]고 하면서 터키인의 위협을 강조하는 입장을 비판했다. 그
에 의하면 기독교도들끼리 분쟁을 계속하니까 터키인의 위협이
있는 것처럼 보이는데 기독교도들이 화합해서 생활하면 그들도
용이하게 공격할 수 없고 또한 그들을 개종하려면 전쟁에 호소
하기보다 관용을 베푸는 것이 효과적이다. 여기에 기독교 세계
내부의 평화와 연대가 터키인에 대한 억지력이 된다는 관점이
나온다. 그리고 신앙이 외적 강제에 의해 수용되는 것이 아니고
내적 확신의 문제라고 본 점은 그후 신앙에 대한 로크의 견해로
이어진다.

전쟁을 회피하기 위한 방법으로 에라스무스가 기독교세계에
제안한 주목할 만한 제도는 분쟁 당사자간에 화해를 가져오는
조정이었다. 그에 의하면 분쟁 해결의 실마리가 되는 법도 있지
만 탁월한 학자, 수도원장, 사제 등에게 중재를 의뢰하면 건전
한 의견에 의해 분쟁이 수습될 것이며 그 판결은 설령 아무리 불
공정한 것이라 하더라도 무력에 호소하는 것보다 해악이 적

---

47) *Ibid.*, pp. 310~311.
48) Querela pacis, 日譯, pp. 66~67.
49) *Ibid.*, p. 66.

다. 50) 단지 에라스무스는 중재재판의 구체적 조직방법을 설명하지 않았다. 그 조직이 일시적인 것이냐, 상설적인 것이냐, 재판관의 구성과 선출은 어떻게 해야 할 것인지가 밝혀져 있지 않다. 이는 에라스무스가 무엇보다 발상을 제시했을 뿐 구체적인 조직론까지 들어가지 않았음을 보여준다.

에라스무스의 평화사상에는 군주를 비롯한 지도층의 이성에 대한 호소가 있을 뿐 평화구축을 위한 제도적인 장치는 찾아볼 수 없다. 그래서 중재를 포함한 여하한 방책도 현실의 군주가 그것을 채용하지 않으면 의미가 없다. 다만 에라스무스가 구상하고 있던 정치체제에 관해서 말하면 그것은 일종의 혼합정체 또는 제한군주제의 입장이다. 51) 이는 그의 《기독교 군주교육》 제1장에 나타난 에라스무스의 최선정체론52)에서도 엿볼 수 있다. 그에 의하면 많은 국가형태가 있으나 최선의 형태가 군주제라는 것은 대부분의 현자의 일치된 견해이다. 만약 군주가 그 현명함과 선량함에서 다른 사람보다 우수하고 아무 것도 바라지 않고 나라를 위해서만 봉사하기를 원한다면 최선이지만 그 반대의 경우는 최악의 형태가 된다. 따라서 현실적으로 평균적인 군주의 경우에는 귀족제와 민주제에 의해 완화된 혼합정체로서의 제한군주제가 좋다. 에라스무스는 군주제를 억제할 귀족제적 요소와 민주제적 요소의 구체적인 형태에 대해서는 언급하고 있지 않으나 우리는 그의 사상에서 일종의 혼합체제가 평화의 형성에

---

50) *Ibid.*, pp. 66~67.

51) Eberhard von Koerber, *Die Staatztheorie des Erasmus von Rother-dam* (Berlin, 1967), p. 47.

52) *The Education of a Christian Prince, op. cit.*, pp. 173~174.

유효하다는 발상을 찾아볼 수 있다.

이상의 분석에서 우리는 에라스무스의 평화사상에서 아래와 같은 의의를 발견할 수 있다.

(1) 에라스무스는 정전(正戰)의 관념을 부정[53]하고 자위전쟁만을 불가피한 것으로 받아들였다. 그러나 자위전쟁의 경우도 그것이 결코 정전은 아니고 어디까지나 죄악이며 도덕적으로 정당화될 행위는 아니다.

(2) 이성적으로 탁월한 개인, 이를테면 학자, 수도원장, 사제 등의 중재의 필요성을 강조한 점이다. 중재에 대한 발상은 고대 그리스시대 이래 있어 왔지만, 에라스무스의 경우는 당시 기독교적 정전론의 대세 속에서 무엇보다 전쟁을 기본적으로 부정하는 입장에서 제안되었다는 점이 돋보인다. 그의 제안은 구체적인 기구론이나 제도론으로까지 발전하지는 못했으나 유력하고 유효한 특정 개인에 의한 '평화를 위한 조정'이라는 점에서 시사하는 바가 크다.

(3) 에라스무스가 윤리적, 종교적 견지에서뿐만 아니라 경제적인 득실이라는 공리적 관점에서 전쟁을 부정한 점이다. 특히 경제적 이득이란 점에서는 설령 부정한 평화라도 정당한 전쟁보다 낫다고 한 점과 국가간의 통상이 평화에 기여한다고 보는 발상은 칸트의 영구평화론을 거쳐 현대의 경제적 상호의존에 의한 평화의 논의로 이어진다.

(4) 에라스무스는 평화를 위한 유효한 체제로서 혼합정체를 제기함으로써 아리스토텔레스의 혼합정체에서 칸트의 공화제

---

53) Eberhard von Koerber, *op. cit.*, p. 47.

에 이르는 가교 역할을 했다. 이러한 사고는 혼합정체를
중용의 제도화로 파악한 아리스토텔레스의 사상에 그 뿌리
를 두고 있다. 그리고 군주제가 대내적으로 폭정에 빠질
경향이 있고 대외적으로 전쟁을 일으키기 쉬운 체제로 본
발상은 토머스 모어, 루소 그리고 칸트로 이어지는 중요한
계기라고 볼 수 있다.

⑸ 에라스무스는 근대에 들어와 최초로 등장하는 평화사상가
라고 말할 수 있다. 마키아벨리가 전쟁을 군주의 통치술의
중요한 부분으로 보고 평화는 어디까지나 힘에 의한 평화
임을 인정했다면 에라스무스는 통치기술 이전에 바람직한
통치이념을 제시했다고 볼 수 있다. 또한 종교개혁의 동시
대에 살면서 국가수준의 대립, 전쟁을 당연시했던 루터와
는 달리 인간에 내재하는 자연적 본성이나 기독교의 복음
의 윤리에서 평화의 원리를 찾으려는 것이 에라스무스의
평화사상의 핵심이다.

3

토머스 모어의 유토피아와 평화

 토머스 모어(Thomas More, 1478~1535)는 그의 《유토피아》에
서 평화를 염원[1]하여 전쟁을 혐오함과 동시에 전쟁에서 얻으려
는 영광처럼 부끄러운 것이 없다고 생각했다. 그러나 현실에서
는 전쟁이 끊임없이 존재하기 때문에 전쟁을 위한 준비에 태만
해서는 안된다고 경고했다. 그래서 월 1회는 오후에 군사교련을
하고 남녀 불문하고 모든 시민이 이에 참가하는 국민개병의 민
병제를 제시했다.[2] 토머스 모어에 의하면 전쟁의 원인은 군주와
그 측근의 지배욕, 물욕, 광기 및 상비군 그 자체[3]이다. 이러한

---

1) More, *Utopia*, pp. 64, 90, 198, 220, 230 등.
2) *Ibid.*, pp. 230, 232, 236.
3) *Ibid.*, pp. 86~88, 88~96, 204.

침략적 전쟁의 원인을 제거한 것이 민병제를 포함하는 유토피아
국의 정치사회제도이다. 유토피아에서는 민의에 토대를 둔 공화
체제를 가진 54개 도시에서 파견된 대표자들이 전국적인 문제를
처리하기 때문에 여기서는 학문에 토대를 둔 식견과 나이든 사
람의 경험적 예지가 반영되어 폭정이 배제될 수 있다는 것이다.
유토피아국의 대외관계의 기본방침은 선린우호이다. 유토피아인
은 2년분의 생활물자의 비축을 하고 여러 가지 잉여물자의 7분
의 1을 수출지역의 빈자에 증여하고 남은 것은 염가로 판매한
다. 4) 그리고 유토피아인은 탐욕, 편애, 악의에 사로잡히지 않고
근린 제국으로부터 기한부로 집정관으로 초빙되어 이들 국민을
위해 봉사한다. 5) 그러나 유토피아인들은 어떤 국민과도 동맹을
맺지 않는다. 6) 그 이유는 제 군주간의 동맹이나 조약이 지켜지
지 않는 것이 실상이며 설령 동맹이 준수된다고 해도 제 민족을
적시하며 분쟁의 원인이 되는 동맹을 맺는 것 자체가 나쁜 행위
라고 유토피아인들은 생각하기 때문이다. 다시 말하면 인간은
자연공동체의 일원으로서 자연의 우정을 가지고 있으며 조약이
나 말보다도 선의와 정신에 의해 보다 강하게 결합되기 때문에
자기들에게 위해를 가한 적이 없는 인간을 적시하는 동맹관계에
들어가서는 안된다는 것이다. 요컨대 자연적인 우정이 인위적인
국경의 벽을 초월할 수 있다는, 말하자면 스토아적 사상의 근대
적인 표현이라고 말할 수 있다.

---

4) *Ibid.*, p. 148.
5) *Ibid.*, p. 196.
6) *Ibid.*, pp. 196~198.

그럼에도 불구하고 유토피아인들은 6종류[7]의 전쟁을 인정하고 있다. ① 자국의 방위전쟁, ② 우방의 방위전쟁, ③ 압제하의 민족의 해방전쟁, ④ 우방과 그 국민이 입은 불법행위가 구제되지 않았을 경우에 보복·처벌을 위한 전쟁, ⑤ 자국민에게 중대한 위해를 가한 타국적의 범인이 인도되지 않았을 경우의 보복전쟁, ⑥ 이용하지 않은 경작 가능한 토지를 많이 보유한 근린 대륙의 원주민이 인구과잉 때문에 이러한 토지의 일부에 식민지를 건설하려는 유토피아인과의 공생을 거절한 경우의 전쟁[8] 등. ④의 보복전쟁의 경우 우방을 군사적으로 원조할 경우에는 그들이 사전에 상담하여 그 주장의 정당성을 인정해야 하는 조건이 붙어 있다. 이에 대해 ③의 민족해방전쟁에는 조건이 명기되어 있지 않다. 그러나 압정인지 아닌지의 판정이 전제가 되기 때문에 여기서도 사전의 상담과 사실의 인정이 조건이 된다고 볼 수 있다. 전쟁의 목적은 평화적으로 달성할 수 없었던 요구사항의 실현이다. 이 목적의 조기달성이 바람직한데 그때도 유혈보다 전략과 지모에 의해 승리를 얻는 것이 바람직하다. 유토피아인은 아무리 귀중한 것이라도 이를 너무 큰 희생을 치르고 고가로 사는 것은 무분별하다고 생각하기 때문이다. 체력으로 싸우는 것은 야수이며 인간답게 싸운다는 것은 지성의 힘을 구사하는 것을 의미한다. 유토피아인이 구사하는 수단으로 토머스 모어는 7종류를 들고 있다. 이들 수단이 선전포고 후 목적이 달성될 때까지 순서대로 쓰인다.

---

7) *Ibid.*, p. 196.

8) *Ibid.*, p. 136.

(1) 적국 국민의 매수. 9) 그들은 유토피아국에 대한 적대행위에 책임이 있는 군주 등의 머리에 다액의 현상금을 걸어 적국내의 요소요소에 그 뜻을 게시한다. 군주에 비해서 다른 중요인물의 상금은 소액이며 또한 생포한 자에게는 살해한 경우보다 배액이 지불된다. 배반자의 위험을 고려하여 막대한 금액뿐만 아니라 우방의 영토 가운데 있는 안전하고 수익이 많은 토지도 그들에게 줄 것을 약속하고 그것을 충실히 지킨다. 이러한 방법은 타락한 행위라는 비난도 있으나, 첫째 유혈이 없이 위험한 전쟁을 종결시키기 때문에 현명한 행위이며, 둘째 소수의 범죄자를 희생시킴으로서 전쟁으로 잃어버릴 양진영의 무고한 사람들의 생명을 구할 수 있으니까 인도적이고 자비로운 행위이다.

(2) 적국의 군주의 형제나 귀족이 왕권 획득에 야심을 품도록 하여 적국내에 분열의 씨앗을 심을 것.

(3) 내부분쟁이 수습되면 적국의 인접 민족을 교사하여 서로 싸우게 할 것.

(4) 타국민의 용병. 자국민의 가치를 높게 평가하여 누구 한 사람도 적국의 군주와 교환하려고 생각하지 않는 유토피아인은 전시에 저장하고 있는 금을 아낌없이 쏟아 붓는다. 10)

(5) 유토피아인이 싸우고 있는 분쟁 당사국의 군대.

(6) 타우방의 보조군.

(7) 자국의 의용군. 그 지휘관은 지원병 중에서 고르며 그 지

---

9) *Ibid.*, pp. 148, 150.
10) *Ibid.*, p. 148.

휘관하에 지휘관의 유고시에 대비하여 2인의 대리가 있다.

　유토피아국에서는 아무도 자기의 의지에 반해서 해외의 전쟁
에 파견되지는 않는다. 남편을 따라 처가 군무에 종사하는 것은
금지되지 않고 오히려 장려된다. 처들은 각기 자기 남편과 같은
대열에 배속되며 각 병사의 주위에 그 아이와 다른 친족이 배치
된다. 유토피아인은 승리를 해도 결코 학살은 하지 않고 탈주병
은 포로로 한다. 일단 적국과 정전협정을 맺으면 그들은 그것을
충실히 지키며 도발받을 경우도 그 협정을 파괴하지 않는다. 적
의 영지나 곡물을 황폐화하지 않고 첩자가 아닌 한 비전투원에
게 위해를 가하지 않는다. 단 항복을 방해하는 자는 살해하고
다른 방위원은 노예로 한다. 항복을 권유하는 자가 있으면 그들
에게 전쟁범죄자의 몰수재산의 일부를 증여한다. 그들은 전쟁에
책임있는 패자에 대해 전비를 청구한다.

　이상에서 토머스 모어가 그의 《유토피아》에서 묘사한 전쟁의
성격에 대해 설명했는데 그의 전쟁관을 동시대의 르네상스 사상
가 에라스무스의 비전론(非戰論)과 비교해 보면 유사점과 상이점
이 흥미롭게 부각된다. 우선 유사점은 대체로 다음과 같다.

　⑴ 평화 개념을 전쟁이 없는 상태에 한정하지 않고 국내에서
　　의 화합을 포함하여 넓은 의미로 파악한 점.

　⑵ 종교전쟁의 부인, 전쟁의 원인이 군주와 그 측근의 지배
　　욕, 물욕, 광기에 있다는 인식.

　⑶ 인간생활에서 습관을 중시하여 전쟁에서 행해지는 살인에
　　이어지는 도살이 인간의 사악한 습관에 의해 형성된다는
　　인식. 11)

(4) 평화유지수단으로서 동맹에 대한 회의적인 태도.
(5) 전쟁을 제도적으로 방지하기 위해서 정책결정과정을 다원
   화하는 것. 일종의 공화제적 혹은 혼합제적 정치체제의 제
   창 등.

이에 대하여 에라스무스와 토머스 모어의 전쟁관, 평화관의
차이점은 대체로 다음과 같다.
(1) 에라스무스가 정전(正戰)의 관념 그 자체를 부정하고 자위
   전쟁만을 받아들인 데 대하여 모어는 구체적으로 6종류의
   전쟁을 허용했다.
(2) 에라스무스가 파괴나 유혈의 회피를 호소하고 필요하면 평
   화를 살 수도 있다는 정도의 시사를 한 데 대해서 모어는
   구체적인 전술과 강화에 대해 언급했다.
(3) 유토피아인이 적국 국민을 매수하고 적국 내부와 근린제국
   사이를 이간하는 일종의 분할통치에 가까운 권모술수는 에
   라스무스의 평화론의 어느 곳에서도 발견할 수 없다.
(4) 에라스무스에게는 국민개병제나 처의 종군12)과 같은 관념
   을 찾아볼 수 없다.
(5) 에라스무스가 전쟁회피의 방법으로 중재를 중시한 데 대해
   서 모어는 국제분쟁의 해결수단으로서 중재의 방식을 채용
   하지 않았다.

---

11) *Ibid.*, p. 138.
12) J. R. Hale, *War and Society in Renaissance Europe, 1450~1620*
   (Leicester, 1985), p. 161.

에라스무스와 토머스 모어의 전쟁, 평화관의 차이는 양자의 문제의식과 함께 작품의 성격의 차이에서 나온 것이라고 볼 수 있다. 우선 에라스무스의 작품이 평화의 호소를 위해 평화 파괴의 원인을 설명할 필요가 있었다면, 토머스 모어는 당시의 영국 사회의 사회경제적 모순을 비판함과 동시에 그것을 개혁하기 위한 사고의 비약으로서 유토피아국을 상정한 것이다.

에라스무스의 경우 목적이 비전(非戰) 평화의 구축이기 때문에 전쟁의 승리를 위한 합리적인 계산으로서의 전술론은 그의 문제의식 바깥에 있었다. 따라서 적국민의 매수, 적국 및 인접국의 내부분열의 도모, 자국인의 전쟁의 손실을 최소화하기 위해 용병, 우방의 군대, 우방의 보조군의 사용 등 토머스 모어의 전술론은 에라스무스 자신이 인정한 자위전쟁의 경우에도 제기되지 않았다. 에라스무스의 경우는 자위전쟁마저도 다른 수단이 존재하지 않을 경우의 불가피한 전쟁에 한정시켰기 때문이다.

근세 정치사상사에서 대부분의 평화사상에 공통으로 등장하는 것이 전쟁 방지의 방법으로서의 중재의 필요성이며 그 점에서 에라스무스도 예외가 아니다. 그러나 토머스 모어가 묘사한 유토피아인은 지성과 도덕에서 우월하며 고도의 문화를 향유하는 유토피아 국가의 '무오류'가 전제되어 있기 때문에 중재에 대한 발상이 없다.

에라스무스는 그의 비전·평화사상에서 기독교적인 복음의 윤리에 따라 이교도에 대한 온정을 나타내고 있으나, 토머스 모어가 제시하는 민병제는 유토피아국의 평화를 지키기 위한 유토피아인의 철저한 합리주의의 산물이라고 볼 수 있다. 토머스 모어는 결국 유토피아국 내의 이상적인 평화를 구상하면서도 대외관계에서 전쟁의 현실을 인정하고 있었다.

　그러나 그가 제기한 국민개병제나 기타 전술론은 동시대의 마키아벨리에서 볼 수 있는 근대국가의 통치술이나 국가이성의 자각에까지 이르지는 못했다.

4

마키아벨리의 德과 평화

마키아벨리(Niccolo di Bernardo Machiavelli, 1469~1527)는 인간의 욕망과 전쟁의 관계에 대해서 체계적인 이론을 갖고 있지 않았으나, 자기류의 명쾌한 주장으로 전쟁과 평화의 관계를 설명했다. 그에 의하면 평화는 일정한 조건하에서는 바람직하나 인간성의 궁극적 진실의 표현은 아니다. 마키아벨리는 전쟁의 존재를 인간성과의 불가분한 관계에서 파악했다. 그에 의하면 전쟁이 자기보존을 위하여 더 좋은 수단이 아니거나 평화가 정치권력을 통한 자기실현에 도움이 될 때는 인간은 평화롭게 산다. 따라서 정치공동체는 어떤 시대에는 평화롭게 살 수 있을지 모른다. 그러나 인간성에 내재하는 이기심과 공격본능은 전쟁과 떼려야 뗄 수 없는 관계에 있다. 죽음을 회피하기 위한 인간의 기본적 욕구는 끝내 전쟁을 불러오고 만다는 것이다. 이러한 전쟁은 자연스럽고 원초적이고 피할 수 없는 것이며 가장 무섭고 잔인하기[1] 때문에 인간이 가지고 있는 모든 잠재력이 총동원되고 그것은 끝내 인간의 통제범위를 넘고 만다. 마키아벨리의 인간관은 훗날 홉스의 자연상태에서 묘사되고 있는 인간의 모습을 미리 보는 듯하다.

　그러나 마키아벨리가 관심을 가진 전쟁은 이러한 자연적·원초적 전쟁이 아니다. 왜냐하면 이러한 전쟁은 생물학적으로 다른 동물과 유사한 형태의 살아 남기 위한 전쟁일 뿐이기 때문이다. 마키아벨리가 정면으로 부딪친 전쟁은 인간의 욕망의 산물로서의 전쟁, 영토를 확장하고 타자를 점령하려는 군주의 야심에서 나오는 전쟁이다. 이러한 전쟁은 위험하나 정복자가 적국의 복종으로 만족하기 때문에 그 영토내의 국민을 추방하지도 않고 주거와 재산을 그대로 두고 자기의 제도를 적용하려 한다.[2] 전자의 전쟁이 자연적 필요에 의한 것이라면, 후자의 전쟁은 인간의 의도적인 욕구의 전쟁이다. 이와 같은 인간의 욕구는 지속적인 불만족으로 인하여 현재를 비난하고 과거를 자랑하고 미래를 동경하는 끝없는 추구로 이어져 어떤 합리적인 동기를 수반하지 않는다.[3] 이러한 끝없는 인간의 욕구는 평화로운 현실에 만족하지 못하고 한계를 넘어 결국 전쟁으로 이어진다.

　욕망은 현상을 부정하고 파괴하는 행동으로 나타나며 그러한

---

1) Niccolo Machiavelli, *The Discourses* in *Machiavelli : The Chief Works and Others*, translated and edited Allan Gilbert, p. 344.
2) *Ibid.*
3) *Ibid.*, p. 323.

행동으로 인한 갈등과 혼돈은 새로운 질서를 요구한다. 그런데
대체로 이러한 행위의 주체는 승리자이며 이 승리자의 의기양양
한 욕구에 의해 기존의 질서에 새로운 법이 부과되는 것이다.
새로운 질서는 언제나 승리자의 법이 되기 때문이다. 이처럼 인
간의 욕구는 욕구의 전쟁을 유발하고 그 전쟁의 무질서 속에서
타자와 정면으로 충돌하게 된다. 정복자의 질서는 타자를 정복
한 개인의 생명력을 보장한다.

　평화로운 정치공동체에서도 한 개인의 욕망이나 정부의 욕망
의 성공은 거의 자동적으로 외국과의 전쟁을 불러일으키게 된
다. 왜냐하면 정복에 의한 정치적 안정도 불가피하게 일시적인
것이며 결코 영원히 유지될 수 없기 때문에 그 자체가 전쟁과
같은 파국을 자초하게 되는 것이다. 이러한 변화무쌍한 상황에
서 질서를 형성하는 힘이 바로 마키아벨리가 말한 덕(virtu)이
다. 이 경우 virtu는 병사나 정치지도자의 자질이며 결코 윤리적
인 성격을 띤 것이 아니라 철저히 정치적인 규범이다. 정치는
도덕이 아니며 도덕적 덕성의 요인인 절제나 용기와 같은 것은
virtu의 한 구성요소에 불과하다. virtu는 운명을 필연으로 전환
할 수 있는 막강한 지배욕이며 법치에 의한 지배가 아닌 경우
지도자가 지녀야 할 두 가지 자질, 즉 사자의 용기와 여우의 간
지를 합친 자질이라고 말할 수 있다.[4) 기회(opportunity)가 없는
virtu나 virtu가 없는 기회는 무용한 것이다.[5) 기회와 virtu가 견
고히 결합했을 때 새로운 정치질서를 창조할 수 있는 것이다.

---

4) *Ibid.*, p. 65.
5) *The Prince*, p. 26.

전쟁으로 인한 성취를 통해서 욕망의 초월이 이루어지면 정치
사회에 입법에 의해 보장된 질서가 형성된다. 물론 이 질서의
경우도 영구평화는 아니다.

마키아벨리는 결코 전쟁을 신성시하지 않았다. 전쟁은 인간본
성에 내재하는 욕망으로 인한 활력의 표현이며 이러한 전투에도
법을 통한 전투와 폭력을 통한 전투가 있는데 전자는 인간에 적
합하고 후자는 짐승에 적합하다[6]고 했다. 문제는 인간이 영위하
는 정치의 세계에서도 후자, 즉 짐승에 걸맞은 폭력의 사용이
존재함을 인정하고 있다는 것이다. 그러나 마키아벨리는 결코
군사적 성취를 우위에 두지 않았다. 그에 의하면 군사적 성공으
로는 국가를 형성할 수 없으며 가장 중요한 것은 입법이다. 이
입법이야말로 공동체 생활의 무대이기 때문이다. 일단 법이 만
들어지면 그 법이 안정된 질서를 보장하고 폭력(강제)은 그 법을
방어하게 되는 것이다. 이렇게 볼 때 마키아벨리에게는 모든 질
서가 그대로 평화가 될 수 없다. 법에 의해 보장되고 폭력에 의
해 방어되는 안정된 정치질서가 바로 정치적 평화(civic peace)인
것이다. 마키아벨리에 의하면 법은 지켜져야 하고 잘 훈련된 사
람은 무장되어 있든 아니든 간에 법을 무서워하게 되어 있다. [7]

그에 의하면 virtu를 가진 사람, 즉 군주는 법과 폭력 둘 다
사용할 줄 알아야 한다. [8] 권력이 난무하는 현실의 정치에서는
법만 가지고는 충분하지 않기 때문이다. 법이 가장 기본적으로

---

6) *Ibid.*, p. 64.

7) *The Art of War*, p. 592.

8) *The Prince*, p. 64.

필요한 것이나 언제라도 폭력을 사용할 수 있다는 가능성이 안팎으로 없으면, 다시 말하면 전쟁이 없으면 법은 무력해진다. 폭력이 밑받침하는 법, 전쟁의 가능성을 전제한 평화의 현실을 마키아벨리는 냉혹히 파악하고 있었다. virtu의 소유자인 군주, 즉 현명한 입법자는 사리가 아니라 공익의 촉진을 목적으로 해야 한다. 마키아벨리에게 전쟁은 국가이성의 충족이라는 특수한 목적을 위한 수단으로 정당화된다. 이렇게 보면 전쟁을 정치의 연속이라고 본 클라우제비츠(Karl von Clausewitz) 사상의 근대적 단초는 이미 마키아벨리에서 현저히 나타나고 있었다고 해도 과언이 아니다.

이와 같은 마키아벨리의 관점에서 보면 로마의 평화(*Pax Romana*)야말로 참다운 평화라고 할 수 있다. 왜냐하면 로마의 평화는 힘과 용기에 바탕을 둔 평화이며 상시적인 전쟁, 언제라도 감당할 수 있는 내구성이 있기 때문이다.

우리는 여기서 마키아벨리의 평화관에서 그의 virtu에 의한 평화가 힘에 의한 평화의 근대적인 원형임을 발견한다. 마키아벨리에 의하면 역사는 끊임없이 계속 전개되기 때문에 결코 의미 있는 진보를 가져오지 않는다. 아무리 virtu를 가진 바람직한 입법자가 연속적인 사건을 창출해도 그 사건은 언젠가는 다른 사건에 의해 대체되기 때문이다. 따라서 아무리 빛나는 문명도 플로렌스의 역사가 보여주듯이 욕망간의 갈등 속에서 붕괴하고 정체하게 마련이다.

세속적인 일의 본질은 [지역의] 순조로운 발전을 허용하지 않는다. 그들이 최고의 완성태에 도달하면 곧 쇠퇴하게 된다. 마찬가지로 무질서에 의해 축소되었을 때 그리고 가장 극심한 침체 상태에 빠져 더이상 하락할 수 없을 때 필연적으로 재상승한다. 따라서 선에서 점차 악으로 쇠퇴하며 악에서 선으로 되돌아오게 된다. 그 이유는 다음과 같다. 즉, 용기(*valor*)는 평화를 낳고 평화는 정지(靜止), 정지는 무질서, 무질서는 파멸, 따라서 무질서에서 질서가 나타나고, 질서에서 덕(*virtu*)이, 그리고 여기서 영광과 부가 발생하는 것이다. 9)

끊임없는 역사의 흐름을 멈추게 할 수는 없다. 최선책은 그 흐름에 대한 지식으로 속도를 늦추는 길뿐이다. 마키아벨리에 의하면 현자들은 전사의 시대가 지적 탁월의 시대에 선행하고 철학자에 앞서 위대한 전사가 배출된 것을 관찰해 왔다. 10) 그리고 평화에 매료되어 전쟁을 회피하고자 한다면 기회는 언제나 호전적인 자에게 주어질 것이다. 11)

욕망이 없는 인간은 죽은 사람이다. 이렇게 볼 때 살기 위해서 우리는 생명의 모험을 걸어야 하고 전쟁도 해야 한다는 것과 살기 위해서는 우리에게 숨을 돌리게 하고 힘을 다시 얻게 하는 휴식으로서의 평화도 생각해야 한다는 것은 참으로 역설이 아닐 수 없다. 그러나 분명히 전쟁은 인간의 운명이다. 왜냐하면 전쟁은 역사의 무대에서 실존하고 욕망의 힘에 의해 잠재된 인간 내면의 신호이기 때문이다. 승리를 결심한 전사는 죽음을 믿지 않는다. 왜냐하면 그는 승리만 생각하기 때문이다. 나라를 창출

---

9) *The History of Florence*, p. 1232.
10) *Ibid.*
11) *The Prince*, pp. 25~26.

하는 자, virtu를 가진 입법자도 마찬가지다. 전사나 입법자도
죽음으로써 인생을 마감한다. 그러나 그들은 엄청난 용기, 즉
그것이 없다면 죽음과도 같은 그러한 생을 살아간다. 전쟁은 그
것이 필요한 사람에게 정당하고 무기는 그것 외에는 다른 희망
이 없을 때는 칭찬할 만한 것이다. 12)

　마키아벨리에 의하면 전쟁은 인간본성의 산물이며 국가이성의
자연적 귀결이다. 그리고 평화는 어디까지나 virtu의 평화, 힘에
토대를 둔 평화이며 전쟁의 가능성을 잉태하고 있는 평화이다.

---

12) *Ibid.*, p. 94.

5

그로티우스의 '전쟁과 평화의 법'

　전쟁과 평화의 문제는 르네상스 사상가들의 초미의 관심사였다. 마키아벨리는 권력정치, 국가이성의 관점에서 전쟁의 현실을 설명했고 토머스 모어나 에라스무스는 각기 《유토피아》와 《평화의 호소》를 통해 전쟁비판에 나섰다. [1] 그로티우스(Hugo Grotius, 1583~1645)는 후자의 계보를 이으면서 평화론을 전개했다. 특히 그가 살던 시대는 약탈과 살육이 자행되던 30년전쟁 시기였다. 신·구 기독교간의 피비린내 나는 싸움에 대한 그로티우스의 혐오감이 바로 그의 대저 《전쟁과 평화의 법》을 쓰게 된 직접적인 동기였다. [2] 이 책에서 그로티우스가 추구한 궁극목표는 종교전

---

1) C. F. Murphy, Jr., "The Grotian Vision of World Order," *The American Journal of International Law*, Vol. 76 (July 1982), p. 480.

쟁의 비참을 극복하고 국가간의 전쟁을 합리적인 룰에 따라 규
제하는 것이었다.

야만인도 부끄럽게 생각하는 전쟁에 대해서 기독교세계 전체가
억제력이 없어 보인다. 사람들은 번쇄한 이유를 들거나 아무런
이유도 없이 성급하게 무력에 호소하며, 한번 무기를 들면 신법
도 인간의 법도 이미 존중할 필요가 없는 것처럼 휘두른다. 3)

그로티우스가 말하는 룰은 자연법을 핵심으로 하는 법에 다름
아니다. 그는 이 법을 만들 필요성을 다음과 같이 역설했다.

국민들 사이 또한 통치자들 사이에 타당한 법의 총체에 대해서
는 그것이 자연 자체에서 유래한 것이든 신법의 명령에 의한 것
이든 관습과 묵시의 합의에 뿌리를 두는 것이든 거의 연구가 없
다. … 그러나 인류의 행복을 위해서는 이 과제를 달성하지 않
으면 안된다. 4)

전쟁을 법으로 규제하기 위해서는 무엇이 법인가를 밝히지 않
으면 안된다. 여기서 그로티우스는 전쟁의 규제를 위한 법학
(jurisprudentia)의 구축을 목표로 했다. 5) 그로티우스에게는 국내
체제나 국제체제의 변혁을 통해서 전쟁을 억제하려는 발상이 없
다. 그는 자연법, 제국민의 법, 신의법(神意法) 등 규범적 관점

---

2) Letter from Hugo Grotius to Johann Grellius, 10 May 1631,
   Bibliotheca Visseriana, VII (1928), p. 208.
3) Hugo Grotius, *De jure belli ac pacis libri tres*, Latin Texts
   Translation by Francis W. Kelsey et al. (Oxford, 1925), 28.
4) *Ibid.*, 1.
5) *Ibid.*, 30.

에서 현실을 판단하고 폭력의 극한형태인 전쟁을 정의의 규범하
에 두려고 했다.

　이처럼 그로티우스의 《전쟁과 평화의 법》은 일차적으로 전쟁
을 규제하는 법을 주제로 한 작품이다. 그는 정당한 전쟁은 있
는가, 그리고 전쟁에서 정당한 것은 과연 무엇인가 하는 것을
검토하고자 했다. 따라서 그로티우스의 일차적 논의는 전쟁에
관한 것이며 에라스무스에서 볼 수 있는 평화에 대한 적극적 호
소는 보이지 않는다. 그러나 그로티우스는 당시 전쟁의 비참이
극한에 달했던 종교전쟁에 종지부를 찍고 신·구 기독교의 화해
로 평화를 달성하려고 했던 것이다. 이처럼 출발점은 에라스무
스와 다르나, 결국은 원시기독교 시대의 순수한 복음윤리에 호
소한 에라스무스의 문제의식6)과 궤를 같이했다고 볼 수 있다.

　그런데 주목할 것은 그로티우스의 《전쟁과 평화의 법》에 나타
난 평화의 이념은 에라스무스와 마찬가지로 자연법, 복음윤리,
공리적 사고에 호소하면서도 단순히 비전(非戰)이나 반전(反戰)
이 아니라 독자적인 정전론(正戰論)을 전개했다는 점이다. 그로
티우스는 결코 절대적 평화주의자도 아니고 경험적 사실을 무비
판적으로 수용하는 한낱 이상주의자도 아니었다. 그는 에라스무
스의 비전론의 동기에 호의적인 이해를 보이면서도 그 귀결에
대해서는 부정적 평가를 내렸다.7) 그로티우스는 에라스무스를
"교회와 국가의 평화에 가장 헌신한 동포"라고 예찬하면서도 그

---

6) C. G. Roelofspen, "Grotius and the International Politics of the
　　Seventeenth Century," *Hugo Grotius and International Relations*,
　　p. 99.
7) Grotius, *op. cit.*, 29.

의 비전론을 유해한 극단론이라고 비판했다.

그로티우스에 의하면 전쟁은 권리의 침해가 있어도 그 구제를 법정에 호소할 수 있는 길이 막혔을 때 일어난다. 전쟁이 발생하는 원인은 소송이 일어나는 것처럼 무수히 많다. 그래서 사법적 해결이 실패했을 때 전쟁이 시작된다. 8) 이렇게 보면 그로티우스에게 전쟁은 다른 수단을 통한 소송의 연장이라고 말할 수 있다. 그로티우스가 《전쟁과 평화의 법》에서 의도한 것은 국가간의 무력항쟁에서도 그것을 규제하는 법이 존재한다는 것을 증명하는 것이며 그것으로서 야수화한 전쟁을 인간화하고9) 나아가 법으로 전쟁을 억제하는 것이었다. 여기서 전쟁을 규제하는 법으로는 ① 인간의 본성에 바탕을 둔 자연법, ② 신의 의지에 바탕을 둔 신의법(神意法), ③ 인간의 의지에 바탕을 둔 법으로서의 제국민의 법이 있다. 이들 법 가운데 자연법은 불변이며 따라서 신도 이에 반할 수 없기 때문에 최상위의 지위를 점하게 된다. 10)

그로티우스는 다음과 같이 자연법이 이성에 토대를 둔 5개의 일반적 격률로 구성된다고 보았다. ① 소유권의 불가침, ② 다른 사람의 재산 및 그것으로부터 얻은 이득의 반환 의무, ③ 계약준수의 의무, ④ 과실에 의한 손해배상 의무, ⑤ 이들 격률을 침범했을 경우의 인간에 의한 처벌(형벌)11) 등.

그로티우스에 의하면 인간이 이 자연법의 격률에 따르면 평화

---

8) P. Haggenmacher, *Grotius et La doctrine de La guerre Juste* (Paris: Presse Universtaire de France, 1983), p. 550.

9) Grotius, *op. cit.*, 28.

10) *Ibid.*, 28.

11) *Ibid.*, 8.

로운 사회를 유지할 수 있다. 자연법은 평화에의 길을 가르쳐주는 규범인 동시에 바로 그 자연법이 전쟁을 정당화하는 규범이기도 하다. 그는 전쟁을 정당화하는 원인으로서 무엇보다 권리침해를 들었다.[12] 권리침해는 부정이며 이 부정한 권리침해를 방어하기 위한 전쟁은 자연법상 허용된다는 것이다.

그로티우스에게 자기보존 본능은 홉스와는 달리 사회성과 대립하지 않으며 오히려 정당한 이성에 인도되어 사회성으로 승화한다. 홉스의 경우 자기보존을 위한 각자의 자유가 만인의 만인에 대한 투쟁이 됨으로써 결국 자기보존 자체를 부정하는 결과가 되는데 그로티우스의 경우 자기보존을 위한 실력행사는 자연스럽고 자명한 것으로서 결코 아리스토텔레스 이래의 인간의 사회성과 모순되지 않는다고 보았다. 그러나 그로티우스는 자기보존을 위한 자연의 제1원리(*prima naturae*)와 이성의 명령으로서의 자연법의 관계를 설명하지는 않았다.[13]

에라스무스에게 비전론의 적극적인 논거가 되었던 복음의 법도 그로티우스 특유의 논리로 받아들여졌다. 그로티우스는 에라스무스의 비전론의 최대의 근거였던 적을 사랑하라는 윤리를 정당한 전쟁의 논거로 삼고 복음의 법과 전쟁의 양립을 적극적으로 긍정했다. 그는 한편으로 명령으로서의 복음의 법은 전쟁을 허용하는 것으로 받아들였고, 다른 한편으로 권고로서의 복음의 법은 평화에의 호소와 직결된다고 보았다. 그로티우스는 정전

---

12) *Ibid.*, II, i, 1(4).

13) 大沼保昭 編, "フ-ゴ- グロティウスにおける 戰爭・平和・正義," 《戰爭と平和の法》(東京: 東信堂, 1987), p. 120 참조.

(正戰)의 원인을 권리의 방위, 재산의 회복, 채권의 청구, 형벌 등 4개의 범주로 나누고 있으면서도 정당한 원인이 있을 경우라도 쉽사리 전쟁을 기도하는 것을 경고함으로써 권고로서의 복음의 법에 호소하여 전쟁 억제를 주장했다.

그리고 그로티우스의 《전쟁과 평화의 법》에는 공리에의 호소가 산재해 있다.[14] 그로티우스는 전쟁을 억제하기 위해서 목적과 수단에 관한 사려(prudentia)를 권했다. 목적 상호간, 그리고 수단의 실효성에 대한 비교고찰이 전쟁의 억지에 도움이 된다는 것이다. 그에 의하면 개인이 그 생명을 유지하기 위해서 자유를 방기하고 노예가 될 수 있는 것처럼 국민도 그 자유를 방기하고 노예의 평화를 감수하는 것이 전멸보다 바람직하다는 것이다. 왜냐하면 생명은 자유에 우선하는 가치이기 때문이다. 이처럼 목적과 수단에 관련된 전쟁억제론을 전제로 할 경우 그로티우스가 승인하는 정전(正戰)은 두 가지에 한정된다. 하나는 노예의 평화가 견디기 힘들 경우, 다른 하나는 사태를 여러 모로 검토한 후 상대방도 정당한 원인이 있고 무력에서 상대에게 우월했을 경우이다.

이처럼 그로티우스는 세속적 행복의 기초로서의 생명의 가치, 무력의 우열, 그리고 전쟁이 국민에게 끼치는 손해 등과 같은 공리적 관점을 들어 전쟁을 억제할 것을 권고했다.

지금까지 우리는 자연법의 관념, 복음의 윤리 그리고 공리의 관점에서 에라스무스의 비전론과 그로티우스의 정전론을 비교해 보았다. 한편으로 그로티우스에게 평화의 격률로서의 자연법과

---

14) 위의 책, pp. 50, 70 참조.

권고로서의 복음법은 에라스무스의 비전론과 공통의 기반을 가
지고 있는 데 대해서, 다른 한편으로 주관적 권리로서의 자연법
과 명령으로서의 복음법은 정전의 논리로서 활용되었다. 물론
그로티우스의 문제의식은 정전의 조건을 엄격히 함으로써 전쟁
의 인간화를 추구했다. 요컨대 《전쟁과 평화의 법》이 보여주는
귀중한 메시지는 그로티우스가 에라스무스보다는 현실의 무게를
인정하면서도 그의 사상 속에는 마키아벨리에서 시작하는 이른
바 국가이성의 관념과 그에 따른 전쟁관에 대한 비판이 내재하
고 있는 점이다.

　다만 그로티우스의 평화사상에서 문제가 되는 것은 그가 말한
자연법의 이중성과 평화의 관계가 이론적으로나 사상사적으로
해명되고 있지 않은 점이다. 즉, 그의 자연법이 인간의 이성적
사회적 본성에 토대를 두는 것이라면 인간은 자연법의 격률을
준수하고 있는 한 평화로운 생활을 영위할 수 있다. 그러나 그
로티우스가 인정한 것처럼 개인간이든 국가간이든 권리의 침해
는 무수히 많다. 여기에서 그로티우스의 최대의 결함은 인간은
왜 자연법을 준수하지 않고 권리를 침해하는가에 대한 논증의
부족이다. 결국 그로티우스는 권리의 침해는 무수히 많고 그렇
기 때문에 전쟁은 그치질 않는다고 하는 사실 앞에 속수무책이
되고 만다.

　그로티우스는 《전쟁과 평화의 법》 전 3권의 막을 내리면서 다
음과 같이 말하고 있을 따름이다. "신이시여 사람들에게 신법과
인정법에 대한 지식을 지닐 수 있는 마음을 갖게 하소서."[15]

---

15) Grotius, *op. cit.*, III, XXV, Sec. VIII, p. 862.

6

홉스의 폭력과 평화

홉스(Thomas Hobbes, 1588~1679)의 정치사상은 공포와 전쟁
과 같은 폭력상황을 회피하고 견고한 정치질서로서의 평화를 추
구하는 것을 목적으로 한다. 여기서 말하는 폭력상황은 자연상
태하의 폭력으로서 정치가 존재하지 않는 상태에서 인간의 끝없
는 자기보존 욕구로 발생하는 폭력을 의미한다.

홉스에게 폭력은 그것이 자연상태이든 정치상태이든 간에 인
간이 피할 수 없는 엄청난 현실로 등장한다. 홉스의 정치철학의
출발점은 자연상태, 즉 무정부적인 폭력이며 그 귀결은 리바이
어던(Leviathan), 다시 말하면 제도화된 정치적 강제력이다. 이처
럼 그의 정치사상은 폭력의 계기를 고려하지 않고서는 이해할
수 없다. 그에게 정치의 존재이유나 국가의 존립근거는 한결같

이 폭력이었으며 자연폭력을 극복하고 평화를 추구하기 위해서는 물리적 강제력의 체계로서의 국가가 절대로 필요하다.

이렇게 볼 때 홉스의 리바이어던, 즉 제도화된 폭력장치의 독점자로서의 주권자는 중세의 교황의 대체물이라고 해도 과언이 아니다. 홉스는 자연폭력을 정치적 강제력의 체계로 극복하는 이론구성을 통해서 절대주권을 주장했으나 그 절대주권의 존립목적은 궁극적으로 인간의 자연권의 철저한 실현이며 그러한 점에서는 그의 사상이 중세를 초극하는 근대적인 의미의 혁명성을 내포하고 있다.

홉스는 공권력의 부재, 죽음의 공포, 만인의 만인에 대한 투쟁, 전쟁상태 등으로 자연폭력의 상황을 묘사했고 공권력, 리바이어던, 절대주권 등으로 정치적 강제력의 존재이유를 설명했다.

여기서는 홉스의 정치사상의 열쇠개념인 원자적 개인주의, 자연상태, 자연권, 자연법, 신약(*covenant*), 주권자, 리바이어던 등을 중심으로 폭력의 자연상태에서 평화의 정치질서로의 이행과정을 고찰해 보고자 한다.

홉스는 원자론적 인간관과 사회관을 근세에서 가장 명백히 주장한 정치철학자이다. 그가 《리바이어던》에서 묘사한 인간은, 중세 천 년 동안 당연시되었던 신의 피조물로서의 인간이 아니라 바로 그 신의 질곡으로부터 해방된 인간이다. 그 인간은 기독교의 신앙과 도덕의 구속에서 해방된 인간이다. 그리고 신앙과 도덕에서 해방된 인간은 이성보다 감정과 본능의 인간이다. 홉스의 전 저작을 통해서 나타나고 있는 이성은 중세적 인간상으로부터 해방된 인간의 특성의 일부일 뿐이다. 이성은 홉스 자신이 말하고 있는 것처럼 "인간에 생득적인 것이 아니라 노력에 의해 얻어진 인공적인 것"[1] 이며 인간의 본성은 이성보다 오히려 감정, 정감, 충동이나 본능이 그 핵심이다.

홉스의 인간은 공권력이 존재하지 않는 자연상태에서는 폭력을 포함한 모든 힘을 수단으로 하여 부단하게 욕망을 추구하는 인간이며, 명성, 부, 안전을 찾아 끊임없이 경쟁하는 인간이다.[2] 이 경쟁은 각자가 그의 또래보다 많은 지혜를 가지고 있다는 우월적 감정에서 생기는 것으로 인간에게 본질적인 것이지 결코 우연적인 것이 아니다. 따라서 그러한 인간 사이에서는 항구적이고 잠재적인 욕망과 불신과 적의, 다른 사람으로부터의 부단한 공포가 존재하는 것이다.

홉스는《리바이어던》13장의 모두에서 "인간은 날 때부터 평등하다. 자연은 인간을 심신의 여러 가지 능력에서 평등하게 만들었다"[3]고 주장했다. 홉스의 자연상태는 바로 이 인간의 자연적 평등이라는 조건을 전제로 하고 있다. 홉스는 인간의 지력의 차이에 근거한 자연적 지배복종의 질서를 부정했다. 그에 의하면, 아무리 약한 인간이라도 비밀의 기도나 또는 비슷한 입장에 있는 타인과의 공모에 의해 강한 인간을 죽일 수 있는 힘을 갖고 있다.[4] 멍청이도 철학자를 목졸라 죽일 수 있다는 것이다.

《리바이어던》15장에서 홉스는 아리스토텔레스를 비판했다. 아리스토텔레스는 주인과 노예의 관계가 인간의 동의에 의해서

1) Leo Strauss, *The Political Philosophy of Hobbes* (1936), pp. 11~13.
2) Thomas Hobbes, *Leviathan* (London: Collier Macmillan, 1974), p. 99.
3) *Ibid.*, p. 98.
4) *Ibid.*

가 아니라 지력의 차이에 의해 발생한다고 보았다. 그러나 홉스의 관점에서 보면 그러한 주장들은 반이성적일 뿐만 아니라 반경험적이라는 것이다. 자연이 인간을 평등하게 만들었다면 그 평등은 인정해야 한다는 것이다.

이처럼 평등에 대한 홉스의 신념은 르네상스와 종교개혁 이래의 근대사상의 유산이기도 하지만 영국내 수평파(Leveller)의 인간의 상대적 평등의 주장에도 영향받은 바 크다. 아리스토텔레스, 토마스 아퀴나스의 차별관이 목적론적 계층적 자연관과 결합하고 있다면 홉스의 평등주의는 기계론적 자연관과 밀접한 연관을 갖고 있다. 홉스에게 자연은 이미 질적 우월에 바탕을 둔 계층적 질서 내에 있는 것이 아니라 양적인 분자의 기계론적 결합에 불과하다. 인간사회도 생래적으로 평등한 개인을 출발점으로 하여 계약에 의한 결합으로 형성된다. 이러한 의미에서 자연상태와 평등의 주장은 중세적 질서의 해체를 의미한다.

홉스에게 인간의 적나라한 자연상태는 끝없는 행복(fecility)의 추구이다. 그의 정의에 의하면 행복은 욕구의 지속적인 과정,[5] 다시 말하면 계속적인 성공을 추구하는 힘의 경쟁상태일 뿐이다. 따라서 힘의 평등은 공포의 평등이다.[6] 바로 이 공포의 상호성이 인간간의 전쟁을 불가피하게 한다는 것이다.

홉스에 의하면, 자연상태에서 각자는 자기보존을 위해서 모든 수단을 동원할 자유를 가지며 그를 위해 모든 것에 대한 권리,

---

5) *Ibid*., p. 86.

6) Thomas Hobbes, *De Cive or The Citizen*, ed. by Stering P. Lamprecht (New York: Appleton-Century-Crofts, 1949), p. 25.

즉 자연권을 가진다. 모든 사람이 이 자연권을 가지는 이상 힘
은 결국 타인의 힘에 대한 상대적 우위를 추구하게 마련이다.
힘이 상대적인 한 타인의 힘의 획득은 자기의 힘의 상실이라는
제로섬적 상황에서 헤어날 수 없게 된다. 그리하여 인간은 죽을
때까지 끝없이 힘을 추구하며 언제나 최소한 상대적 힘의 우위
를 확보해야 한다는 강박관념에 사로잡히게 된다.

사회에 들어가기 전의 인간의 자연상태는 전쟁 그 자체이며 그
것은 단순한 전쟁이 아니라 만인에 대한 만인의 투쟁이다. [7]

여기서 분명한 것은 사람들이 그들 모두를 두렵게 하는 공통의
권력 없이 생활할 때는 전쟁으로 불리는 상태에 있고 그것은 만
인에 대한 만인의 전쟁이다. [8]

인간의 자연상태는 그 당연한 귀결로서 폭력과 기만(*force and
fraud*)이 난무하는 만인의 만인에 대한 전쟁상태(*bellum omnium
contra omnes*), [9] 즉 자연의 폭력상태인 것이다.

이러한 인간의 모습, 즉 자연폭력의 상태는 한편으로 중세의
질곡에서 해방된 인간의 무한한 욕구의 세계이며 다른 한편으로
바로 그 끝없는 욕구로 인하여 파괴와 혼돈, 죽음의 공포가 도
사리고 있는 상태이다. 또한 인간은 동물과는 달리 예견능력을
가지고 있는데, 바로 그 때문에 오히려 장차 자신이 부닥칠지도

---

7) *Ibid.*, p. 29.
8) *Leviathan*, *op. cit.*, p. 100.
9) *Ibid.*, pp. 100~101.

모를 죽음을 상상하며 불안에 떨기도 한다. 그것이 린제이가 말하는 '프로메테우스의 비극'[10]인 것이다.

홉스는 인간을 자기보존과 그것을 위한 힘의 획득을 궁극목적으로 하는 자기중심적인 존재로 파악했다. 이러한 인간관의 당연한 귀결로서 인간의 본성 가운데는 사회로의 지향, 아리스토텔레스가 말하는 공동체적 지향이 없다고 보았다. 인간은 날 때부터 정치적 동물이 아니라 정치교육이나 사회화를 통해서만이 정치적으로 되는 것이라고 보았다. 홉스의 자연상태는 인간의 평등상태이며 동시에 완전한 자유의 상태이다. 거기에는 정의와 부정의가 존재할 여지가 없고 도덕적으로나 법적으로 진공상태이다. [11]

만인의 만인에 대한 전쟁상태에서는 어떤 사람도 다른 사람이 우러러볼 만한 권위를 가지고 있지 않고 각자는 어떠한 내면적·정신적 연대와 공통의 감정에 의해서도 다른 사람과 연결되지 않고 그 자신의 이익을 추구할 뿐이다. 말하자면 아리스토텔레스의 정치적 동물(zoon politikon)의 전면 부정이다.

이러한 상태에서는 인간의 모든 행동의 근원적 동기는 다른 사람으로부터 언제나 자기의 안전을 보장하려고 하는 자기보존의 욕구뿐이다. 이러한 상태에서는 구속력으로서의 정치적 권위가 본질적으로 존재하지 않는 것이다.

이처럼 홉스의 자연상태, 즉 원자론적 사회는 자기보존과 욕망의 만족을 본성으로 하는 각자에게 평등하고 절대적인 자연권

---

10) A. D. Linsay, *The Modern Democratic State* (1943), p. 81.

11) *Leviathan, op. cit.*, p. 101.

과 자유의 사상이 관류하고 모든 권위가 거부되는 무정부적인 상태이다. 홉스는 이러한 자연상태하의 적나라한 폭력을 제거하기 위해서 정치적으로 제도화된 폭력의 필요성을 주장했던 것이다. 그는 '처벌의 두려움', '힘의 공포', 그리고 '공공의 칼'(*public sword*) 12)의 필요성을 주장하면서 "계약은 칼이 없으면 단순히 말에 불과하고 인간의 안전을 보장하는 힘을 전혀 가지지 않는다"13)고 했다.

　여기서 홉스는 최후의 구제책이자 돌파구로서 강력한 국가, 리바이어던의 설립을 주장했다. 홉스가 볼 때 국가의 기원은 이성이 아니라 폭력에 의한 죽음의 공포14)이다.

　홉스는 자기의 안전보장에 대한 욕망 — 자기보존의 본능과 폭력에 의한 죽음의 공포의 감정 내지 본능 — 을 다른 욕망으로부터 분리하고 이들을 문제의식의 출발점으로 하여 국가 설립의 필요성을 변증했다. 15) 그는 외경할 만한 공동의 권력(*common power*)의 존재만이 자연인들을 파멸과 멸망으로부터 구제해 줄 수 있다고 확신했다.

　여기서 우리는 자연폭력의 상태를 정치폭력으로 극복하려는 홉스의 고통스러운 딜레마 — 폭력의 역설 — 를 발견할 수 있다. 이 집단적 폭력상태는 기술도 없고 문자도 없고 사회도 없는 인간으로서는 최악의 상태로서 계속적인 공포와 죽음의 두려움이 있을 뿐이며, 인간의 삶은 고독하고 빈곤하고 잔인하고 조야하고

---

12) *Ibid.*, p. 135.

13) *Ibid.*, p. 129.

14) Leo Strauss, *op. cit.*, pp. 11, 130.

15) A. D. Linsay, *op. cit.*, p. 82.

단명하다. 16) 죽음에 대한 공포는 인간으로 하여금 평화를 지향
하게 하는데17) 여기에 인간은 자연상태에서 탈출하여 국가를 건
설하고 평화로운 사회를 만들려는 절실한 필요를 느끼게 된다.

　그런데 홉스는 자연폭력이 인간의 자연적 능력의 소산인 것처
럼 이 자연상태의 폭력을 탈출하는 가능성도 인간의 능력 그 자
체에서 찾고자 했다. 여기서 홉스는 인간의 이성, 추리능력의
산물로서의 자연법을 제기하고 그 자연법을 철저히 세속화하려
고 했다. 홉스에게 자연권은 자연법에 선행하고 자연법은 그 자
연권을 더욱 잘 실현하기 위한 수단규범이 된다. 전통적 자연법
이론에서는 자연법은 무엇보다도 의무의 규칙으로서 모든 사람
의 마음속에 날 때부터 지울 수 없이 각인되어 있다고 보았다.
그리고 그 구속력의 근원을 신의 처벌에 두었다. 그러나 홉스는
그의 인식론에서 모든 생득적 관념을 부정하고 인간의 모든 지
식을 감각에서 유래한다고 보았다. 따라서 인간이 제한적으로
알 수 있는 유일한 생득적 사실은 쾌락을 추구하고 고통을 피하
면서 자기보존을 해나가는 것뿐이다. 여기서 인간의 자연상태는
최악의 집단적 폭력상태인 전쟁을 피할 수 없으며 그것은 중세
와 다른 의미의 또 다른 질곡이 아닐 수 없다. 홉스에게 평화는
다름아닌 이 전쟁상태의 부재이며 보다 근원적으로는 인간의 자
연적 생명의 안전이 확보된 상태이다. 욕구한다는 것은 삶의 의
지의 표현이고 참다운 삶은 평화롭게 사는 것이다. 따라서 홉스
의 평화는 초월적인 선에 대한 적극적인 추구가 아니라 오히려

---

16) *Leviathan*, *op. cit.*, p. 100.
17) *Ibid.*, p. 102.

자기의 생명의 안전을 지향함으로써 전쟁이라는 최대의 악을 피하기 위한 최소한의 조건이다. "각자에게 최대의 것은 그 자신의 보존이다. 다른 한편 죽음은 … 모든 악 중의 최대의 것"[18] 이다. 그런데 홉스에 의하면 인간은 자기보존이란 목적을 위한 수단을 이성적으로 계산하는 능력이 있고 바로 이 이성이 가르치는 일반적인 규칙이 자연법이다. 인간이 자연상태의 고통을 피하면서 자기보존의 자연권을 실현하기 위하여 무엇보다 필요한 것이 자연법이다. 홉스에게 이 자연법은 그 내용이나 구속력에서 완전히 세속화되어 그의 《리바이어던》 14장에서 15장에 걸쳐 19개의 자연법이 구체적으로 열거되어 있다.

그 가운데 제1의 자연법은 평화에의 노력을 명한 것으로서 "평화를 획득하는 희망이 있는 한 평화를 향하여 노력해야 한다"[19] 고 규정하고 있다.

제2의 자연법은 자연상태에서 모든 인간이 가지고 있는 자연권의 방기를 명하고 있다.[20] 이 자연권의 상호억제가 자연상태에서의 자연권의 지나친 욕구에 의한 파괴를 막고 자연권의 실질적인 향유를 가능하게 한다는 것이다. 홉스의 국가는 자연상태에서 자연권을 상호방기한다는 신약(covenant) 위에 성립한다. 그런 점에서 자연권의 방기를 명하는 제2의 자연법은 그 자체가

---

18) Hobbes, "De Homine," in Bernard Gert(ed.), *Man and Citizen : Thomas Hobbes, De Homine and De Cive*, translated by Charl T. Wood, T. S. K. Scott-Graig, Bernard Gert (Garden City, New York: Doubleday & Co., 1972), Chap. XI. Art. 6, pp. 48~49.

19) *Leviathan, op. cit.*, p. 104.

20) *Ibid.*

평화를 위한 불가결의 조건이며 국가건설의 기초가 된다.

　제3의 자연법은 신약의 준수를 명하고 있다. 홉스는 "사람은 맺은 신약을 준수해야 한다"21)고 말했다. 제2의 자연법에 따라 평화를 위해 자연권을 방기하기 위한 신약을 맺었어도 그 신약이 지켜지지 않으면 신약 그 자체가 무의미한 것이 되고 만다. 홉스에게 신약의 준수는 곧 정의이며 그 불이행은 부정의가 된다.

　그 외의 자연법은 제1의 평화에의 노력, 제2의 자연권의 방기 그리고 제3의 신약의 준수 등 기본적 자연법에서 파생된 것으로 후자가 원론적 자연법이라면 전자는 그 기본적 자연법을 구체적으로 보완하는 각론적인 자연법이라고 말할 수 있다. 이를테면 제4에서 제10까지의 자연법은 타인에 대한 태도와 관련된 것으로 평화를 위하여 상호협조할 것, 전쟁의 원인이 되는 태도를 피할 것 그리고 오만의 금지 등을 명하고 있다. 22)

　제11에서 제14까지의 자연법은 사물의 분배에 관하여 각자의 자연적 평등을 등한히 하지 않고 전쟁의 원인이 되지 않게 배려하도록 하고, 형평과 공유물의 평등한 사용을 명하고 있다. 23) 제15에서 세19까지의 자연법은 평화기구의 양태, 제한의 공평성을 명하고 있다. 24)

　"자기가 하고 싶은 것을 타인에게 하라"고 하는 성서의 황금률이 타인에 대해 적극적인 선을 요구하는 것이라면 홉스의 자연법은 "자기자신에 대해서 하고 싶지 않은 것은 타인에게도 하지

---

21) *Ibid.*, p. 113.
22) *Ibid.*, pp. 118~120.
23) *Ibid.*, pp. 120~121.
24) *Ibid.*, pp. 121~122.

마라"[25] 고 함으로써 타인에게 악을 행하는 것을 금지하고 있는, 말하자면 소극적 금지명령이다.

따라서 홉스의 자연법은 최고선을 실현하기 위한 것이라기보다는 죽음의 공포라는 최고악을 피하기 위한 규범으로서, 평화야말로 인간의 자기보존을 위한 수단임을 명하고 있다. 그것은 쾌락의 추구와 고통의 회피 그리고 생존을 위한 합리적 계산능력의 소산이다. 그러나 자연법만으로는 평화의 조건으로서 충분하지 않다. 왜냐하면 자연법도 야심과 탐욕에 가득 찬 이기적인 인간본능을 바꿀 수 없기 때문이다.

홉스는 인생을 욕구를 추구하고 혐오를 회피하는 끝없는 생명운동으로 파악하고, 이기주의적 인간을 원죄의 문제로서가 아니라 도덕적 선악을 넘어선, 인간의 자연적 본성 차원에서 파악했다. 여기서 홉스는 분석단위를 개인에까지 해체하여 인간본성이 적나라하게 나타나는 상태에서 거꾸로 왜 인간이 국가를 필요로 할 것인가, 국가를 어떻게 설립할 것인가, 그리고 왜 이 국가에 복종할 의무가 있는가 하는 문제를 제기했다. 홉스에게 자연상태는 공권력이 존재하지 않는 상태이며 인간은 공통의 권력 없이 생활하고 있는 동안은 그들을 공포에 몰아넣는 전쟁상태에 있다. 여기서 말하는 전쟁은 반드시 현실의 전투를 의미하는 것이 아니다. 악천후의 본질이 한두 차례 내리는 소나기에 있는 것이 아니라 오히려 그렇게 된 수일간의 경향에 있듯이 전쟁의 본질도 현실의 전투행위에 있는 것이 아니라 전투에의 성향과 의지가 존재하고 있다는 사실에 있다. [26] 홉스의 전쟁상태는 전

---

25) *Ibid.*, p. 104.

쟁 그 자체라기보다 전쟁에의 강한 성향이라고 말할 수 있다.
홉스는 자연상태가 전쟁상태로서 나타나지 않을 수 없는 원인을
인간의 정념의 분석에서 제시했다. 이 정념에서 경쟁, 불신, 명
예욕 등의 심리현상이 일어나고 거기서 필연적으로 상호충돌하
게 되며 끝내 집단적 폭력으로서의 전쟁에까지 이른다는 것이
다. 27)

따라서 원칙적으로 보면 자연법의 준수가 모든 사람들의 이익
이 되지만 현실적으로는 자연법을 침해함으로써 자기의 이익을
실현하려고 하는 사람이 존재하기 마련이다. 이리하여 이성의
추론은 자연법에만 안주할 수 없고 국가 설립의 필연성을 제기
한다. 홉스의 국가는 자연상태로부터 각자가 상호 신약을 맺음
으로써 성립하는 것으로 그 국가의 인격을 담당하는 자가 바로
주권자이다. 국가에서 주권자는 무조건적인 대표이다.

홉스가 분석한 자연상태에서의 인간은 인공적 인간으로서의
국가 = 리바이어던의 소재인 동시에 원인이기도 하다. 홉스의
정치철학의 목적은 한마디로 말하면 자연적 인간이 자연상태를
틸출하여 인공적 인간의 설립으로 이행하는 과정과 그것을 가능
케 하는 조건의 분석이다.

인간은 자연상태에서의 마찰에서 탈출하기 위하여 이성의 추
론에 의해 자연법을 제시했기 때문에 그 자연법이 자연권의 실
현을 위한 선한 수단인 것만은 틀림없으나 그것만으로는 평화를
보장할 수 없다. 이리하여 자연법을 지키게 하고 신약을 준수케

---

26) *Ibid.*, p. 100.
27) *Ibid.*, p. 99.

하기 위해서는 신약을 침해함으로써 얻을 수 있는 이익보다 형
벌을 가함으로써 인간을 무섭게 하는 공통의 권력이 존재해야
한다. 칼 없는 신약은 한낱 말에 불과하다. 이때의 칼은 홉스 사
상에서 정치적으로 제도화된 폭력으로서 그가 즐겨 쓰는 공통의
권력의 상징적인 표현이다.

　홉스는 공권력, 칼, 폭력을 매개로 한 국가 없이 인간이 사회
생활을 영위할 수 없다고 했다.

　그는 꿀벌의 예를 들면서 동물은 비이성적인 생물임에도 불구
하고 그들의 공통된 이익을 위해 질서 속에 살고 있고 반란이나
전쟁 없이 평화와 방위를 위해 다른 아무 것도 원하지 않는데,
인간은 화합에 의한 이익을 예견할 수 있으면서도 다른 생물과
는 달리 강제 없이는 평화를 유지할 수 없다고 보고, 그 이유를
인간과 동물의 비교를 통해 다음과 같이 열거했다.

　⑴ 다른 동물과 달리 인간은 끝없이 명예와 지위를 얻기 위해
　　　경쟁하고 거기서 생기는 질투와 증오 때문에 반란과 전쟁
　　　에 돌입하지 않을 수 없다.

　⑵ 다른 동물은 사적 이익과 공적 이익의 구별이 없으나 인간
　　　은 그 즐거움이 타인과의 비교, 타자에 대한 우월에 있기
　　　때문에 경쟁을 낳게 마련이다.

　⑶ 다른 동물은 이성을 사용할 수 없기 때문에 공동생활의 과
　　　오를 알 수 없고 인간은 서로가 우월을 경쟁하기 때문에 혼
　　　란과 내란의 위험에 빠지기 쉽다.

　⑷ 다른 동물은 스스로의 욕망을 전달할 언어가 없으나 인간
　　　은 사람들을 도당으로 묶어 싸우도록 선동할 수 있는 언어
　　　의 기술을 가지고 있다. 언어는 제멋대로 사람들에게 불평

불만을 품게 하여 평화를 파괴할 수 있다. 인간의 혀는 전
쟁의 나팔이다.

(5) 다른 동물은 이성을 갖고 있지 않기 때문에 안락한 상태에
있으면 동료를 침해하지 않으나 인간은 이성 때문에 안락
한 생활을 하면서도 동료를 비난하고 스스로의 우월을 과
시하려 한다.

(6) 다른 동물의 화합은 자연적인 것이나 인간의 화합은 인공
적인 것이어서 화합을 영구화하기 위해서는 공권력이 불가
피하다. [28] 즉, "개개의 인간이 형벌의 공포를 통하여 지배
될 수 있는 공통의 권력이 없으면 동의 또는 계약된 사회는
자연적 정의의 집행에 필요한 안전을 조성하는 데 충분하
지 않다."[29]

요컨대 감각과 욕구만으로 사는 동물은 그 자연적 성향에 의
해 그들간에 평화를 유지하는 데 아무 것도 필요하지 않으나 인
간은 다른 동물과 달리 언어와 이성을 사용하는 의식적인 존재
이기 때문에 타인에 내한 우월을 추구하여 무한한 경쟁을 하게
마련이며 끝내 전쟁상태로 줄달음치게 된다. 그렇기 때문에 이
러한 무한한 경쟁과 극한의 투쟁을 없애고 평화의 질서를 보장
하기 위해서 이에 상응한 강력한 공권력의 체계로서의 국가의
설립이 불가결하다.

이때 국가 설립의 신약은 각자와 각자의 신약이지 결코 주권

---

28) *Ibid.*, pp. 131~132.
29) *De Cive*, *op. cit.*, Chap. V. Art. 5, p. 66.

자와 인민 간의 복종계약이 아니다. 오히려 주권자는 각자와 각자의 신약에 의한 일방적인 수권(授權)에 의해 성립하며 그렇기 때문에 각 인민은 최초의 신약에 의해 주권자에의 복종의무가 있으나 주권자 자신은 인민에 대해서 아무런 계약상의 의무도 지지 않는다. 조건부 복종의무를 규정한 통치계약은 전면 부정된다. 통치계약의 부정은 저항권의 부정으로 이어진다. 즉, 주권자와 인민의 관계는 전자가 일방적인 권리를 가지고 후자가 일방적으로 의무를 지는 관계일 뿐이다. 여기에 바로 홉스가 아래와 같이 지적한 주권의 속성이 나오는 것이다.

(1) 신민은 정부의 형태를 바꿀 수 없다. 30)

(2) 주권은 몰수될 수 없다. 31)

(3) 인민은 주권자에 반항할 수 없다. 32)

(4) 주권자의 행동은 신민에 의해 문책되지 않는다. 33)

(5) 주권자는 신민에 의해 처벌되지 않는다. 34)

홉스에게 주권은 문자 그대로 절대불가분, 불가양이며 전쟁의 자연상태에로의 전락을 회피하기 위해 주권의 절대화가 필요하다는 것이다. 국가의 주권자는 정치적 강제력, 제도화된 폭력의 독점자이다. 국가의 각 구성원은 그들의 평화와 공통의 방위를 위하여 상호간에 계약의 당사자가 아닌 제3자에게 그들의 자연

---

30) *Leviathan, op. cit.*, p. 134.

31) *Ibid.*, p. 135.

32) *Ibid.*, p. 136.

33) *Ibid.*

34) *Ibid.*, p. 137.

권을 양도해서 한 사람의 절대적 주권자를 설정한다. 이 주권자
는 계약의 당사자가 아니기 때문에 어떠한 의무도 없고 문자 그
대로의 절대적 주권자이다. 이에 반해 자연권을 주권자에 양도
한 개인은 단지 신민으로서 주권자의 명령에 대한 절대적 복종
의 의무를 지는 것이다.

주권자에 대한 신민의 불순응행위는 그 이유가 무엇이든 간에
계약위반의 문책을 받게 된다. 현 주권자의 허가 없는 새로운
주권자의 승인행위나 통치형태의 변경은 결코 허용될 수 없다.
그러한 경우 죽임을 당하는 것이 마땅하다. 홉스의 국가설립을
위한 사회계약에서는 절대적 주권자만이 각자가 방기한 모든 인
격을 가지고 있으며 인격을 방기한 각자는 '노예'와도 같은 것이
된다.

이처럼 전지전능한 제3자인 절대적 주권자가 국가로 불리며
이러한 형태의 국가를 홉스는 구약성서에 나오는 거대한 짐승 =
리바이어던에 비유했다. 홉스에 의하면, 국가란 "공통의 평화와
방위와 이익을 공통의 권력에 의해 하나의 인격으로 결합한 많
은 사람들"[35]이다. 국가의 통합은 사람들을 하나의 인격으로 결
합하는 단 하나의 공통의 권력인 주권의 존재에 달려 있다. 주
권자만이 모든 사람의 의지를 국내의 평화와 외적에 대항하기
위해 상호원조하도록 결합할 수 있다는 것이다.

홉스의 주권론은 절대주의 국가에서의 힘의 개념으로서의 주
권개념을 법의 지배라는 평화적인 통치방법의 기본원리로 재구
성함으로써 절대적인 법의 지배관념을 정치원리의 중심으로 삼

---

35) Thomas Hobbes, *Elements of Law* (1640), p. 104.

았다. 홉스는 국제문제에 대해서는 깊은 관심을 가지지 않았다.
따라서 여기서 말하는 평화는 국가간에 전쟁이 존재하지 않는
상황으로서의 평화가 아니라 국내 정치사회의 안전과 질서로서
의 평화이다. 홉스의 정치이론에서 볼 수 있는 일국민주주의나
일국평화주의는 말하자면 대국주의를 지향하지 않는 독립평화국
가의 확립이다.

　중세에는 가톨릭교회가 정의, 선악 등의 논쟁적 용어의 정의
를 확정하는 궁극적 권위로서 기능했다. 그러나 종교개혁 후 1
세기가 지난 당시에는 보편적 결재자가 존재하지 않았기 때문에
오히려 종교적인 논쟁이 더 격렬해짐으로써 투쟁상태를 야기했
다. 이러한 상황이야말로 홉스가 공권적 결재자로서의 주권국가
의 필요성을 역설한 이유라고 말할 수 있다. 국민국가가 성립하
기 위해서는 정치사회 전체를 포괄적으로 통치할 수 있는 권력
주체의 확립과 성원 전체가 그 권력을 적극적으로 지지할 수 있
도록 하는 사상적 기반의 형성을 필요로 했다. 국민국가의 창출
을 목표로 한 홉스는 무엇보다도 일국 내에서 다른 어떤 것으로
부터도 통제받을 수 없는 최고권력, 즉 주권의 존재이유를 피치
자의 이익과 관련지어 논증하려고 했다. 홉스에 의하면 주권은
정치사회를 구성하는 구성원의 '힘의 합성'을 의미하는 것이었
다. 그러한 사상은 주권국가군이 대립·항쟁하고 있던 당시의
국제사회에서 전국민에게 평화와 안전을 보장할 만큼 강력한 국
가이면서 동시에 민주주의를 원리로 하는 근대 국민국가 형성에
적합한 이론이었다.

　근대국가는 수백만 수천만의 인구를 가진 정치사회로서 전구
성원이 힘을 결집하면 그리스의 소국가처럼 쉽게 외국의 침략을

받아 붕괴하지 않을 것으로 보았다. 근대국가가 17세기 이후 급
속히 발전한 것은 그것이 주권개념을 확립함으로써 대외적으로
는 주권을 주장하는 모든 성원의 안전을 최우선시하는 정치원리
를 내세워 그것을 통해서 모든 사회구성원을 하나의 권력하에
결집시키는 데 성공했기 때문이다.

　또한 홉스의 주권론은 절대주의 국가에서의 '힘', '폭력'의 개
념을 보강했던 주권개념을 '법의 지배'라는 평화적 통치방법의
원리로 바꿈으로써 '권력'을 속성으로 하는 통치·지배의 근저에
다시 그리스·로마의 민주정의 특징이었던 도덕적·윤리적 가치
를 부여했다. 다시 말하면 홉스는 '법의 지배'의 관념을 정치원리
의 중심에 둠으로써 자연상태의 적나라한 폭력을 정치적 강제력
으로 제도화했던 것이다. 그에 의하면 주권자란 국민의지의 대
표자이다. 왜냐하면 당시와 같은 유동적 혁명상황하에서는 사태
를 예측하기가 어렵기 때문에 우선 모든 구성원이 주권을 구성
한다는 정치원리를 확정함으로써 평화로운 정치사회를 회복하는
것이 그의 주된 목적이었다.

　로크는 그의 시민정부론에서 "여우를 피하려다 사자에게 몸을
맡긴" 홉스의 주권론을 비판했다. 그는 동의에 의해 성립된 정부
가 광폭한 사자로 변하는 위협을 막기 위해 정부의 권력을 분할
하면서 정부의 권력 그 자체를 시민법에 복종케 하고 정부가 동
의의 목적에 반할 경우 저항권, 혁명권을 인정했던 것이다. 홉
스도 절대주권의 남용의 위험성을 자각하고 있었다. 그러나 그
는 내란, 전쟁상태, 무정부로 인한 고통과 비참에 비하면 전제
적 지배의 해악이 낫다고 생각했다. 로크에게 '여우' 정도로밖에
보이지 않았던 자연상태의 해악이 홉스에게는 모든 악의 뿌리였

다. 만악의 원천인 자연폭력을 뿌리뽑기 위해 막강한 정치폭력
의 제도화를 필요로 했던 것이다. 이렇게 볼 때 홉스에게 제도
화된 정치폭력의 체계는 무정부적인 자연폭력의 대치물이라고
말할 수 있다. 자연상태는 최악의 상태로서 회피의 대상이며 절
대주권의 상태야말로 추구해야 할 목표였던 것이다.

자연상태하에서는 폭력에 의한 죽음의 공포만이 존재한다고
보았던 홉스는 다음과 같이 국가상태가 가져오는 문명의 복음을
전달했다.

> 국가가 없으면 정념, 전쟁, 공포, 빈곤, 태만, 고독, 야만, 무
> 지, 잔인의 지배가 있고 국가에서는 이성, 평화, 안전, 부, 예
> 의, 사교, 우아, 학문 그리고 인자의 지배가 있다. 36)

이상에서 보면 홉스의 정치사상에서 평화는 제도적인 폭력을
통해서만 실현 가능하다. 따라서 당연하게도 홉스의 평화는 거의
전부가 폭력의 제도화가 가능한 국민국가의 틀 속에서의 평화,
즉 국가수준의 평화이다. 그에게 전쟁은 내전이었고 그 내전의
강박관념이 그로 하여금 평화적 정치질서의 중요성을 그토록 강
조하도록 했다. 그의 최초의 작품이 투키디데스의 저서 《펠로폰
네소스 전쟁사(戰爭史)》의 번역(1629)이며 만년의 저작이 영국의
내란사인 《비히모스》(Behemoth, 1679)였던 것은 퍽 상징적이다.
홉스의 평화사상의 과제는 무엇보다도 튼튼한 국내 정치질서의
형성이며 그 정치질서를 주권자에 의한 국가권력의 통합에 의해

---

36) *De Cive, op. cit.*, p. 114.

창출하는 것이었다.

개인의 안전이나 국내의 평화는 어디까지나 주권자의 권력에 의해서만이 보장받게 되는 것이다. 아리스토텔레스의 '정치적 동물'이나 루소의 공동선과 같은 이념을 결여한 홉스의 원자적 개인주의가 과연 강제력에 의해서만이 화합과 통합을 이룰 수 있을지는 퍽 회의적이 아닐 수 없다. 물론 홉스의 절대주권은 이미 전통이나 신의 권위에 토대를 둔 것이 아니라 어디까지나 인민의 합의를 통하여 도출된 것이다. 그러나 일단 국가 = 리바이어던이 성립되면 주권자는 인민의 동의절차는 물론 법도 초월하는 위치에 놓인다. 원자론적 사회는 본질적으로 무정부사회이며 그것은 종국에 가서 전제주의로 타락할 위험성이 있기 때문이다. 37) 홉스에게는 평화의 조건으로서 정치체제의 민주화라는 발상은 거의 없다. 그리고 국제평화에 대한 문제의식의 결여도 그의 평화사상에 대한 한계를 말해 주고 있다.

---

37) A. D. Linsey, *op. cit.*, p. 82.

7

로크의 사려와 평화

　전쟁과 평화에 대한 로크(John Locke, 1632~1704)의 사상을
밝히기 위해서는 무엇보다도 그의 정치사상의 핵심개념인 자연
상태의 성격에 대한 철저한 규명이 필요하다. 로크도 홉스와 마
찬가지로 자연상태를 출발점으로 하여 정치사회로의 이행과정을
설명했다. 일반적으로 홉스의 자연상태가 전쟁과 불화의 상태인
데 반해 로크의 자연상태는 평화와 조화의 상태로 이해되어 왔
다. 그러나 이 두 사람의 자연상태를 전쟁과 평화로 단순화해서
묘사하는 것은 적절치 못하다. 로크 자신은 그의 사회계약론을
구성할 때 분명히 홉스의 자연상태의 개념을 채용하고 있기 때
문이다. 로크가 1660년에 썼으나 출판하지 않았던 관용에 대한
논쟁적인 팜플렛에서도 자연상태를 평화도 없고 안전도 없고 모

든 사람이 적의에 차 있으며 무정부와 반란의 비참한 상황으로
묘사했다. 1) 홉스가 자연상태에서의 인간의 삶을 고독하고 빈곤
하고 잔인하고 조야하고 단명하다고2) 묘사한 것과 그 비관적인
관점에서 다를 바가 없다. 더욱이 같은 원고에서 통치자는 인민
의 모든 행동을 제어할 수 있는 절대적이고 자의적인 권력을 반
드시 가지고 있어야 한다3)고 주장함으로써 《리바이어던》의 존
재이유를 설명하는 홉스의 관점과 크게 다르지 않음을 보여주었
다.

로크는 자연상태에서 모든 인간은 자기보존권을 갖고 있다고
했다. 4) 그에 의하면 자연상태는 '원시적 평화'의 상태이긴 하나
개개인이 자기보존권을 가지고 있기 때문에 그 결과는 끝없는
대립과 무질서가 있을 뿐이다. 이 대립과 무질서를 평화와 평온
으로 바꾸어 나가는 것이 정부의 일이며 인간사회의 목적5)이라
고 했다.

로크는 자연상태를 서술할 때 원칙과 현실의 괴리를 인정했
다. 그에 의하면 자연상태에서 인간은 원칙적으로는 이성을 가
지고 있기 때문에 쉽게 자연법을 인지할 수 있다고 볼 수 있으
나, 현실적으로 그 자연법을 알려고 애쓰지 않은 사람은 모를
수밖에 없다는 것이다. 6) 인간은 정념과 복수심에 사로잡혀 자연

---

1) Locke, MSS. (The Lovelace Collection: Bodleian Library, Oxford
   Univ.), e. 7, fol. 21.
2) Hobbes, *Leviathan*, p. 100.
3) Locke, MSS., c. 28, fol. 3 (Preface to the Pamphlet).
4) *Treatises*, I, pp. 86, 97, *Treatises*, II, pp. 25, 30.
5) *Treatises*, I, pp. 81, 106, 110, 128.

법이 그들을 지도하는 규범임을 모른다는 것이다. 7) 그리하여
인간은 평화롭고 질서 있는 삶을 인도하는 자연법을 모르고 불
확실성, 공포, 위험, 파괴, 전쟁의 상태에 직면하게 되는 것이다.

로크는 자연법을 일차적으로 자기보존의 권리로 보고 자연상
태의 특징을 정치권력의 부재에서 찾은 점에서 홉스와 유사하
다. 로크가 궁극적으로 생각한 자연상태는 최소한 밀림의 야수
와는 구별될지 모르나 불가피하게 결핍, 강탈 그리고 폭력의 상
태인 것이다. 8) 그의 자연상태는 홉스만큼 철저히 비관적인 전
쟁상태는 아닐지라도 루소가 묘사한 규범으로서의 자연상태와는
전혀 다르다. 로크도 홉스와 마찬가지로 자연상태는 회피의 대
상이었다. 이 자연상태를 극복하기 위해서 자연법을 숙지하고
있는 인간이 계약에 의한 정치사회를 만들어야 하며 이 정치사
회에서만이 인간은 안전과 평화와 자유를 보장받을 수 있다는
것이다.

로크에 의하면 계약에 의해 성립된 시민사회는 평화상태로서
"자연상태의 무정부적 조건으로부터 탈출한 성역"9)이다. 그러나
평화상태로서의 시민사회는 아리스토텔레스처럼 인간이 날 때부
터 정치적 동물이기 때문에 자동적으로 성립되는 것이 아니라,
자기의 생명과 자유를 보호하기 위해 자연권과 그 권리의 제도
화에 필요한 객관적 조건을 조화시키려는 인간의 작위적인 산물
의 결과이다.

6) *Treatises*, II, p. 124.
7) *Ibid.*, pp. 124~126.
8) Locke, MSS., c. 28, fols, pp. 130~140.
9) *Treatises*, II, p. 127.

정치사회의 구성과 관련하여 로크는 두 가지 점을 고려했다. 하나는 정치사회 내에서의 법률의 제정과 집행에 관한 것이고, 다른 하나는 정치사회가 바깥으로부터의 위협에 대해서 폭력을 사용하는 권리, 즉 전쟁권, 방위전쟁에 관한 것이었다.

로크는 전쟁과 평화, 연맹과 동맹 등 정치사회 밖의 모든 거래에 대한 권력을 총칭하여 연방권(*federative power*) 10)이라 했고, 전쟁과 평화에 관한 권력이야말로 정치적인 행동의 진수로 보았다. 11) 그는 자연상태의 모든 인간은 그들 자신의 보호를 위한 권리를 가지고 있다12)고 주장함으로서 홉스의 만인의 만인에 대한 전쟁을 방불케 하는 표현을 했다. 로크는 통치자는 공통의 선을 위해서만이 권력을 가질 수 있으며, 통치자의 칼은 나쁜 일을 한 사람에 대한 협박을 위해 필요하며 그 협박은 공공선을 위하여 자연법이 잘 운용되도록 사람들로 하여금 정치사회의 실정법을 준수하도록 하는 데 필요하다고 했다. 13) 이 언급도 홉스가 '칼에 의한 계약'의 필요성을 역설한 대목과 유사하다.

이렇게 봤을 때, 로크가 상정한 정치권력은 2개의 극단적 권력의 중용이라고 말할 수 있다. 하나는 자식을 위한 부모의 자연적 권력, 즉 가부장적 권력으로 여기엔 생사에 관한 권력은 포함되어 있지 않다. 다른 하나는 절대적이고 자의적인 권력으로서 때로는 부당한 목적을 위해서 전쟁도 불사하는 전제적 권력이다. 로크가 정의한 정치권력은 가부장적 권력과 전제적 권

---

10) *Ibid.*, p. 146.
11) *Treatises*, I, p. 131.
12) *Treatises*, II, p. 19.
13) *Treatises*, I, p. 92.

력의 중간상태라고 볼 수 있다. 그는 모든 정부는 필요하면 모든 폭력을 사용할 수 있고 공공선은 사적 선(私的善)의 복종을 요구한다고 했다. 이런 점에서 국가는 문자 그대로 '강력한 리바이어던'이 아닐 수 없다. 그러나 정치사회의 목적은 어디까지나 피치자의 생명, 자유, 재산의 보호에 있다고 함으로써 통치자의 권력 남용을 제한했다.

요컨대 자연상태에서 개인은 안전을 위한 자연적 욕구에 따라 행동하기 때문에 무질서, 무정부 상태로 가게 되나, 정치사회가 창출됨으로써 국내의 재판과 대외방어가 가능하게 되고 여기서 비로소 개인의 의지와 공적 의지가 결합하게 된다는 것이다.

로크가 말한 '강력한 리바이어던'은 인간의지의 산물이다. 인간은 이러한 정치사회를 창출함으로써 그 정치사회의 구속을 감수하며 자연상태에서 인간에게 속한 모든 것을 얻기 위해 정부에 복종하게 된다. 14)

인간은 기본적으로 자기보존권을 가지고 있는데 일단 정치사회의 구성원이 되면 그 개인수준의 자기보존권은 국가수준의 자기보존권으로 대치된다. 개인이 생명을 보존하기 위해서 먹고 마시듯이 국가의 외교정책도 그 나라의 국가이익을 보존하는 것이 목적이다. 그러나, 국가간에는 공통의 권력이 없기 때문에 인간은 그들의 국가가 법을 정할 수 있는 권한을 가지도록 하기 위해 그들의 자연권을 포기한다. 15) 따라서 국가는 이론적으로

---

14) Richard H. Cox, *Locke on War and Peace* (Oxford, 1960), pp. 119 ~122, 135.
15) *Treatises*, II, pp. 145~147.

침략자를 응징할 권리를 가진다. 이러한 관점은 오늘날 집단안
보사상의 기초를 이루고 있다. 이처럼 모든 국가는 그들의 자기
보존을 위한, 파기할 수 없는 권리를 가지고 있고, 그 치명적인
국가이익을 보호하기 위해 필요한 조치를 취한다고 볼 때, 로크
의 자연상태론은 필수적으로 국가간의 불안정한 조약문제로 귀
결되지 않을 수 없다. 16)

로크는 국제사회의 무정부적 속성과 인류사의 많은 부분을 전
쟁이 차지하고 있음을 잘 알고 있었다. 17) 그래서 로크는 전쟁권
에 대한 자연법의 제한을 밝히려고 했던 것이다. 그에 의하면,
모든 정부는 자연법과 원초적(original) 계약의 조건에 따라 시민
과 그들의 재산을 보호해야 한다. 개인의 전쟁권이 국가에 양도
된 이상 그 국가의 전쟁권도 외침으로부터 국가를 방어하고 공
동선을 위한다는 분명한 한도 내에서만이 허용되는 것이다. 18)
따라서 개인의 명예와 정복욕을 달성하기 위해 전쟁권을 사용하
는 지배자는 국가의 기본법을 파괴하고 그들의 시민을 보호해야
하는 자연법을 위반하게 됨으로써 결국 처벌을 받거나 공직에서
물러나야 한다고 했다. 19) 어떤 정부도 이웃의 생명과 자유와 재
산을 공격할 자의적인 권리를 가지지 않으며 국가는 종교적 이
유로 전쟁을 일으키기 위하여 공공의 힘을 결코 사용할 수 없다.
인간은 다른 사람의 종교적 견해를 바꾸기 위해 폭력을 사용할
어떠한 자연적 권리도 갖고 있지 않고 국가는 종교적인 이유로

---

16) Richard H. Cox, *op. cit.*, p. 153.

17) *Treatises*, II, p. 175.

18) *Treatises*, I, p. 92 ; *Treatises*, II, pp. 57, 134.

19) *Treatises*, II, pp. 88, 95, 147, 221.

시민권을 침해할 어떠한 명분도 없다. 20) 로크는 개인 수준의 인
간이성을 신뢰하고 정부 수준의 국가이성을 인정하면서도 국제
관계를 규제할 수 있는 유효한 규범의 존재에 대해서는 회의적
이었다.

　로크는 부정한 정복자를 강도와 비교하면서 그 희생자의 근본
적 차이에 대해서 다음과 같이 말했다. 즉, 강도의 희생자인 경
우는 국내법에 호소할 수 있지만, 부정한 정복자의 희생자인 경
우는 호소할 법정이나 중재자가 없다는 것이다. 후자의 경우는
하늘에 호소하는 길, 다시 말하면 폭력을 사용해서라도 부정한
정복자를 타도하는 길뿐이라고 했다.

　이처럼 로크는 정당방위의 전쟁을 인정했다. 이 경우 전쟁의
정당한 근거는 자기보존권과 자연법을 집행하는 권리로부터 나
온다. 따라서 국가가 공격을 당할 경우 그 정부는 당연히 전쟁
을 일으킬 권리와 공격자를 쳐부술 권리를 갖는다. 로크는 "실
정법과 그 법에 호소할 수 있는 권위있는 판사가 없기 때문에
전쟁상태가 일단 시작되면 범법자가 그의 잘못에 대해 보상하고
결백한 자들을 보호해 줄 수 있는 평화안과 화해안을 제시할 때
까지 결백한 자들이 그들을 파괴할 수 있는 권리가 지속된다"고
했다. 21)

　로크는 비록 정당한 정복자의 경우도 그의 권한에 다음과 같
이 제한을 두었다.

　첫째, 처벌권은 실제로 부정한 전쟁을 일으키는 사람에 한한

---

20) Locke, *A Letter Concerning Toleration* (Works v. 20, 36), p 20.
21) *Treatises*, II, p. 20.

다. 22)

둘째, 정복자가 실제의 공격자에 대해 가지는 권력은 그 공격자의 처와 자식에까지 미쳐서는 안된다. 23)

셋째, 설령 정복자가 죄인의 생명에 대한 절대적 권력을 가지고 있다 하더라도 그는 죄인의 재산에 대한 권리를 갖지 않는다. 피정복자의 처와 자식은 피정복자가 가진 재산에 대한 요구를 할 수 있다. 24)

넷째, 전쟁에 참가하지 않았던 사람과 피정복자의 후예는 정복자에 대한 정치적인 복종을 면제받는다. 25)

전쟁과 평화에 관한 로크의 사상은 자연상태와 자연법에 대한 그의 관점에서 실마리를 찾을 수 있다. 즉, 로크는 무질서로서의 자연상태가 전쟁으로 이어지고, 규제원리로서의 자연법의 역할에서 평화를 기대할 수 있다고 보았다.

자연법은 방위를 위한 것 외에도 타국에 대한 폭력의 사용을 금지한다. 그리고, 자연법은 공격자에 대한 처벌을 허용한다. 결국 자연법은 약자와 무죄자를 보호하는 의무를 규정하고 있다. 그리고 정당한 전쟁을 수행할 때 폭력을 사용하는 경우도 그 폭력의 사용은 공격자의 처벌과 보상의 획득에 한정해야 한다. 정당한 전쟁의 목적은 공격자를 항복시키는 것이지 모든 시민을 전멸시키는 것이 아니기 때문이다.

국제관계에서도 원칙적으로는 규제원리로서의 자연법이 준수

---

22) *Ibid.*, p. 179.
23) *Ibid.*, pp. 182~184.
24) *Ibid.*, pp. 180~182.
25) *Ibid.*, pp. 185~189.

되어야 하나 세계의 현실은 무질서와 전쟁으로 가득 차 있기 때
문에 정부의 기초로서의 합의가 무시되기 쉽다. 이 세상에는 정
의의 약한 손으로 제어할 수 없는 큰 강도[26]가 많다는 것이다.
그래서 무법의 공격자가 자연법을 준수하는 쪽을 악용하는 사례
도 적지 않다. 심지어 정당하게 공격자를 응징하는 전쟁에 호소
하기도 전에 다른 공격자로부터 공격을 당하는 사례도 있다. 확
고한 실정법에 호소할 수 없는 국제관계의 현실에서 전쟁은 최
후의 해결책일 수 있기 때문이다.

　원칙적으로 전쟁은 방어와 침략자의 처벌 그리고 정확한 보상
을 위해서만 정당하다. 그러나 실제로 개별 정부는 제각기 자연
법의 판정자요 집행자[27]이기 때문에 그 정부의 권력의 남용을
궁극적으로 판정하는 법정이 없다. 그래서 국가간의 자연상태는
현실의 전쟁과 불안한 평화 간의 끝없는 동요의 연속이다.

　로크는 개인의 자기보존 욕구에 대한 국가의 부자연스러운 제
한을 반대하면서도 국가가 외적에 대항하는 것은 정치사회의 속
성으로 보았다. 그래서 그는 정치사회에 국내 질서를 위한 법의
제정권과 함께 외침으로부터 국가를 방위하기 위해 폭력을 사용
할 수 있는 권한을 부여했던 것이다.[28] 로크에 의하면 개인은
정치사회 내에서 국내법과 경찰에 의해 보호받지만, 개별 국가
는 국제관계를 규제할 유효한 법정이 없기 때문에 대외안보에 1
차적 관심을 갖지 않을 수 없다.[29] 특히 로크의 외교정책에 대

---

26) *Ibid.*, p. 176.
27) *Ibid.*, p. 136.
28) *Ibid.*, p. 3.
29) *Ibid.*, p. 107.

한 중시는 《시민정부론》 Ⅰ에서 자기보존 욕구를 개인의 제1차
적 욕망이라고 주장한 것과 거의 같은 농도로 《시민정부론》 Ⅱ
에서 대외정치의 우위를 역설하고 있는 데서도 나타나고 있다.
그는 정치사회에서 왕의 일차적 역할을 전쟁에서의 수장의 역할
로 보았다. 30)

　로크에게 국내정치의 국제정치에로의 종속은 결국 정치사회의
내부구조가 궁극적으로는 외부의 위협에 대처하는 역량에 달려
있다고 본 결과이다. 국내정치보다 외교정책의 우위를 인정한
로크의 사상은 국내의 정치질서를 우선시한 플라톤, 아리스토텔
레스 등 고전 정치철학자의 관점과는 좋은 대조를 이룬다. 그들
에 의하면 좋은 통치자는 인간본성의 충분한 개발과 국내평화의
요구에 상응한 법과 제도를 정비하는 것이었다. 그들에게 가장
선량하고 평화로운 삶이란 자족적이고 명상적인 삶이었다. 따라
서 그들 고전 정치사상에서는 외침에 대한 방어나 외교정책은 2
차적인 중요성을 지닐 뿐이다. 이에 반해 로크에게 평화는 계약
에 의한 정치권력의 형성을 통하여 안으로는 인간의 자연적 욕
구를 제도화하고 밖으로는 외침으로부터 정치사회를 방어함으로
써 사회구성원이 자기의 생명, 자유, 재산을 안전하게 보존하는
상태인 것이다.

　외교정책에 대한 우위는 로크의 국가경제력에 대한 강조에서
더욱 구체적으로 나타난다. 로크는 근본적으로 '중상주의자'였으
며 국력신장의 수단으로 무역의 중요성을 역설했다. 31) 그는 특

---

30) *Ibid.*, pp. 108~110.
31) Locke, MSS., c. 30, fols, pp. 18~19.

히 무역균형을 국가경제력의 요체로 파악했으며, 이 국가간의
무역균형이 무너지면, 나라가 빈곤해지고 국력도 쇠잔해진다[32]
고 보았다. 그리고 무역균형에 의한 국부의 증가가 군사력의 증
대를 가져온다고 봄으로써 그후 서양근대사에서 나타나는 근대
민족국가의 갈등과정을 적절히 예견하고 있었다. 결국 로크는
원초적 자연상태를 두 가지 요인, 즉 현실적 무정부와 잠재적
평화가 공존하는 상태로 파악하여 전자를 극복하고 후자를 극대
화하기 위해 계약에 의한 정치사회의 성립을 주장했다. 그러나
개별 정치사회는 자연상태의 무정부적 속성을 극복함과 동시에
주권국가간의 새로운 무정부상태로 이행하고 말았다. 왜냐하면
계약에 의한 정치사회의 성립으로 평화의 국내적 조건은 충족되
나 그 국제적 조건은 여전히 불안정한 상태로 남아 있을 수밖에
없기 때문이다.

　로크는 개별 국가의 지배자는 자연상태에 있기 때문에 세계정
부는 과거에도 없었고 지금도 없고 미래에도 없을 것으로 보았
다. 그리고 그는 인간은 그들 스스로를 나머지 인류와 분리할
필요가 있다[33]고 말함으로써 전세계를 하나의 국가로 결합할 수
있는 가능성을 거부했다. 동의에 의한 세계정부 창출 이외의 유
일한 대안은 정복에 의한 세계정부인데 로크는 정복을 정당한
수단으로 보지 않았다. 로크는 전자는 불가능하고 후자는 부당
하다고 보았던 것이다. 불가능한 것은 인위적 능력의 범위를 넘
고 부당한 것은 작위적으로 막아야 하는 것이다.

---

32) *Considerations on Money* (*Works*, IV, pp. 22~23).
33) *Treatises*, II, p. 128.

이러한 상황에서 대외적 안전의 목표가 주어지면 그 목적을 달성하기 위하여 정부는 적절한 정책을 개발해야 한다. 이때 로크가 제기한 것이 바로 정부의 집행-연방권을 행사하는 사람의 사려인데 이 사려는 특히 대외관계의 행동에서 결정적으로 중요한 요인이 된다.

로크에 의하면 정치는 서로 다른 두 부분으로 나누어지는데 하나는 정치사회의 근원, 정치권력의 형성 및 범위와 관련된 것이고, 다른 하나는 정치사회에서 인간을 다스리는 기술, 즉 정치적 사려이다. 34) 역사는 지도자가 국가가 위기에 처해 있을 때 적절한 행동을 취함에 있어 무엇보다 지혜와 사려가 필요함을 가르쳐 준다. 로크는 국가간의 평화와 방어도 이렇듯 지혜와 사려에 의존한다고 보았다. 아리스토텔레스는 좋은 지배자를 사려 깊은 사람이라 부르고 정치가는 사려가 깊어야 한다35)고 말했다. 로크에게 사려는 안전, 독립 그리고 편안한 삶에 대한 자연적 욕구를 만족시켜 주는 여러 수단에 대한 적절한 계산이다.

결론적으로 말하면 로크에게 평화는 정치적인 작위의 산물이며, 국내정치에서의 평화는 계약에 의한 정치사회를 통해서 가능하다. 국제사회에서의 평화는 국내 정치사회에서와 같은 공통의 권력의 부재, 즉 무정부적 속성을 직시하고 그때그때의 특정한 상황에 대해서 정치적 사려로 접근해 가는 길 외에 없다.

---

34) *Some Thoughts Concerning Reading and Study for a Gentleman* (*Works*, II, p. 408).

35) Aristoteles, *Politics*, 1277a.

8

생 피에르의 '영구평화구상'

생 피에르(Saint-Pierre, 1658~1743)의 영구평화에 관한 저작
은 1712년 《영구평화각서》[1]에서 시작해 1713년의 《영구평화초
안》[2] 1, 2권, 1717년의 제3권, 그리고 1729년의 《영구평화개
요》[3] 등이다. 여기서는 내용적으로 가장 중요한 《초안》 전 3권
과 《개요》를 중심으로 그의 평화사상의 골격을 알아보고자 한
다.

생 피에르가 생각하는 유럽의 평화는 유럽의 모든 국가가 분
쟁의 해결에 무력을 사용하지 않고 중재(*arbitrage*)에 의해 분쟁

---

1) *Mémoire pour rendre la paix perpétuelle en Europe* (Coligre, 1712).
2) *Projet pour rendre la paix perpétuelle en Europe* (Utrecht, 1713).
3) *Abrégé du Projet de paix perpétuelle* (Rottérdam, 1729).

을 평화적으로 해결하는 것을 약속하고 동맹을 체결하는 것을
골격으로 하고 있다. 그가 이렇게 생각하게 된 경위에 대해서
우선 《초안》 제1권의 서문에서 다음과 같이 기술되어 있다.

> 인민이 막대한 세금으로 인한 궁핍을 스스로의 눈으로 보고 알
> 고 … 기독교 국가의 국경의 불행한 주민들이 매일같이 당하고
> 있는 과도한 징세, 약탈, 재앙, 폭행, 잔학, 살육 등에 대해서
> 알고, 그리고 전쟁이 유럽의 군주와 그 신민에게 주는 모든 불
> 행을 절감하고 이 불행의 원인을 통찰하고, 그것이 군주제 및
> 군주의 본성과 관련이 있는가 없는가 그렇다면 전혀 치유책이
> 있는가 없는가에 대해서 스스로 고찰하고 탐구해 보려고 결심했
> 다. 4)

생 피에르의 문제의식의 출발점은 루이 14세 말기의 전제정치,
거듭되는 대외전쟁에 의한 국토와 인민생활의 황폐를 비판했던
다른 개혁가들과 유사하다. 그런데 전쟁을 없애기 위해서는 우
선 그 전쟁의 원인의 추구에서 시작하는 것이 순서인데 생 피에
르는 전쟁의 원인에 대한 깊은 연구는 없다. 그에 의하면 전쟁
은 인간이 가진 이기심의 대립 충돌에서 시작하여 그것을 평화
적으로 해결할 유효한 방법이 없어 무력에 호소할 수밖에 없는
상태이다. 이해의 대립은 인간이 살아가는 과정에서 필연적으로
생기게 마련이며 그 자체를 없앨 수는 없다. 그러나 이기심 그
자체가 전쟁의 직접적 원인이 아니라는 것이다. 같은 이기심이
인간으로 하여금 평화를 추구하게끔 할 수도 있다는 것이다.

---

4) *Projet*, Préface, pp. ii ~ iii

인간은 평화롭게 살아갈 수 있다. 그들이 얻으려고 싸우고, 나
누려고 하는 재물이 없는 한 그들은 통상관계(commerce)에 의해
얻을 수 있는 여러 가지 즐거움이나 편의를 서로 얻을 수 있다.
이 이익이 그들을 결합시킨다.[5]

그들이 충분히 현명하다면 그들을 결합하게 하는 이익이 불화로
이끄는 이익보다 훨씬 크다는 것을 알 것이다.[6]

그러나 일반 인간은 정념이 그의 영혼에 일으킨 혼돈 속에서
가장 이익이 많고 공정한 것을 보여줘도 소용이 없다.[7] 이처럼
본래는 선도 악도 아닌 이기심을 잘못된 방향으로 가지 않도록
하기 위해서는 그는 종교나 도덕과 당위에 호소하지 않고 있는
그대로의 인간의 이기심으로부터 공리적으로 문제를 해결하려고
했다.

그리하여 생 피에르에 의하면 군주도 인간인 이상 이 이익의
존재 바깥에 있는 것이 아니라 지향하는 바는 다른 인간과 마찬
가지로 그의 고유한 행복을 증대하는 것이다.[8] 때문에 군주에
의한 잘못된 행동인 전쟁을 방지하기 위해서는 우선 전쟁의 불
이익과 평화의 이익을 대비해서 후자가 군주에게도 유리하다는
것을 증명하여 군주가 스스로 평화를 지향하게끔 하는 것이 중
요하다고 역설했다.

---

5) *Ibid.*, p. 3.
6) *Ibid.*, p. 4.
7) *Ibid.*
8) *Abrégé*, p. 43.

생 피에르는 분쟁이 생겼을 경우, 권위있는 제3자의 중재에 의해 이를 해결하고 복종하지 않는 자에 대해서는 충분히 효과적인 제재를 가하는 것은 문명국간에는 확립되어 있는데 군주간에는 확립되어 있지 않다고 했다. 그에 의하면 확립되어 있는 사회는 사회(société) 또는 영속적 사회(société permanente), 확립되어 있지 않은 사회는 비사회(nonsociété) 또는 비영속적 사회(société nonpermanente)이며, 후자와 같은 사회를 벗어나기 위해서는 모든 군주가 조약을 맺어 분쟁을 힘이 아니라 법으로 해결하는 것에 동의해야 한다. 전쟁을 피하기 위해서 지금까지 채용했던 방법, 이를테면 군주간의 협정, 조약, 세력균형정책 또는 영속적 사회에 어느 정도 접근한 것으로 볼 수 있는 도이치, 스위스, 홀란드의 연방시스템 등 그 어느 것도 불충분하다는 것이다.

이에 반해서 유럽연합의 시스템이 모든 나라의 가맹을 원칙으로 하고, 강력한 제재력을 수반한다면 충분히 유효하고 영속적인 시스템이 될 수 있다고 생 피에르는 강조했다. 분쟁을 폭력, 전쟁에 의해 해결하는 것의 불이익은 생 피에르에 의하면 무엇보다도 먼저 그것이 실질적인 해결이 되지 않는다는 것이다. 그것은 힘 관계의 변동과 함께 새로운 전쟁을 낳을 뿐이다. 현재나 장래에 얻을 수 있는 소유에 대한 보증도 없고, 문제가 모두 당사자의 자의적 판단에 맡겨져 있기 때문에 조약의 효력도 불안정하다. 그렇기 때문에 각국은 이웃나라의 힘의 증가에 대한 공포를 느끼며 평상시라도 막대한 비용으로 군비를 갖추게 된다. 거기다 전쟁에 의한 통상의 정지는 헤아릴 수 없는 손실을 군주에게 준다. 이상이 생 피에르가 강조하는 전쟁으로 인한 불이익의 대강이라고 할 수 있다.

연합의 설립으로 분쟁이 평화적으로 해결됨으로써 생기는 일반적 이익은 생 피에르에 의해 15개 항목으로 나열되고 있는데 이를 다음과 같이 네 가지로 분류할 수 있다. 9)

우선 첫째, 전쟁의 불이익을 막을 수 있다는 것이다. 즉, 분쟁의 확실한 해결이 되고 영토 및 주권을 바깥으로부터의 침략, 안으로부터의 반란 양쪽으로부터 지킬 수 있다는 것이다. 또한 전쟁을 위해 막대한 비용을 필요로 하지 않게 되고 전쟁으로 황폐해진 지역으로부터 세수도 확보된다. 그리고 군주가 끊임없이 이웃사람을 경계하고 무서워하는 상태는 생 피에르에 의하면 타인에의 종속을 의미하기 때문에 완전한 자율과 독립은 이러한 종속의 정신상태에서 벗어나는 것이다. 이처럼 확실한 군주의 불이익에도 불구하고 전쟁을 계속한다면 그 군주는 상식(sens commun)의 빛을 빼앗겨 버릴 것이다. 10)

둘째는 평화와 안전의 기초 위에 얻을 수 있는 보다 적극적인 이익이다. 이를테면 재판제도, 조세체계, 교육제도 등에 대한 법 및 기관의 개혁, 도로의 건설, 기근에 대처하기 위한 공동곡물창고 등 중요 시설의 설치, 기술 및 학문의 진보 등을 들고 있다. 이런 일이야말로 나라를 참으로 강대하게 하고 풍요롭게 하고 빛내는 것11)이라고 생 피에르는 말했다.

셋째의 이익은 공공건물의 건설과 유지이다. 전쟁을 하지 않

---

9) *Projet*, pp. 156~259.

10) *Ibid.*, p. 160.

11) *Ibid.*, pp. 227~228.

음으로써 나라의 수입이 증가하면 도로, 운하, 수도, 병원, 항
구, 교량 등 오늘날 사회간접자본으로 불리는 많은 시설을 확충
할 수 있다. 이렇게 건설된 공공시설을 보존하여 후대에 남기기
위해서도 평화가 요청되는 것이다.

넷째, 통상에서 생기는 이익이다. 자유로운 통상은 국고의 수
입을 증가시킬 뿐만 아니라 보다 넓은 의미에서 인간의 교류,
문화의 교류는 사회진보의 한 조건이 된다. 통상이 평화에 기여
하는 발상은 후일 칸트의 영구평화론에도 계승되었다.

이상에서 말한 여러 가지 이익은 연합에 가맹하는 국가 모두
에 공통되는 것이며 기본적으로는 개별 국가가 주체가 되어 자
유롭게 실현해 가는 것이다. 연합의 기능은 이러한 이익의 기반
이 될 수 있는 평화와 안전을 보증하는 것이다.

유럽연합의 설립과 그 운영에 관해서 생 피에르가 작성한 조
약안은 그 자신에 의해, 그 중요성에 따라 3개의 그룹으로 나누
어진다. 제1은 기본조항, 제2는 중요조항, 제3은 유용조항으
로 되어 있다.

우선 제1의 기본조항은 《초안》 제1권에서는 12개조, 제3권
에서는 24개조, 그리고 《개요》에서는 5개조에 압축되어 있다.
그 공통점은 조인과 동시에 유럽연합이 성립하고 또 조항의 변
경은 가맹국의 전원일치를 필요로 한다는 것이다. 여기서는 《개
요》의 5개조를 중심으로 고찰하기로 한다.

제1조[12]는 유럽연합의 성립을 선언하고 그리스도교 군주에
대해서 조인을 권유해야 한다고 되어 있다. 생 피에르는 기본조

---

12) *Abrégé*, pp. 21~25.

항의 조인을 유럽군주간의 일종의 사회계약서로 보았는데 조인
이 전원에 의해 동시에 이루어질 필요는 없고 최소한 두 사람의
군주가 조인했을 때 유럽사회는 성립한다고 보았다. 13)

　제 2 조14)에서는 각국이 그 수입 공채에 비례해서 연합의 안전
과 공동의 지출을 충당할 분담금을 갹출하는 것이 정해져 있다.

　제 3 조15)에서는 전쟁의 방기와 분쟁의 중재기관에의 위탁을,
제 4 조16)는 판결에 복종하지 않은 자에 대한 무력제재를 규정하
고 있다.

　이상의 절차를 좀더 자세히 설명하면 다음과 같다. 먼저 분쟁
이 발생하면 군주는 대의원으로 하여금 총회에 각서를 제출하게
한다. 총회는 조정위원(Commissaire Méditateur)으로 하여금 화
해를 강구하게 하나17) 이 단계에서 성공할 수 없을 때는 위원회
는 위원회로서의 의견을 총회에 답신하고18) 이어서 총회에 의한
중재재판이 열린다. 여기서는 당사자를 제외한 전 가맹국의 비교
적 다수에 의한 예비판결이 3/4의 판결로 확정된다. 19) 이 판결
에 반하는 자는 공안의 파괴자, 연합의 적으로 간주된다. 20) 이
후 연합은 그 군주에 대해 전투상태에 들어간다. 연합가맹국은
임시분담금 및 병력을 갹출하여 연합군을 조직한다. 각국의 병

---

13) *Projet*, p. 104.
14) *Abrégé*, p. 26.
15) *Ibid.*, p. 27.
16) *Ibid.*, p. 30.
17) *Projet*, pp. 326~327.
18) *Ibid.*, pp. 303~304.
19) *Ibid.*, p. 327.
20) *Ibid.*, pp. 9~10.

력은 거의 동수가 바람직하다. 21) 총사령관은 총회의 다수결에
의해 임명되는데 왕가의 출신이어서는 안되고 또 그렇게 큰 권
한을 가져서는 안된다. 22)

생 피에르는 연합군이 힘의 절대적 우위로 압도적인 승리를
거둘 것으로 확신하는 한편, 도덕적 힘으로 연합측을 강화하는
수단도 강구했다. 평시에는 "가맹국의 군주는 매년 같은 날 그
수도에서 왕족 중신과 함께 연합의 대사, 주재관 및 전국민 앞
에 연합의 유지와 평화를 항구화하기 위해 그 규약을 실행하게
끔 전력을 다할 것을 서약한다"23)는 규정과 함께 또 연합에 대한
음모를 발견, 통보한 자에게는 "유익하고 명예로운 보상"24)을 할
것을 규정하고 있다. 그리고 전시에는 연합의 적국의 군주지배
하의 지방군이 연합에 동조하여 반란을 일으킬 경우 그 지방은
본국과 분리하여 공화국이 되거나 아니면 주민의 의지에 따라
선출된 수장에 주권이 주어진다. 25) 또한 장관 중에 연합국에 망
명한 자는 보호받아야 하고 본국에서 받은 것과 같은 수입이 주
어진다. 26) 이러한 규정에도 불구하고 연방의 적국 군주하에 미
무른 장관, 장군 등은 전후 연합에 인도되어 공통의 조국
(commune patrie), 즉 유럽사회의 평화의 교란자로서 사형 또는
종신형에 처한다. 27) 생 피에르에 의하면, 정의는 언제나 연합측

---

21) *Ibid.*, p. 373.
22) *Ibid.*, p. 294.
23) *Ibid.*, pp. 379~380.
24) *Ibid.*, p. 379.
25) *Ibid.*, p. 376.
26) *Ibid.*

에 있고 무엇보다 우선하는 것은 공통의 조국의 이익인 보편적
평화(paix universelle)로서 주권자는 물론 신하나 개인들도 이 보
편적 평화에 충실할 것이 제1의 임무이다.

제5조[28]는 각국 대표로 구성된 상설의회가 다수결에 따라 필
요하고 중요한 사항을 결정한다고 규정되어 있다. 이 의회에 대
의원을 보내어 각 1표의 의결권을 행사하게 될 국가는 《초안》
제1권에는 24개국, 제3권에는 22개국, 《개요》에는 21개국인데
그 어느 것도 러시아를 포함하여 당시 유럽의 전역에 걸쳐 있다.
또한 터키, 알제리, 모로코 등 회교국 군주도 유럽연합과 통상
조약을 맺어 분담금을 지불하면, 의결권은 가지지 못하나 연합
의 동맹국으로서 대표를 파견할 수 있다[29]고 되어 있는데 이는
당시의 정치정세를 고려해 볼 때 특기할 만한 제안이라고 볼 수
있다. 이처럼 기본조항으로 유럽연합 설립의 토대가 설정되었는
데 생 피에르는 연합을 보다 빨리 실현시키기 위한 편의를 생각
하여 《초안》제1권 제4편에 중요조항 8개 조[30]와 제2권 제7
편에 유용조항 8개 조항[31]을 시안으로서 추가했다. 이 양자를
합쳐서 생각한 생 피에르의 연합조직안은 대체로 다음과 같다.

우선 홀란드의 유트레히트에 평화도시를 건설하고 그곳을 총
회소재지로 정하여 각 가맹국에서 파견된 대의원을 상주시킨
다.[32] 유트레히트를 평화의 도시로 정한 이유 가운데 하나는 홀

---

27) *Ibid.*, p. 378.
28) *Abrégé*, pp. 32~33.
29) *Projet*, p. 283.
30) *Ibid.*, p. 359.
31) *Ibid.*, pp. 362~363.

란드 국민의 관용의 기품을 생 피에르가 높이 평가했기 때문이라는 추정이 가능하다. 33) 의원단의 구성은 각 가맹국마다 임기 4년의 대의원 1명, 부대의원 2명, 대리위원 2명이다. 34) 총회는 연합의 입법, 사법, 행정, 필요할 경우는 군사 등 모든 기능에 관해서 최고의 책임을 지며 그 보좌를 위해 다음과 같은 기관을 둔다. ① 평화도시의 행정을 맡을 5인위원회, ② 외무, 군사, 재무, 법무의 4개 부문에 대한 상설사무국, ③ 분쟁이 일어났을 경우 분쟁처리의 제1단계인 조정을 맡을 조정사무국, 35) ④ 총회의 사무를 취급할 서기관, 36) ⑤ 연합의 재정을 맡을 재무관37) 등.

다음 연합은 평화도시의 주민에서 선발된 대사, 주재관을 각 가맹국에 상주시키고 필요한 경우 각종의 조사위원회38)를 파견한다. 대사와 주재관의 임무는 가맹국과 연합 간에 항상적인 연락을 취하고 상호불신의 원인을 제거하기 위해 필요한 활동을 한다. 39) 특히 주재관은 적극적으로 정보를 수집, 감시하여 징병, 무기 군비의 집결 등의 징후가 보이면 즉시 이를 보고한나. 40) 군주측은 그들을 위해 가능한 한 편의를 제공할 의무가

---

32) *Ibid.*, pp. 296~297.
33) *Ibid.*, pp. 303~304.
34) *Ibid.*, p. 304.
35) *Ibid.*, p. 310.
36) *Ibid.*, p. 364.
37) *Ibid.*, p. 365.
38) *Ibid.*, pp. 355, 293~294, 380~381.
39) *Ibid.*, p. 364.
40) *Ibid.*, p. 366.

있다. 41) 특히 중요한 것은 각 가맹국 국경에 상시로 두는 국경
재판소이다. 이는 통상이나 그 외의 다른 나라의 신민간의 분쟁
을 조정하고 재판한다. 42) 그외 평시에 군사기관으로서는 평화도
시의 수비대와 유럽 변경의 주둔부대가 있을 뿐이다. 끝으로 연
합은 화폐, 도량형, 달력, 천문학의 숫자 등에 대해서 유럽 전
체에 공통의 단위를 정하도록 노력한다. 43)

  이상에서 세부에 걸친 생 피에르의 연합구상을 보았는데 당시
로서는 그야말로 몽상에 가까운 것이었는지 모르나 그의 '영구평
화구상'은 평화사상으로서 그리고 유럽통합의 원리로서 오늘에
이르러 더욱 그 의미가 새롭다고 할 수 있다.

  지금까지 방대하고 중복이 많은 생 피에르의 평화계획의 대강
을 서술해 왔는데 그의 구상에는 통일적인 사상체계를 발견하기
가 어렵다. 영구평화라는 테마는 인간과 사회와 국가에 관한 모
든 사상이 끼여들 여지가 있기 때문에 수미일관한 일반이론의
형성은 무리이다. 생 피에르의 사상에도 몇 가지 중대한 모순과
오류가 발견된다. 지금까지의 서술에서 보면 생 피에르가 개인
과 개인 간의 사회계약과 같은 것을 국제사회에서도 발견하려고
하는 듯한데 이 경우 그의 중심개념은 중재이다. 아버지의 권위
있는 중재에 의해 가족내의 평화와 질서가 유지되는 것처럼 나
라와 나라 사이에도 그에 준하는 권위있는 기관의 결정이 필요
하다고 본 것 같다. 그러나 새로운 국제질서를 형성할 때 생 피

---

41) *Ibid.*, p. 365.
42) *Ibid.*, p. 322.
43) *Ibid.*, p. 314.

에르가 준거틀로 한 인간의 본성이나 자연상태, 사회계약의 개
념 자체가 모호하다. 이를테면 자연상태에서의 인간의 이해에서
도 한편으로는 잘못된 정념에 사로잡혀 반사회적 행동을 취하는
경향과 다른 한편 동정과 연민의 정에 바탕을 둔 사회적 경향이
착종되어 있다. 그리고 정치적 입장에서도 한편으로 그는 군주
제를 인정하고, 다른 한편으로 평화의 담당자로서 공화국의 인
간에 큰 역할을 기대했다. 이러한 모순에 대해 생 피에르는 논
리적 설명이나 현실적 해답을 제공하지 못했다. 즉, 생 피에르
는 모든 인간을 이기심이라는 유일한 기준으로 생각하고 군주나
개개 인간도 같은 동기에서 움직인다고 보면서 종국에는 군주의
이성에 기대함으로써 전쟁의 본질, 군주제의 본질에 대한 깊은
통찰을 결여했다. 그리고 그는 준거집단으로서 가족에 역점을
두고 있으나, 민족간, 계급간의 갈등에 대해서는 자각증세가 거
의 없었다. 이렇게 보면 루소가 "그의 제안이 실시되지 않은 것
을 오히려 위로하자"고 냉소하면서 《발췌》와 《비판》에서 생 피
에르의 '영구평화계획'을 비판한 것은 오히려 당연한 귀결이라
하겠다. 그러나 이들 약점에도 불구하고 다음과 같은 이유로 근
대 평화사상에서 차지하는 생 피에르의 위상은 주목하지 않을
수 없다.

첫째, 생 피에르가 어떤 경우도 평화에 최고의 가치를 부여하
고 사회와 국가의 존립 그 자체를 평화의 기초 위에서 파악한 점
이다. 더욱이 그의 보편적 평화에 대한 관심은 회교도와의 동맹
은 물론 아시아에서도 같은 연합의 설립을 생각하게 했다. 44) 이

---

44) *Ibid.*, pp. 203~204.

는 다양성과 관용의 원리에 대한 그의 믿음을 말해 주는 것이다. 그는 "사회의 유일한 기초는 시민간의 평화이다. 따라서 각 시민이 사회를 유지하는 데 적절치 않은 사람에 대해서까지도 자비와 관용을 실천하는 것이 필요하다. 이는 시민의 제1의 불가결의 의무이다"[45]고 말했다.

둘째, 생 피에르의 평화론에 일관되게 흐르는 공리적 관점이다. 그는 전쟁의 불이익과 평화의 이익을 인민은 물론 군주가 자각함으로써 전쟁을 막아야 하고 또 막을 수 있다고 보았다. 공리적 관점은 근대 이래 평화사상의 핵심이며 에라스무스에서 현대의 민주적 평화사상에 계승되고 있다.

셋째, 생 피에르의 평화론은 근대적인 의미에서의 정치구상으로서는 선구적 역할을 했다고 말할 수 있다. 그의 뒤를 이어 유럽의 각지에서는 많은 무명의 평화주의자가 배출되었고 그의 주장이 넓은 계층에 침투되었던 것이다.[46] 더욱이 그의 평화사상은 루소의 해석과 비판을 거쳐 사상 내재적으로는 칸트, 벤담에 계승되었다.

---

45) *Ibid.*, p. 293.
46) Ruyssen, Th., *Les Sources doctrinales de Internationalisme* (Paris, 1958), Tome. II, p. 592.

9

루소의 '국가연합'과 평화

근대적인 의미의 평화사상은 개인 수준의 안심입명이나 정치체 내부의 질서보다는 나라와 나라 사이의 전쟁의 방지라는 기본관점에서 출발한다. 그런 점에서 단테의 세계정부 사상은 중세에서 근세로 넘어가는 과정에서 제기된 것으로 근대적인 의미의 평화사상의 싹이라고 말할 수 있다. 그 후 계몽의 시대, 18세기에 들어와서는 3인의 평화사상가, 즉 생 피에르, 루소, 칸트가 등장하여 전쟁과 평화에 관한 본격적인 논의를 전개했던 것이다.

생 피에르는 그의 '유럽평화구상'에서 군주에게 전쟁이 불리하다는 사실을 계몽적 이성으로 설득시켜 국왕을 주체로 하는 국가연합의 구상을 내놓았고, 루소는 이를 비판적으로 계승했다. 루

소는 국가연합의 주체를 군주에서 인민적 정권, 즉 공화국으로
바꿨다. 그리고 칸트는 루소의 평화사상을 계승하는 저서 《영구
평화를 위하여》를 세상에 내놓았다. 이렇게 볼 때 루소는 생 피
에르와 칸트의 가교 역할을 함으로써 근대 평화사상의 형성에 획
기적인 공헌을 한 사상가이다. 그러나 당시 루소에게 최우선 순
위의 과제는 국가주권을 넘어선 국제기구의 제안이 아니라 그 국
가주권의 내용, 즉 국내 정치체제의 근본원리를 구명하는 것이
었다. 그의 평화사상도 사회계약설로 불리는 그의 국가이론·권
력이론·주권이론과 따로 떼어서 생각할 수 없다. 현대적 용어
로 풀어 말하면, 루소는 국제정치를 국내정치의 연장으로 보았
고, 국내체제의 변혁을 통하여 평화를 실현하려고 했던 것이다.

　여기서는 루소의 평화사상의 기본전제인 그의 자연상태론과
국제정치관의 특징을 밝힌 다음, 비록 미완성이긴 하나 그의 평
화사상의 원형이기도 한 국가연합의 개념과 그와 관련하여 애국
심과 인민주권의 문제를 고찰해 보고자 한다.

　루소(Jean Jacques Rousseau, 1712~1778)의 저술 가운데 국제
관계에 관한 체계적인 연구는 없다. 그는 구제제도 불리는 국가
를 구조적으로 비판하고 그 대안으로서 사회계약설에 의한 인민
주권의 국가를 수립하기 위한 이론적 변증에 전력투구하였을
뿐, 국가간의 전쟁과 평화에 관해서는 총론적인 문제의식의 단
계에 머물렀고, 본격적인 저술은 없다. 그러나 그는 국제정치에
대해서 지속적으로 관심을 갖고 있었다. 그는 국내체제와 국제
정치의 밀접한 연계를 자각하고 그 연계관계를 전쟁의 방지, 평
화의 달성이라는 관점에서 파악한 최초의 정치사상가라고 말할
수 있다.

루소는 그의 두 편의 《평화론》1)에서 보다 완전한 정부를 만들기 위해서는 그 체제보다 오히려 그 대외관계에서 나타나는 장애요인을 인식해야 한다2)고 말했다. 즉, 국내정치의 구조적 개혁을 위해서는 국제관계의 조정이 필요하다는 말이다.

루소는 국내의 억압적인 체제와 국가간의 전쟁이야말로 인류 최대의 재앙3)이라 생각하고 어떻게 하면 이를 극복할 수 있는가 하는 일관된 문제의식을 갖고 있었다. 그의 주저 《사회계약론》은 일차적으로 국내의 억압적 체제로부터 인민을 해방하려는 고투의 산물이라고 할 수 있다. 루소는 '국제관계의 조정'을 통하여 국내체제를 개혁해야 하고, 국내체제의 개혁을 통해서만이 평화를 실현할 수 있다고 역설함으로써 국내정치와 국제정치의 연계를 평화의 축으로 생각하고 있음을 알 수 있다. 그는 "모든 인간이 영원한 화합 가운데 살고 공통의 복지 가운데 자기의 행복을 찾을 수 있는 즐겁고 평화로운 동포사회"4)를 이상으로 삼고 있었다.

루소의 사회계약설에 따르면, 사회는 계약에 의해서만 형성되며, 계약을 매개로 하지 않은 인간의 결합은 사회라고 말할 수

---

1) 루소가 생 피에르의 '영구평화구상'에 대해서 쓴 두 편의 논문, 즉 *Extrait du projet de paix perpéteuelle*(이하 *Extrait*)와 *Judgement sur le projet de paix perpétuelle*(이하 *Judgement*)를 지칭함.

2) Oeuvres Complètes III, *Extrait du projet de paix prepétuelle* (Gallimard, 1964), p. 564.

3) *Émile*, p. 848.

4) C. E. Vaughan, *Political Writings of J. J. Rousseau*, I (London, 1915, Introduction), *Extrait*, p. 564.

없다. 개인은 사회계약을 맺어 국가를 만듦으로써 자연상태에서
사회상태로 이행하게 된다. 그런데 루소에 의하면, 국가를 결합
하여 국제사회를 형성해야 할 국제계약은 존재하지 않는다. 따
라서 세계정치의 관점에서 보면 국가는 개인과 달리 사회상태에
들어가지 못하고, 여전히 자연상태에 머물러 있다. 루소는 자연
상태가 평화에 가장 적합하다고 하여 "야생인(hommo sauvage)은
식사만 하고 나면 모든 자연과 평화로운 관계에 있다"5) 고 하고
인간은 날 때부터 평화적이며 인간과 인간 사이에는 일반적 전
쟁(guerre générale)은 존재하지 않으며 인류는 서로 섬멸하도록
만들어진 것이 아니라고 했다. 그리고 명예, 이익, 편견, 복수,
위험, 죽음 등 모든 정념은 자연상태에서는 아무런 인연이 없고
다른 사람을 공격하게 된 것은 사회를 만든 후라고 말했다. 6) 요
컨대 전쟁은 사회상태에서 생긴 것이다. 루소의 자연상태는 홉
스나 로크처럼 극복해야 할 상태, 지양해야 할 상태가 아니라
근본적으로 평화로운 상태로서, 나쁜 사회상태, 즉 현실의 문명
상태에 대한 비판개념이다. 특히 만인에 대한 만인의 투쟁으로
묘사한 홉스의 자연상태와는 그 근본발상이 다르다. 루소에게
개인의 자연상태는 평화상태이나 국가의 자연상태는 홉스의 자
연상태처럼 전쟁상태인 것이다. 《인간불평등기원론》에서도 그는
전쟁은 개인간의 관계가 아니라 국가간의 관계에 고유한 것이라
고 함으로써 개인간의 자연상태와 국가간의 자연상태의 질적인
차이를 설명했다. 개인의 근본적 성질은 자기보존과 연민의 정

---

5) Inégalité, p. 203.
6) L'état le guerre, pp. 601~602.

인데, 국가의 경우는 전자는 있지만 인류애의 기본이 되는 후자
는 없다는 것이다. 루소는 독자적인 국가이성의 관념을 제시하
고 있지는 않지만 국제적 아나키에 따른 전쟁의 방지에 지대한
관심을 가지고 있었다. 루소의 정치사상의 핵심은 선한 인간의
자연상태를, 악한 국가의 자연상태를 매개로 하여 여하히 사회
상태로 만들 것인가에 있었다. 그는 개인의 능력은 유한하지만,
국가의 능력에는 한계가 없고, 결국 국가간의 투쟁, 즉 전쟁을
야기하고 만다고 보았다. 7)

루소가 국가의 자연상태를 극복하기 위하여, 다시 말하면, 전
쟁을 막고 평화를 확보하기 위하여 제기한 것이 바로 국가연합
사상이다. 국가연합 사상은 체계적인 이론으로 발전하지는 못했
으나 루소 사상 전체의 완성에 빼놓을 수 없는8) 부분이었다. 루
소 스스로도 국가연합 형식은 정치의 걸작이라고 자평했다. 9)

이 국가연합(confédération) 사상은 당시 유럽의 국제관계의 현
실에 대한 루소의 분석과 비판의 결과였다. 구체적으로는 생 피
에르의 '유럽평화구상'에 대한 그의 '발췌'10) 및 '비판'11)에 잘 나
타나 있다. 루소의 《발췌》를 둘러싸고 어디까지가 생 피에르의
사상이고 어디부터가 루소의 사상인지에 대해서는 논란이 적지
않다. 《발췌》는 대부분이 루소가 생 피에르의 '영구평화구상'을
요약한 것이긴 하나 루소 자신이 《고백》 가운데서 자기는 번역

7) Oeuvres III, *Du contrat Social*, p. 388.
8) C. E. Vaughan, *op. cit.*, pp. 100~102.
9) *Pologne*, p. 998.
10) 주 1)의 *Extrait*을 가리킴.
11) 주 1)의 *Judgement*을 가리킴.

자의 역할에 찬성하지 않았다고 기술하고 있듯이 두 사람 사이
에는 유럽평화를 실현하는 방법에서 큰 시각의 차이를 보였다.
생 피에르가 근본적으로 현상유지를 지향했고 그의 평화가 결국
현실의 지배구조를 옹호하는 이데올로기로 기능했다면 루소는
구체제의 변혁을 통하여 전쟁을 막고 평화를 실현하려고 했다.
생 피에르가 유럽 군주들의 이성에 호소하여 영구평화계획을 수
립하려고 한 데 대하여 루소는 전쟁의 원인이 바로 군주의 탐욕
에 있다고 보았으며 그 군주들이 공공의 복지를 위해 진력하리
라고 기대하지도 않았다.

　루소는 생 피에르처럼 군주에게서 해결책을 찾는 방법을 명백
히 거부하고 국가연합의 성립에 의해 평화가 보장되고 개별 국
가를 넘어선 공적인 중재자에 의한 분쟁처리가 가능하다고 보았
다. 루소는《비판》에서도 생 피에르의 '영구평화구상'을 유덕한
인간의 마음을 끌기에 충분하다고 했고 생 피에르를 건전한 영
혼을 가진 사람(âme saine)이라 추켜세웠다. 그러나 루소는 군
주를 '영구평화구상'의 주체로 받아들이지 않았다. 그에 의하면
군주니 중신들은 공공의 복지, 신민의 행복, 국민의 영광을 말
하지만 그 목적은 왕의 지배를 외국으로 확장하고 국내적으로
절대화하는 것이다.

　　한쪽에 전쟁과 정복이, 다른 한쪽에 전제정치의 진행이 서로 보
　　완하고 있다. 그래서 노예상태에 있는 인민들 중에는 다른 인민
　　을 정복하기 위하여 돈과 인간을 마구 조달하고 있다. 이에 대
　　응해서 전쟁은 금전을 착취하는 구실을 제공함과 동시에 대규모
　　의 군비를 상비한다는 그럴듯한 구실을 가지고 인민을 제압한

다. 결국 누구나 알 수 있듯이 정복자인 통치자들은 적어도 적에 대해서와 마찬가지로 자국의 인민에 대해서도 전쟁을 일으키고 있다.[12]

　루소의 《비판》에서 묘사되는 통치자들은 권력과 부에 대한 욕망에 사로잡혀 자기의 참다운 이익마저 모르는 '광인들'이다.

　루소는 생 피에르의 평화구상을 받아들이면서도 그 평화를 위한 국내체제의 조건의 면에서 그를 철저히 비판했다. 루소는 생 피에르와 마찬가지로 유럽사회를, 정치적·경제적·종교적·지리적 및 문화적 유대에 의해 유지되고 있는 동질적 사회라 보고, 그것을 유럽인민의 사회(la société des peuples de Europe)라고 불렀다. 그런데 그는 이 유럽사회를 계약에 의해 성립된 참다운 사회나 법과 질서가 지배하는 사회로 보지 않고, 부패와 전쟁으로 멍든 사회로 보았다. 그는 유럽사회의 동질성을 인정하면서도 개별 국가간의 전쟁으로 점철된 18세기 유럽의 현실에 직면하고 있었다. 루소는 평화로운 유럽사회의 통합가능성과 그칠 줄 모르는 전쟁의 현실 사이에서 고민하고 있었다. 그는 이 야릇한 모순을 어떻게 조화시켜야 할지 모르겠다고 고백하면서 "유럽 인민의 이른바 동포애는 그 상호간의 적의를 아이러니컬하게 표현하기 위한 우롱의 언어"[13]일 뿐이라고 비판했다. 루소의 논법에 따르면, 유럽사회가 당면했던 고통스러운 딜레마를 해결하는 것은 유럽사회가 계약에 의한 참다운 사회를 창출하는 길뿐이었다. 그는 "유럽제국의 상대적 단계는 본래 전쟁상태이며, 이들

---

12) *Judgement*, p. 593.
13) Œuvres III, *Extrait*, p. 1568.

나라들 중 몇몇이 부분적 조약을 맺는다 하더라도 그것은 참다
운 의미의 평화가 아니라 일시적 휴전"14) 이라고 했다.

　루소는 국가간의 사회계약에 의한 사회상태가 존재하지 않고
전쟁상태가 지속하고 있는 상황하에서 고통을 겪고 있는 인민에
대한 동정을 다음과 같이 피력했다.

　　불행한 인민이 철의 질곡하에서 흐느끼고, 인류가 소수의 압제
　　자에 의해 억압당하고, 군중이 고통과 아사에 압도되고, 이러한
　　사람들의 피와 눈물을 부자가 안이하게 마시고, 가는 곳마다 약
　　자에게 무력을 휘두르고 있다. 15)

　루소에 의하면 사회계약으로 개인이 자연상태에서 사회상태로
이행하는 것과 마찬가지로 국제계약에 의해 국가를 자연상태에
서 사회상태로 끌어내지 않으면 안된다. 전쟁과 그 전쟁이 낳은
국내체제의 폭력으로부터 인류를 해방시키기 위해서는 국가간에
계약이 성립되어야 하며, 이 국제계약을 통하여 사회계약이 완
성된다는 것이다.

　루소는《에밀》에서 전제와 전쟁을 인류 최악의 징벌이라 보고
국가간에 전쟁상태를 끝내는 방법으로 국가연합을 제기하고 그
내포와 외연을 대체로 다음과 같이 묘사했다.

　　개별 국가를 국내에서 자주권을 가진 것으로 두면서 모든 부당
　　한 공격자에 강력히 대항하는 동맹, 연합의 방법에 대해 조사해

---

14) *Ibid.*
15) Oeuvres III, *Extrait*, p. 568.

보자. 어떻게 하면 건전한 국가연합을 확립할 수 있을까, 무엇
이 그것을 영속적인 것으로 할 수 있을까, 또한 주권을 해치지
않고 어느 정도까지 연합의 권리를 확장할 수 있을까? 이것을
연구해 보자. 16)

　루소는 《사회계약론》에서 "나는 뒤에 어떻게 하면, 대국의 대
외적인 힘과 소국의 편안한 통치와 좋은 질서를 통합할 수 있을
지"17)를 밝힐 것이라 하고, "이것은 내가 이 책(《사회계약론》)의
속편에서 대외관계를 논하여 국가연합에 다다를 때 다루려고 생
각하고 있다. 이것은 전혀 새로운 문제로서 그(국가연합)의 원칙
은 지금부터 확립해 나가야 한다"18)고 끝맺었다.
　그러나 루소는 그의 평화사상의 핵심개념인 국가연합 문제를
의욕적으로 제기해 놓고도 그것을 더욱 발전시킨다는 다짐을 이
행하지 않았다. 따라서 국가연합의 원칙으로서 그가 구체적으로
무엇을 생각했는지는 정확히 알 수 없다. 그는 주권의 침해 없
이 국가연합의 권리를 어떻게 확장할 수 있을까 하는 문제만 제
기했을 뿐 그 해답을 내놓지 않았다.
　일반적으로 국제기구를 만들어 평화에 접근하기 위해서는 정
도의 차이는 있으나 개별국가의 주권을 어떤 형태로든 제한하지
않을 수 없다. 루소의 경우는 국제기구로서의 국가연합의 중요
성보다 국가주권의 침해가 없어야 한다는 데에 더 큰 역점을 두

---

16) Rousseau, *Émile*, translated by Barbara Foxley (London: Every-
　　mans Library, 1974), p. 430.
17) Oeuvres III, *Du Contrat Social*, p. 431.
18) *Ibid.*

고 있었다. 그가 국가연합을 제기하면서도 동맹이나 연방국가를
채용하지 않은 것도 주권의 제한이나 침해를 막으려는 데 그 근
본적인 원인이 있었던 것으로 보인다. 그는 국가간의 결합의 농
도가 약하고 영속성이 없는 동맹에 만족할 수 없고, 그렇다고
결합의 밀도가 높고 영속성이 있는 연방국가는 구성국의 주권을
지나치게 제한할 가능성이 높다고 생각했던 것이다. 그래서 그
는 결합이 느슨한 동맹과 결합이 견고한 연방국가 간의 절충형
·혼합형을 채용했던 것으로 보인다. 그는 국가연합이야말로 국
제기구와 그 구성원의 주권의 조화를 가장 효과적으로 달성할
수 있는 방법이라고 생각했다.

　그러나 앞에서도 지적했지만, 이 국가연합 사상은 주권의 침
해 없이 어떤 형태로든 국제관계를 규율할 수 있는 계약을 형성
해야 한다는 원칙적인 문제제기였을 뿐, 그 구체적 내용은 전혀
명시되어 있지 않다. 다만 그의 저술, 특히 생 피에르의 평화구
상의 비판적 재구성 속에서 어느 정도 추측할 수 있을 따름이다.

　루소는 생 피에르의 국가연합을 다음과 같이 설명, 요약했다.
즉, 국가연합은 어떠한 강국이라도 이에 저항할 수 없을 정도로
일반적이며 모든 구성국을 강제할 법령을 확립할 수 있는 국제
재판소를 가질 것, 그리고 각국이 공동의 의결에 복종할 것을
강제하기 위한 권위있고 강제력있는 무력을 가질 것 등이 그것
이다. 말하자면 루소는 평화의 확보를 구성국 공동의 일반적 이
익이라고 본 점에서 생 피에르와 유사하다.[19] 그리고 국제기구
와 국가의 주권침해의 관계에 대해서도 직접적인 언급은 없으나

---

19) Oeuvres III, *Paix*, p. 574.

법과 자유에 관한 그의 사상에서 유추해 볼 수 있다. 루소는 법
에 대한 복종이 개인의 자유를 제한하지 않는다고 보았다. "단순
히 욕망의 충동에 따르는 것은 노예상태이고 스스로 과한 법률
에 따르는 것이 참다운 자유라고 보았다. "[20]

또한 루소는 국가와 개인과의 관계에서의 법과 자유의 관계를
국가연합과 그 구성국과의 관계에 유추하여 다음과 같이 말했
다.

> 공동의 재판기구에 대한 각국의 종속에 대해서 말하면, 이것은
> 주권의 권리를 감소하는 것은 결코 아니고 반대로 주권을 강화
> 한다. ··· 연합회의의 재판에 복종함으로써 구성국은 참다운 권
> 리를 확보한다. [21]

국가연합의 조직을 받아들임으로써 국가가 법의 지배에 복종
하는 것은 국가의 진정한 자유를 제한하지 않는다. 그것은 사회
계약이 개인의 자유를 제한하지 않는 것과 마찬가지이다. [22]
루소는 국가를 개별적 구성원으로 하고, 국가의 의지를 개별
적 특수의지로 하는 세계사회를 생각하고 있었으나, 국가연합
자체의 일반의지에 대해서는 명백한 언급을 회피했다. 이것이
루소 자신의 이론구성능력의 한계에 연유하는 것인지 근본적으
로 국제사회의 일반의지의 형성에 대해서 절망 또는 체념하고
있었는지 정확히는 알 수 없다. 결국 이 문제에 대한 해명은, 루
소가 국가와 국가연합 가운데 어느 쪽에 더 역점을 두었는가에

---

20) Oeuvres III, *Du Contrat Social*, p. 365.

21) Oeuvres III, *Paix*, pp. 583~584.

22) A. Cobban, *Rousseau and Modern State* (London, 1934), p. 84.

대한 대답으로 귀결될 수 있다. 이 문제에 관한 루소의 고통스
러운 딜레마는 그의 애국심론에서 잘 나타나 있다.

루소는 그의 주저 《사회계약론》에서만도 19차례나 조국애에
대해 말하고 있으며 마키아벨리와 함께 근대적인 의미의 애국심
을 강조한 선구적인 사상가이다.

일반적으로 애국심은 특정의 국가·국민·민족에 대한 그 구
성원의 집단충성의 표현인 데 반해 평화는 그것을 뛰어넘는 국
제적 또는 보편적 가치이다. 루소는 애국심과 평화를 모순의 관
계로 파악하지 않고, 오히려 애국심을 통하여 참다운 평화를 실
현할 수 있다고 보았다. 루소의 애국심은 그의 계몽주의 비판의
산물이다. 당시의 계몽철학자들은 국민적 차별을 혐오하고 국민
성을 가볍게 보고 인간이성을 과신한 나머지 국민의 감정이나
전통과 같은 정서적 요인을 인정하려고 하지 않았다. 루소는 이
들 계몽적 이성인을 향하여 전세계인을 사랑한다고 자랑하면서
아무도 사랑하지 않는 권리를 가지려 하는 자칭 시민이라고 경
멸했다. 이처럼 루소는 계몽적 세계주의의 허구성을 비판하면서
도 인류애에 대한 나름대로의 생각을 갖고 있었다. 그가 그토록
강조했던 애국심은 그의 자기애와 연민의 정의 연장선 위에 있
는 것으로 인류애의 기본이 된다. 그러나 루소는 "인간성의 감정
은 전지구상에 퍼지게 되면 증발해 버리고 약해지는데 … 이해나
연민의 정에 활력을 주기 위해서는 어떤 방법으로든 그것을 한
정하고 압축하지 않으면 안된다"[23] 고 생각했다.

---

23) Oeuvres III, *Sur L'economie politique*, p. 254.

인류애는 유화, 공평, 온건, 자애와 같은 많은 덕을 낳는다. 그
러나 그것은 용기나 강한 의지를 불러일으키지 않는다. 그리고
덕을 영웅주의로 고양시키는 에너지를 주지도 않는다. 덕에 에
너지를 불어넣는 것은 조국애이다. 24)

따라서 루소의 애국심은 인간의 천성인 자기애와 동정을 보다
밀도있게 압축한 것이며, 결코 인류애와 모순되는 것은 아니다.
다만 루소는 계몽철학자들처럼 인류애를 지나치게 중시한 나머
지 애국심을 등한시하는 것을 비판했던 것이다. 이렇게 볼 때
루소가 주장한 애국심은 단순히 쇼비니즘이 아니라 그가 그토록
강조했던 시민적 덕성을 함양하기 위한 수단이었다. 25) 그리고
루소는 나라에 대한 사랑을 법과 자유에 대한 사랑으로 정의했
다. 26) 애국심은 자유와 정의의 수단이며, 루소에게 애국심의 대
상은 어디까지나 인민주권의 공화국이었다.

아이는 눈을 뜨자마자 조국을 보고 죽음에 이를 때까지 조국 이
외에 아무것도 보지 못하게 해야 한다. 모든 진정한 공화주의자
는 모유와 함께 조국에 대한 사랑, 즉 법과 자유에의 사랑을 마
신다. 27)

루소는 모든 애국자는 외국인에게 가혹하다고 함으로써 애국
심의 배타적 속성을 알고 있었다. 그러면서도 루소가 애국심을

---

24) *Fragments politiques*, p. 536.
25) Oeuvres III, *Sur le Gouvernment de Pologne*, p. 1019.
26) *The Government of Poland*, p. 19.
27) Oeuvres III, *Sur le Gouvernment de Pologne*, p. 966.

강조한 것은 아직 국가연합을 형성할 만큼 성숙하지 못한 상황
에서는 애국심을 바탕으로 하여 국가연합의 구성원인 국가를 형
성하는 것이 급선무라고 보았기 때문이다.

루소는 애정의 대상이 개인에서 바로 인류로 확대될 수 있다
고 보지 않고 조국에 대한 애정을 매개로 해서만이 인류애가 가
능하다고 보았다. 즉, 자연상태하에서 인간이 소유한 자기애와
연민의 정이 국가와 민족에 대한 애정을 거쳐 인류애로 승화 ·
발전한다고 보았던 것이다. 루소는 《사회계약론》의 마지막 장에
서도 조국애와 관련하여 시민종교의 확립을 제창함으로써 집단
충성의 체계로서의 종교의 효용을 강조했다. 루소는 조국애의
대상을 공화국으로 보면서도 국가연합을 구성하는 국가가 인민
주권의 국가라야 한다는 것을 명시적으로 언급하지는 않았다.
다만 그는 국제관계가 전쟁상태인 것은 국가의 속성 때문이며,
군주가 주권자인 경우는 그 전쟁상태는 더욱 비참하다고 말하고
있을 뿐이다.

루소에 의하면 군주가 영구평화라는 참다운 이익에 종사하는
것은 극히 드문 일이며, 군주가 주권을 가지고 있는 한 군주들
이 국가연합에 찬성하지 않을 것으로 보았다. 루소는 생 피에르
처럼 군주에 대한 지나친 기대는 하지 않고 인민에게 희망을 걸
었다. 루소는 "인민이 전쟁을 하는 것은 군주보다 훨씬 드물
다"28)고 보았다.

루소는, 왕보다 인민이, 절대주권보다 인민주권이, 그리고 전
제정보다 공화정이 전쟁을 방지하고 평화를 실현하는 데 적절하

---

28) C. E. Vaughan, *op. cit.*, p. 396.

다는 점을 대체로 다음과 같은 논리로 설득하려고 했다.

루소는 모든 국가가 전쟁 가능성을 갖고 있으며, 인민이 주권을 가지고 있는 공화국도 예외가 아님을 인정했다. 그러나 전쟁은 반드시 압정을 가져오기 때문에 인민은 전쟁 수행에 신중할 것이며, 정복자가 되는 것도 주저한다는 것이다. 또한 전쟁의 결과 비참한 상태에 들어가는 것은 결국 인민이기 때문에 인민의 평화에 대한 욕구는 군주보다 훨씬 강하다는 것이다. 따라서 전쟁을 회피하고 평화를 추구하기 위해서는 인민에게 주권이 주어져야 하며, 인민이 주권을 가지기 위해서는 구체제의 변혁이 필요한 것이다. 루소는 대의제를 필요로 하지 않은 소국에서 이상적인 정치의 모델을 찾으려고 했으며, "국가연합은, 소국이 대국의 폭력을 물리치고 국가간의 평화를 유지하기 위해서 이용할 수 있는 수단"29)이라고 했다. 여기서 루소는 소국연합의 선례로, 페르시아 대왕에 저항한 그리스의 제도시그룹과 오스트리아 왕가에 저항한 스위스와 폴란드의 연합을 들었다.30) 이와 같이 루소는 국가연합의 필요성을 잘 알고 있으면서도 조국애를 강조하여 이상적 국가를 창출하는 것이 더 긴급한 과제라고 생각했다. 왜냐하면 사회계약에 의해 창출된 국가야말로 자연상태에서의 평화(즉, 자연적 평화, *natural peace*)에서 사회·정치상태에서의 평화(즉, 정치적 평화, *civic peace*)에로의 성숙31)을 보장해 주기 때문이다.

---

29) Oeuvres, *Du Contrat Social*, p. 427.

30) *Ibid.*

31) Janine Chanteur, *From War to Peace*, translated by Shirley Ann Weisz (Westview Press, 1992), pp. 118~120.

결국 루소는 국제평화사상의 기본틀을 국가연합에 두면서도 그 국가연합의 구체적 구성에 앞서 평화를 위한 전제조건으로서 국내체제의 민주적 변혁의 정당성을 이론화하는 데 전력을 기울였다. 그리하여 그가 내린 결론은, 참다운 의미의 국제평화기구를 구성해야 할 국가의 정치체제는 인민주권을 내용으로 하지 않으면 안된다는 것이다. 평화의 조건으로서의 인민주권의 정치체제는 생 피에르의 평화사상에 대한 비판과 함께 칸트의 영구평화론으로 이어지는 루소 평화사상의 열쇠 개념이라고 말할 수 있다.

10

벤담의 '보편적 영구평화계획'

　벤담(Jeremy Bentham, 1748~1832)의 생애는 영국의 산업혁명의 시대와 거의 일치한다. 당시의 영국은 인구와 자본의 급속한 증가, 경지면적의 확대 등 사회의 구조적 변화를 맞으면서 세계사상 처음으로 산업혁명을 일으켜 세계의 공장이 되었고 강력한 해군력을 바탕으로 이른바 영국의 평화(pax Britanica)를 구가했다. 이러한 시대적 배경에서 사상면에서뿐만 아니라 현실정치의 면에서도 벤담과 그의 공리주의 사상은 엄청난 영향력을 가졌다. 그는 사회개혁의 이론을 구축하여 탁월한 사상적 지도력을 발휘했기 때문에 영국 지성사에서 19세기 70년대까지를 '벤담의 시대'로 부르며 그를 '사회과학의 뉴턴'이라고도 한다.

　그리고 영국은 이미 17세기에 청교도혁명(1624~1649), 명예

혁명(1688) 등 두 차례의 시민혁명을 경험했다. 신흥시민계급을
이론적으로 변호한 로크의 정치이념, 특히 소유권과 사유재산의
보장을 핵심으로 하는 그의 사상은 산업혁명을 추진한 시민계급
의 대표적 이데올로그였던 벤담의 사상으로 이어졌다. 벤담은
로크의 자연법과 계약설을 거부했으나 그의 정치적 자유주의,
개인주의의 이념은 계승했다. 영국의 신흥시민계급은 18세기 로
크에서 찾은 대변자를 19세기 벤담에서 찾은 셈이다.

벤담의 저술과 실천활동에는 그의 공리주의적 입장, 즉 최대
다수의 최대행복이라는 원칙이 일관되게 흐르고 있다. 신흥시민
계급의 시대적 요청에 부응하는 선거법 개정이나 곡물법의 폐지
같은 정책의 제안에서도 그러하지만 그의 평화사상에서도 공리
주의 사상가 벤담의 면모가 한결같이 나타나고 있다.

벤담의 평화사상은 《국제법 원리》라는 논문집을 중심으로 전
개되었다. 이 논문집은 국제법 질서와 전쟁과 평화에 관한 제 문
제를 다룬 네 편의 논문으로 구성되어 1786년에서 1789년에 걸
쳐 쓴 것이다. 여기서는 벤담 평화사상의 핵심을 전달하고 있는
제3논문 "전쟁론"과 제4논문 "영구평화계획"을 중심으로 고찰하
기로 한다.

벤담의 《국제법 원리》, 특히 "보편적 영구평화계획"(A Plan for
a Universal and Perpetual Peace)은 생 피에르의 '영구평화구상'과
마찬가지로 평화에 대한 이론적 철학적 고찰이 아니라 현실의
정책적 제안이었다. 이 점에 대해서는 프리드리히도 "보편적인
영구평화의 효용에 관해서는 아무런 논란이 있을 수 없고, 반론
이 있다면 그 실현가능성에 대해서라고 생각한다"[1]고 했다. 벤
담은 평화의 의의를 자명한 것으로 보고 전쟁과 평화를 상대적

인 상태로 파악하기 때문에 평화를 전쟁이 없는 상태로 생각하고 있는 듯하다. 따라서 벤담에게 중요한 것은 평화가치의 천착보다는 전쟁의 방지와 평화의 조건에 대한 구체적 제안과 그 실천을 위한 노력이었다.

이러한 관점에서 보면 평화의 문제는 전쟁의 규명에서 시작해야 하며 벤담이 제4논문인 "영구평화계획"을 쓰기 전에 제3논문인 "전쟁론"을 쓴 이유도 이해할 만하다. 이 문제와 관련해서 힌슬리는 "벤담은 루소와 같이, 아니 그 이전의 사상가들 누구 못지않게 정열적으로 도덕적 근거에 따라 전쟁을 반대했다. 그래서 다른 모든 문제와 마찬가지로 전쟁에 대해서 공리의 원리를 적용했다"[2]고 말하고 있다.

벤담은 국가간의 전쟁과 개인간의 범죄행위를 비교하면서 그 공통점과 차이점을 지적했다. 그에 의하면, 개인간의 재산상의 분쟁의 경우는 공통의 우월자인 국가의 사법당국에 소송을 제기하면 되지만 국가간의 전쟁의 경우에는 공통의 우월자가 없기 때문에 손해를 감수하거나 다른 나라와 제휴하여 공통의 판정자를 임명하거나 전쟁을 택하거나 해야 한다는 것이다.[3]

전쟁은 한 국민이 타 국민의 희생 위에 그 권리를 강행하려고 하는 일종의 절차이다. 그것은 그 외에 만족할 수 있는 방책이 불평당사자에 의해 발견될 수 없을 경우, 그리고 그들에게 충분

---

1) C. J. Friedrich, *Inevitable Peace* (1948), p. 204.
2) F. H. Hinsley, *Power and the Pursuit of Peace* (1963), pp. 81~82.
3) John Bowring, *The Works of Jeremy Bentham* (New York, 1962), Vol. II, p. 544.

히 강력하고 저항의 모든 기대를 갖지 못하게 할 정도로 절대적
인 조정자가 없을 경우에 의존할 수 있는 유일한 방법이다. 4)

벤담은 여기서 전쟁을 국가간의 분쟁해결의 수단으로 인정하
고 그 전쟁을 막기 위해서는 강력한 중재자가 필요함을 강조했
다. 벤담은 그의 《정부론 단편》에서도 국가간의 관계는 '자연사
회의 상태'5)에 있어서 강력한 중재자가 없이는 분쟁을 해결할 수
없다고 했다.

벤담은 전쟁은 반도덕적이며 행복을 추구하고 불행을 회피하
려는 공리의 원리에 반(反)하고, "최대규모의 해악"6)이며, 누구
도 피할 수 없는 "사회 전구성원에게 무차별적으로 가해지는 유
일의 해악"7)이며, "모든 악의 복합"8)이라고 하여 그 반(反)도덕
성을 역설했다. 그렇다고 벤담이 모든 전쟁에 대해 반대한 것은
아니고 방위전쟁의 필요성은 인정했다. 9)

그리고 벤담은 인간성의 악한 성향, 종교적·정치적 편견, 물
욕, 사회적 조건 등 여러 가지 일반적인 전쟁의 원인에 대해서
언급한 후 아래와 같이 당시이 전쟁의 원인과 그 방시방법까지

---

4) *Ibid.*, pp. 538~539.
5) Bentham, *A Fragment on Government* in *Works*, Vol. I, p. 263 f.
   여기서 말하는 자연사회의 상태는 국내 정치사회와는 달리 '복종의
   습관'이 없는 상태라는 뜻으로, 사회계약론자들이 정치 이전의 관계
   로서 상정한 자연상태와는 그 의미가 다르다.
6) Bentham, *Works*, Vol. II, p. 544.
7) Bentham, *Works*, Vol. I, p. 101.
8) Bentham, *Works*, Vol. II, p. 538.
9) *Ibid.*, p. 555.

( ) 안에 열거했다.

1. 일국가의 국민의 이익에 의해 생겨난 타국가 국민에 대한
   현실적 또는 가정상의 범죄
   (1) 손해 일반 (방지수단 : 해소, 변제, 청산)
   (2) 교역에서의 적대로 인한 일시적 손해 (교역의 일반적 자유)
2. 주권자의 이익 또는 요구에 의해 생겨난 일국가 국민의 타
   국 국민에 대한 현실적 또는 가정상의 범죄
   (1) 계승권에 대한 항쟁 (권한의 해소)
   (2) 경계에 관한 항쟁 (권한의 해소, 우호적인 경계설정)
   (3) 영토침범에서 생기는 항쟁
   (4) 정복행위 (방위동맹)
   (5) 교역에서의 독점행위, 일국민의 타국민에 대한 외압 (방
       위동맹, 군축회의)
   (6) 정복의 공포 (방위동맹)
   (7) 신발견을 둘러싼 항쟁 (발견가능한 제국민의 협의)
   (8) 국내분쟁에 대한 간섭
   (9) 종교분쟁에 의한 손해 (관용의 진전)
   (10) 각료의 이익 등. 10)

   여기서 보듯이 벤담의 전쟁원인 규명은 원리적 성격규명보다
실제적 조건의 규명에 역점이 있음을 볼 수 있다.
   이와 같은 벤담의 실제적 관점은 그로 하여금 현실의 국제정

---

10) *Ibid.*, pp. 544~545.

치에서 권력정치적인 외교정책의 실태를 적극적으로 비판하게 만들었다. 1788년 스웨덴 정부가 대(對)러시아전을 개시했을 때 영국정부는 러시아에 대항하여 체결했던, 프러시아 및 스웨덴과의 공수동맹에 덴마크를 가맹시키기 위해 덴마크로 하여금 러시아와 단교하도록 하는 각서를 보냈다. 이때 벤담은 영국이 취한 정책은 유럽국가간의 평화실현에 유해하다고 비판하고 나섰다. 당시 벤담은 각국 지배자 상호간의 선의와 이성적 정책을 통해서만이 평화의 확립이 가능하다고 보았기 때문에 권력정치에 의한 세력균형은 언제나 불안정한 것이며 결국 전쟁으로 이어진다고 보았다.

이상에서 보듯이 벤담은 전쟁을 도덕적 견지에서나 공리적 관점에서도 범죄적 행위이며 인류 최대규모의 해악으로 보았다. 더욱이 전쟁은 근본적으로 국가간 그것도 그 국가의 지배자간의 분쟁이며 그 지배자들이 그들의 이익을 위해 일으키는 것이라고 확신하고 있었다.

그 다음 벤담의 "영구평화계획"을 중심으로 그의 군비축소와 식민시 해방의 논거에 대해 고찰해 보기로 하자. 벤담은 영구평화를 제안하면서 2개의 전제를 두었다. 첫째는 유럽체제를 구성하는 제국민의 힘＝군사력을 삭감하고 고정하는 것, 둘째는 각국의 식민지의 해방이다.[11] 벤담에 의하면 이들 제안은 그 어느 것을 결여해도 그 목적을 충분히 달성할 수 없으며 그것이 실현되면 현저한 이익이 있다고 보았다.

18세기 후반의 영국은 국가권력을 배경으로 하는 중상주의적

---

11) *Ibid.*, p.546.

구식민체제에서 벗어나 자유무역주의를 주축으로 하는 새로운
식민지체제로의 재편성이라는 역사적 과제에 직면하고 있었다.
한편 영국과 프랑스는 17세기 이래의 구식민지체제하에서 상업
상의 패권과 식민지 쟁탈을 둘러싸고 크게 대립하고 있었다. 여
기서 벤담은 그의 평화계획을 "모든 문명국민의, 특히 영국과 프
랑스 양국민의 공통의 복지"[12]에 대한 제안이라고 했다. 이와 같
이 벤담의 평화사상의 특징은 영국 · 프랑스 양국의 주도적 역할
을 전제로 한 유럽의 영구평화구상이었다. 그리고 벤담은 문명
국민의 공통된 복지(*common welfare of all civilized nations*)를 위해
세 가지 목적, 즉 정부의 간소화, 국민적 절약 그리고 평화의 장
려를 제안했다.

벤담이 제기한 세 가지 목적은 정부의 자유주의적 편성을 촉
구한 것으로 정부의 간소화는 정부기구의 축소를 말하며 정부기
구가 축소되면 재정지출의 삭감으로 국민적 절약이 이루어진다.
이러한 공리주의적 원칙하에서 벤담의 영구평화계획이 제안된
것이었다. 벤담의 영구평화를 위한 제안은 아래와 같은 14개조
로 구성되어 있다.

1. 식민지의 방기 : 해외의 식민지를 가지는 것은 영국의 이익
이 아니다.

벤담의 식민지방기론의 논점은 대체로 세 가지로 나누어진다.
(1) 자유방임주의의 입장에서 본 식민지무역자유론, (2) 식민지
독립 및 자치의 주장, (3) 전쟁의 원인으로서의 식민지론 등이

---

12) *Ibid.*

다. (1)의 대표적인 이론은 그 뿌리를 애덤 스미스에서 찾을 수
있다. 애덤 스미스의 《국부론》은 근대 자본주의 경제에 대한 최
초의 체계적 분석인 동시에 중상주의 이론에 대한 철저한 비판
이었다. 애덤 스미스는 그의 《국부론》 제4편 제7장 "식민제에
대해서"에서 다음과 같이 중상주의적인 독점적 식민지 무역을 비
판하면서 식민지 보유의 폐지를 주장했다.

> 만약 식민지가 해방되면 영국은 당장 매년 드는 식민지의 평상
> 시 군비의 전경비로부터 해방될 뿐만 아니라 이들 식민지와의
> 사이에 자유무역을 효과적으로 보증할 수 있는 통상조약을 맺을
> 수 있을 것이다. 자유무역은 영국이 현재 향수하고 있는 독점보
> 다는 상인에게 불리하겠지만 국민 대부분에게는 유리하다. 13)

이와 맥을 같이하면서 벤담은 보다 단순화하여 다음과 같이
주장했다. 무역은 자본의 아들이다. 1국이 가지고 있는 자본의
양에 비례하여 모든 국가에서 그 국가의 무역량이 결정된다. 14)
무역의 양은 시장의 광협과는 무관하다. 15) 따라서 식민지가 본
국 이윤의 원천이 되는 경우는 좀처럼 없다. 16) 본국은 식민지를
유지하기 위해서 군사비나 행정지출을 비롯해 많은 부담을 지지
않을 수 없다. 17) 따라서 벤담은 "식민지는 세출의 원천이며 수입

---

13) Adam Smith, *The Wealth of Nation* (Everymans Library), Vol. II,
　　p. 113.
14) Bentham, *Works*, Vol. IV, p. 411.
15) *Ibid.*
16) Bentham, *Works*, Vol. II, p. 551.
17) *Ibid.*, p. 550.

의 원천이 아니다. 인민에게 무거운 부담이지 구제가 아니다"고
했다. 18)

벤담에 의하면 식민지의 방기는 경제적 관점뿐만 아니라 정치
적 관점에서도 정당하다. 그는 1793년 프랑스 국민공회에 보내
는 글 "여러분의 식민지를 해방시키자"의 모두에서 다음과 같이
말했다.

> 여러분의 식민지를 해방하라. … 여러분은 전제정치를 미워하
> 고 있다. 여러분은 일국민의 타국민에 대한 종속을 증오하고
> 있다. 여러분은 그것을 노예상태라 부르고 있다. 영국이 식민
> 지와 대립할 때 여러분은 성명을 냈다. 그렇게 빨리 잊어버렸
> 는가. 19)

여기에 나타난 벤담의 기본입장은 제국민의 독립과 자치에 있
었다. 20) 그러나 벤담이 외쳤던 식민지의 민족독립, 자결의 문제
가 현실의 역사로서 제기된 것은 그 후 약 1세기가 지나서였다.

그 다음 벤담은 식민지가 전쟁의 원인임을 분명히 밝혔다. 그
는 (1) 식민지의 영유는 타국과의 분쟁의 씨가 되기 쉽고, (2)
새로 발견한 식민지의 권한설정이 어렵고, (3) 원격지에서는 증
거가 명백하지 않아 분쟁의 원인이 되기 쉽다고 말했다. 그래서
"식민지는 전쟁의 기회만을 증대한다"21)고 못박았다.

---

18) *Ibid.*, p. 551.
19) Bentham, *Works*, Vol. IV, p. 408.
20) Bentham, *Works*, Vol. II, p. 548.
21) *Ibid.*, p. 547.

2. 동맹조약의 폐지 : 다른 강국과 공수동맹조약을 맺는 것은 영국의 이익이 아니다. 그 이유는 동맹관계에서 생기는 전쟁의 위험을 피하기 위해서다.

3. 통상상의 특별한 조약의 폐지 : 타국을 무역으로부터 배제하기 위해서 다른 강국과 조약을 맺으면 영국에 이익이 되지 않는다. 따라서 (1) 상업상의 특혜를 부여하는 조약을 맺지 않는다. (2) 이 조약을 강제하기 위한 전쟁을 시작해서는 안된다. (3) 상업상의 특혜를 살 목적으로 동맹을 약속해서는 안된다. (4) 무역의 특정부문에 대해서 경쟁 공업제품에 대한 과세 등의 방법으로 장려조치를 하지 않는다. (5) 상업상의 특혜를 보장하는 조약을 맺어서는 안된다.

4. 해군병력의 축소 : 해적의 피해로부터 무역을 보호하는 데 충분한 한도를 넘는 해군력의 보유는 영국의 이익이 되지 않는다. 큰 해군력을 가지는 것은 식민지의 방위나 무역을 강제하거나 통상조약의 체결을 위한 전쟁목적 이외에는 불필요하다.

5. 해군확장 반대 : 항해조례, 그린랜드 무역, 그외 무역보조금은 해군양성을 위한 것이나 해군력을 증강하거나 유지하기 위하여 통제를 계속하는 것은 영국의 이익이 되지 않는다.

6~10. 1~5까지의 제안은 프랑스에 대해서도 진실이다. 영국에 관한 한 이들 제안이 정당하다는 증명은 다음 두 가지 원칙에 의한 것이다. (1) 일정 기간 동안 모든 국가의 부의 증대는

같은 기간 내에 국가가 소유하는 자본의 양에 의해 제한된다.
(2) 대영제국은 아일랜드가 있든 없든 다른 식민지가 없으면 지
구상 어떠한 나라로부터도 위해가 가해질 것을 두려워할 근거가
없다. 프랑스에 대해서는 위의 두 가지 원칙 중 (2)를 다음과 같
이 내용을 바꿀 것이다. 즉, "프랑스는 단독으로 서면 현재 영국
과 같이 타국으로부터의 위해를 두려워할 것은 아무 것도 없고
또 해외 식민지를 방기하면 영국을 두려워할 것은 아무 것도 없
다."

   11. 영·프의 화해 : 영국과 프랑스가 완전히 합의하면 전유럽
의 보편적 영구평화를 수립하기 위한 중요한 어려움은 없어질
것이다. 22)

   벤담이 식민지해방과 군비축소 문제를 중심으로 영구평화계획
을 제안하면서 언제나 염두에 두고 있었던 것은 영·프의 평화
공존체제를 수립함으로써 유럽의 영구평화를 확보하는 것이었
다. 벤담은 영국과의 사이에 군축과 평화에 관한 조약을 맺을
수 없으면 프랑스만이라도 정책을 변경하도록 다음과 같이 호소
했다.

   영국이 바보라서 실천하지 않을 것이 분명하다면 프랑스가 무조
   건 그 식민지를 해방하고 해군을 해체하라. 23)

   어떠한 국민이 타국민에 앞서 무력의 삭감 또는 고정을 제안하
   면 영원한 영예의 왕관이 주어질 것이다. 위험은 전혀 없고 얻

---

22) *Ibid.*, p. 550.
23) Bentham, *Works*, Vol. II, p. 551.

을 것은 확실한 것이다. 이로운 것은 평화에 대한 의심의 여지
없는 의사표명이다. 24)

벤담은 프랑스에 대해서 평화국가로의 정책전환을 촉구하는
한편 조국 영국에 대해서는 다음과 같이 경고했다.

개혁을 시작하는 것은 여러분이다. 최대의 범인이었던 것도 여
러분이다. … 여러분은 제 국민 가운데 최강의 국민이다. 정의
는 여러분에게 있지 않아도 힘은 여러분의 편이다. 그리고 여러
분의 부정의 주된 원인이 된 것도 여러분의 힘이다. 25)

이처럼 벤담의 사상 속에는 세력균형정책의 한계에 대한 인식
과 권력 정치에 대한 비판이 일관되고 있다.

12. 군축에 따른 영구평화의 조약체결 : 평화를 유지하기 위해
서는 보편적 영구적인 여러 조약이 맺어져야 하며 군대 수의 제
한이 유지되어야 한다.

이에 대해서 벤담은 1789년 영·프간에 체결된 군축조약(Con-
vention of Disarmament)이 이러한 종류의 조약의 방법 및 규정내
용의 선례26)라고 말했다. 벤담에 의하면 군축조약은 일방적인
것이 아니고 양 당사자가 같이 약속할 필요가 있다. 그렇지 않으
면 정복자의 피정복자에 대한 '최강자의 법률'이 되고 만다. 27)

---

24) *Ibid.*
25) *Ibid.*, p. 552.
26) *Ibid.*, p. 550.

요컨대 쌍무적인 군축조약을 체결하는 것이 평화의 전제조건이
라는 발상이다. 그리고 군축의 제안은 가장 공개적인 방법으로
해야 한다고 주장했다. 그 이유는 군축을 호소한 상대국의 신뢰
를 획득하고 상대국의 정부가 제안을 무시하거나 방침의 변경이
나 회피에 의해 제안을 거부할 수 없게 하기 위해서이다.

벤담은 전쟁의 원인으로서 ① 봉건체제, ② 종교적 증오, ③
정복욕, ④ 왕위계승의 불명확성 등을 들었다. 그에 의하면 이
들 네 가지 원인 가운데 봉건체제는 유럽에서 없어졌고 종교적
증오심이나 정복욕은 유럽의 대부분의 지역, 적어도 영국과 프
랑스 양국에서는 소멸되었다. 왕위계승의 불명확성도 이를 쉽게
없앨 수 있다[28]고 보았다.

벤담은 영·프를 비롯하여 유럽의 문명제국가간에는 전쟁의
원인이 제거되어 영구평화의 조건이 갖추어지고 있다는 낙관적
인 견해를 갖고 있었다.

13. 분쟁해결을 위한 공통의 사법재판소 : 벤담에 의하면 "평화
의 유지는 많은 국민간의 의견의 상위를 해결하기 위해서 공동
의 사법재판소를 설치함으로써 상당한 정도로 용이하게 될 것이
다. 단, 이러한 사법재판소는 무력으로 장비되어서는 안된다."[29]
주권국가는 자국의 권리로 간주하는 문제를 단념하거나 양보하
지 않기 때문에 2개국 대표간에 의견의 상위가 있을 경우 전쟁

---

27) *Ibid.*, pp. 550~551.
28) *Ibid.*, p. 552.
29) *Ibid.*

이 일어날 위험성은 언제나 있다. 여기에 중재자·조정자로서의
국제조직이 필요하게 되는데 벤담은 그 예로 미국의 연방조직,
독일의회, 스위스연방 등을 들면서 유럽적인 우애(the European
Fraternity)의 형성에 기대를 걸었다. 30) 또 벤담은 국제조직의 구
체적인 예로 대회의 또는 의회(Congress or Diet)를 들었는데 이
회의는 각국으로부터 파견된 2인, 즉 1인의 대표, 1인의 보조위
원으로 구성된다. 회의의 진행상황은 군축에 관한 회의와 마찬
가지로 모두 공개되어야 하고 회의의 기능으로는 (1) 회의의 견
해를 보도한다, (2) 회의의 견해를 각 국가의 영토 내에서 유포
한다, (3) 회의 의결에 복종하지 않는 국가에 대해서는 일정 기
간이 경과한 후 유럽의 금령(禁令)(the Ban of Europe)하에 둔다
등 세 항목으로 나누어져 있다. 특히 이 금령의 경우 재판소의
명령을 집행하기 위해 몇개국에 의한 군대파견도 배제되지 않는
다. 그러나 이 경우의 무력행사는 필요최소한에 그쳐야 하며 궁
극적으로는 여론의 힘으로 대체되어야 한다. 31)

14. 비밀외교의 배제 : 외무부의 비밀주의는 영국에서는 계속
해서는 안된다.

여론의 힘을 중시한 벤담은 외교정책에서 비밀주의를 거부했
다. 그는 "영국 외무성의 정책의 비밀유지는 전혀 무익하며 자유
와 평등의 권리에도 모순된다"32)고 보고, "국민을 그 의사에 반

---

30) Bentham, *Works*, Vol. II, pp. 552~553.

31) *Ibid.*, p. 554.

32) *Ibid.*, p. 554.

해서 전쟁에 나가게 하는 장관의 행위를 인정하는 것은 본질적
으로 유해하며 비헌법적"[33]이라고 비난했다. 그는 어떠한 외교
교섭도 예비교섭의 단계에서 공개해야 한다고 주장함으로써 비
밀외교가 전쟁정책을 숨기고 있다고 경고했다. 벤담의 비밀외교
비판은 그후 국제연맹의 제창자 윌슨 미국 대통령으로 이어지
며[34] 현대에서도 일정한 적실성을 갖고 있다.

　지금까지 우리는 벤담이 전쟁의 원인을 규명하고 그 전쟁을
방지하는 방책으로 식민지의 방기, 군비축소 등을 제안함으로써
각국 정부가 평화를 위한 정책변경을 하도록 호소했고 또한 전
쟁방지 및 평화의 조건을 포함한 일반적이고 항구적인 조약을
체결함으로써 법적인 구속력을 갖도록 하는 구상을 갖고 있음을
보았다. 이것이 바로 벤담의 국제법에 관한 이론인데 그는 공리
주의적 원칙에 따라 국제법의 목적을 다음과 같이 말했다. "공
평한 입법자가 국제법에 관해 제기하는 목적은 모든 국민의 최
대행복"이며 "모든 국민의 최대의 공통된 공리"가 아니면 안된
다. 그리고 주권자는 일반적 목적, 즉 지구상의 모든 국민의 가
장 광범한 복지를 최대의 공리로 하지 않고는 자기자신의 특수
한 목적을 달성하는 방법이 없다는 것을 인식하고 보편적 국제
법의 수립을 위해서는 세계시민적 관점에 서야 한다고 촉구했
다.[35]

---

33) *Ibid.*, p. 555.

34) G. Schwarzenberger, *Jeremy Bentham and Law* (1948), p. 179.

35) Bentham, *Works*, Vol. II, pp. 537~538.

벤담은 다시 국제법의 일반목적과 관련해서 다음과 같은 구체
적 목적을 제기했다.

(1) 타국민에게 해악을 주지 않을 것, (2) 타국민에게 최대한
의 이익을 줄 것, (3) 타국민으로부터 해악을 받지 않을 것, (4)
타국민으로부터 최대한 이익을 받을 것, (5) 이러한 권리, 의무
가 침범되었을 때는 전쟁이 되나 전쟁은 모든 악의 복합이며 최
대규모의 해악이기 때문에 그 해악을 최소한으로 해야 한다.

따라서 이와 같은 일반목적과 구체적 목적을 갖춘 국제법의
성격은 기본적으로 평화의 법으로서 영구평화를 확보하기 위한
법적 기초를 구성하는 것이었다. 36)

벤담의 "영구평화계획"은 그의 사후에 발표된 것과도 관련이
있지만 현실정치에는 큰 영향을 끼치지 못했다. 더욱이 현실의
제국주의 전쟁은 벤담의 평화구상을 비웃기라도 하듯 오히려 정
반대의 방향으로 달리고 있었다. 물론 당시 영국 내에서 식민지
축소를 주장한 논의가 없었던 것은 아니나 드디어 후발자본주의
국 독일이 경쟁국으로 등장하여 영국의 기득권을 위협하게 되자
영국은 오히려 자신의 식민지정책을 강화하여 이미 영유하고 있
는 식민지에 대해서도 자원의 개발, 저렴한 노동력의 착취 등에
의해 식민지 이윤을 올려 정치·경제적으로 더욱 본국에 종속시
켜 나갔던 것이다. 세계 각국도 남은 식민지의 분할에 혈안이
되어 이른바 세계적 규모의 제국주의 전쟁에 들어가기 시작했던
것이다.

역사상 많은 위대한 사상이나 정치구상이 대체로 미래를 선취

---

36) *Ibid.*, pp. 538~539.

한 조숙한 사고였듯이 벤담의 평화사상 또한 예외는 아니었다. 그러나 다음 몇 가지 점에서 그의 평화사상에서 움직일 수 없는 보편성을 발견할 수 있다.

첫째, 벤담은 식민지를 전쟁의 원인으로 보고 평화의 조건으로 식민지의 방기를 주장함으로써 반식민주의를 평화사상의 기반으로 한 최초의 사상가였다. 식민지의 방기가 근본적으로는 그의 공리주의적 사고, 자유무역주의의 입장에서 나온 발상이긴 하지만 그의 사망 후 유럽열강이 식민지 쟁탈전을 둘러싼 제국주의 경쟁을 통해 결국 제1차 세계대전으로 진행한 것을 생각하면 그리고 그의 식민지 해방의 주장이 결국 제1차 세계대전 후 보편적 원칙으로 뿌리내린 것을 생각하면 그의 선견지명은 높이 평가할 만하다.

둘째, 국제정치에서 여론의 역할을 중시함으로써 권력정치에 대한 비판의 지평을 열었다. 벤담은 당시까지만 해도 당연시되었던 세력균형원칙의 한계를 깊이 통찰했던 사상가이다. 국제수준에서의 평화의 연구는 어떤 형태로든 권력정치에 대한 비판을 수반한다는 것을 생각할 때, 벤담은 근대적인 국제정치관계에서 평화문제를 제기한 선구적인 사상가라고 할 수 있다. 카 (E. H. Carr)는 벤담을 19세기 국제정치론의 주요한 선각자로 보고 제재(制裁)로서의 여론의 역할을 강조한 사상가로서 높이 평가[37]한 바 있다.

셋째, 여론을 중시한 벤담의 당연한 귀결이기도 하지만 민주

---

37) E. H. Carr, *Twenty Year's Crisis, 1919~1939* (London, 1958), pp. 26~27.

주의와 자유주의에 대한 그의 확신을 빼놓을 수 없다. 벤담은 18
세기의 자연법 사상에 대신해서 공리주의 사상으로 19세기의 자
유주의를 이론적으로 옹호했다. 왈츠는 벤담이 여론을 중시한
것을 가리켜 "민주주의 국가는 본래 평화적이라는 신념"[38]의 선
구적 발상이라고 높이 평가했는데 벤담 자신이 다음과 같이 민
주주의 정체에 대한 확신을 밝힌 바 있다.

> 최대다수의 최대행복이 그 목적과 결과이며 있을 수 있는 유일
> 한 정체는 민주주의이다. 더욱이 민주주의 가운데서도 외적의
> 침략에 대해서 충분히 자위할 수 있는 역할을 다할 유일한 체제
> 는 대의민주제뿐이다. [39]

여기서 문제되는 것은 평화와 정치체제와의 관련이다. 루소에
이어 벤담과 동시대인인 칸트에게는 공화제가 평화의 기본조건
이었다. 벤담은 분명히 평화에 대한 열정과 민주주의에 대한 신
념을 공유하고 있었으나 이 양자의 관계에서 평화의 조건으로서
의 민주주의 또는 공화정에 대한 확고한 문제의식은 결여하고
있었다. 그러나 벤담에게 민주주의는 자명한 개념이며 일찍이
산업혁명에 성공하여 경제적 우위를 유지하고 있던 영국의 지성
적 지도자 벤담의 입장에서 너무도 당연한 원리였기 때문에, 평
화의 조건으로서 이미 소여(所與)로서 받아들였는지 모른다. 그
래서 그는 자유주의, 대의민주제의 대세를 읽고 있으면서 현실
적으로 결여되어 있는 여론의 중요성을 다시 한번 확인함으로써

---

38) K. Waltz, *Man, the State and War*, p. 101.
39) Bentham, *Works*, Vol. IX, p. 47.

여론이 전쟁방지, 평화구축에 도움이 된다는 것을 분명히 했다. 더욱이 그는 만년의 대작 《헌법전》(憲法典)에서 인민주권에 입각한 대의민주제를 주장함으로써 당시의 지배계층에 기대했던 평화의 실현을 제도적으로 밑받침하는 것이 필요하다고 생각하게 되었다. 그리고 이 《헌법전》에서는 전쟁을 특정 정부형태와의 관련에서 파악함으로써 결과적으로 인민주권에 입각한 대표민주제하의 평화실현을 주장했다. 벤담에 의하면 절대군주제, 제한군주제, 귀족제하에서 지배계급은 국민의 보편적 이익과 대립하는 사악한 이익을 추구한다. 때문에 그러한 체제하에서 전쟁은 그들 지배계급의 이익추구를 위한 필요수단으로 이용되고 인민은 언제나 그의 적대자로서 그 보편적 이익은 희생이 되고 만다.[40] 이렇게 봤을 때 자유주의 사상과 대의제 민주주의 정치체제는 벤담의 평화사상의 당연하고도 자연스러운 전제가 아닐 수 없었다.

　이상에서 보듯이 벤담의 영구평화구상은, 유럽제국이 전쟁의 원인이 될 수 있는 식민지를 방기하고 군비를 축소하며, 국제간의 분쟁을 평화적으로 해결하기 위해서 공통의 국제사법재판소를 설치하는 것을 골자로 하고 현실적으로는 유럽의 대표적 대국인 영·프의 화해와 협력을 제일의 출발점으로 했다. 영구평화계획의 사상적 근거는 국제법의 제일목적인 제국민의 '일반적 공리', 즉 최대다수의 최대행복의 실현에 있으며 전쟁은 바로 그 공리의 거부에 다름아니다. 결국 벤담의 평화사상은 그의 공리주의의 산물이며 그 공리주의적 평화론은 식민지 방기, 군비축

---

40) *Ibid.*, pp. 71 f, 128 f, 28.

소의 주장, 여론의 중시 등으로 구체화되었던 것이다. 특히 벤
담의 모든 저작에 일관되게 흐르는 여론의 중시, 언론자유의 사
상은 '영구평화의 구상'에서도 비밀외교의 배제, 공통의 국제재
판소 창설의 제안 속에 면면히 흐르고 있다. 벤담은 평화에 반
하는 국가를 강제하기 위한 방법으로 여론에 호소한 최초의 국
제정치사상가였다. 41) 그리고 언론과 사상의 자유라는 점에서 그
의 최선의 계승자 존 스튜어트 밀의 정치사상은 19세기 중엽 이
후의 영미의 평화사상과 운동에 적지않은 영향을 끼쳤다. 42)

　근대의 평화사상의 흐름에서 보면 생 피에르, 루소 등에서 볼
수 있듯이 평화의 수립을 유럽문제와 결부시켜 탐구한 경향이
농후하다. 그것은 근대 유럽이 로마 가톨릭 교회의 세계 지배에
서 해방되어 개별 민족국가로 발전하기 시작했지만 근본적으로
는 기독교라는 문화적 동질성을 계승하고 있다는 의식이 강했기
때문이다. 유럽의 평화사상에 영향을 준 프랑스의 사회주의자
생시몽(1760~1825)도 먼 미래를 전망한 유럽연방조직의 제창자
로 알려져 있다.

　제2차 세계대전 후 유럽의 상황과 관련해 보면 유럽공동체
(EC)에 의한 서구통합의 운동은 지금까지 살펴본 19세기의 유럽
통합에 의한 영구평화사상에 그 역사적 근거를 가지고 있다고
볼 수 있다.

---

41) F. H. Hinsley, *op. cit.*, p. 86.

42) *Ibid.*, pp. 81~93.

11

칸트의 '영구평화론'

칸트(Immanuel Kant, 1724~1804)의 영구평화론은 단테, 에라스무스, 생 피에르, 루소로 이어지는 근대평화론의 사상적 연장선 위에 있다. 이를테면 근대의 여명을 꿰뚫어 보면서도 다분히 복고적인 세계정부론을 제기했던 단테, 근대의 출발점에 서서 전쟁을 파토스의 독주에 의한 인간의 광란으로 보고, 군주, 성직자, 지식인 등 지도자들의 이성에 평화를 호소했던 에라스무스, 군주의 이성에 의한 유럽의 영구평화를 주장했던 생 피에르, 그리고 전제적 구체제의 변혁을 통해서만이 전쟁을 막을 수 있다고 확신했던 루소 등 이들 평화론자의 의견들이 사상내재적으로 칸트에 연결되고 있다.

특히 칸트의 영구평화론은 현대 평화연구의 한 분야인 철학

적, 규범적 평화연구에서 가장 체계적인 저술이며 불후의 고전
이다. 서문에서도 밝혔듯이, 오늘날 평화연구에는 대체로 세 가
지 유형의 접근방법이 있다. 즉, 인간적(개인적), 국가적 그리고
국제적 접근이 바로 그것이다. 지금까지의 평화연구의 성과로
보나, 아니 어쩌면 미래에도 이 세 가지의 접근방법 상호간에
수미일관한 이론적 가교를 설정하기는 어려울 것이다. 그러나
이 세 가지 접근방법은 전쟁의 원인에 대한 연구나 평화가치에
관한 규범적 연구에서 그 어느 하나도 빼놓을 수 없는 영역들이
다. 마음의 평화, 국내평화 그리고 국제평화가 다 같이 귀중한
가치이면서 이들 가치들 상호간의 인과관계나 상호관련성을 설
명할 수 있는 일반이론은 없다는 것이다.

　그런데 우리는 칸트의 '영구평화론' 속에는 그 특유의 관점이
이 세 가지 영역에 걸쳐 전개되고 있음을 볼 수 있다. 인간성에
대한 균형잡힌 관점이 있는가 하면 세계정부의 어려움을 인정하
면서도 그에 대한 부단한 노력의 일환으로 연맹을 제기하고 있
다. 그리고 칸트는 결코 속류 내셔널리스트가 아니면서도 그의
평화론의 정치적 기점은 끝까지 근대 국민국가임을 볼 수 있다.
우리가 그의 평화론을 국가적 접근의 한 형태로 보는 이유도 바
로 여기에 있다. 다시 말하면 칸트는 인간성에 대한 깊은 통찰
과 국제사회의 무정부적인 현실을 직시하면서 어디까지나 국민
국가를 거점으로 하여 평화에의 돌파구를 마련했던 것이다. 그
런 점에서 칸트 역시 시대의 아들이었으며 우리는 국민국가의
현실과 세계국가의 이상의 고통스러운 딜레마를 해결해 보려는
칸트의 고뇌를 짐작할 수 있다.

　칸트는 그의 저서 《영구평화론》에서 평화의 조건을 예비조항,

확정조항, 추가조항의 세 항목으로 나누어 설명했다. 그리고 추
가조항에는 '비밀조항'이 포함되어 있고 부록에서는 영구평화의
관점에서 정치와 도덕의 관계에 관한 의견을 진술했다. 그러면
그의 영구평화론의 각 조항에 대해서 좀더 자세히 분석해 보기
로 하자.

1. 평화를 위한 예비조항

칸트는 영구평화를 실천하는 데 저해요인이 되는 6개의 ˙항목
을 예비조항으로 들고 있는데 그 내용은 다음과 같다.

(1) 장래의 전쟁에 대비한 자료를 비밀로 유보한 채 맺은 평화
    조약은 평화조약으로 간주되어서는 안된다. [1]
    전쟁에 대한 자료를 몰래 갖고 있다는 것은 전의를 숨기
    고 있다는 것을 뜻한다. 따라서 무장휴전은 기만이며 결코
    평화라고 볼 수 없다는 것이다. 신뢰야말로 평화를 위한
    강력한 무기이다. 전의의 유보를 통한 허위의 평화는 '통치
    자의 품위'에도 맞지 않으며 국가간의 영구평화를 위해서는
    최소한 통치자가 진실에 토대를 둔 평화의지를 가져야 한
    다는 것이다.
(2) 어떠한 독립국가도(여기에 국가의 대소는 문제가 되지 않는다)
    상속, 교환, 매수 또는 증여에 의해 다른 나라를 취득해서

---

1) Immanuel Kant, *Zum Ewigen Frieden* : *Ein philosophischer Entwurf*
Reclam (Verlag Stuttgart, 1795), p. 15 (이하 *Friede*로 약칭함).

는 안된다. 2)

국가는 상속할 수 있는 소유물(재산)이 아니다. 칸트에
의하면 국가는 국가 이외의 어떤 사람도 명령하거나 지배
할 수 없는 인간사회로서 그 자체가 도덕적 인격이라는 것
이다. 따라서 도덕적 인격으로서의 국가를 물건처럼 취급
하는 것은 칸트가 말한 이른바 근원적 계약의 이념에 모순
되는 것이다. 칸트는 그의 《인륜의 형이상학》 중의 법률론
에서도 패전국에 전쟁에의 경향성이 없는 새로운 헌법체제
를 강제할 수는 있어도 그 패전국이 국토를 정복당해 국민
적 자유를 잃고 식민지로 되어서는 안된다고 보았다. 칸트
의 이와 같은 주장은 현대적 용어법으로 보면 민족적 자결
권의 주장과도 같다고 볼 수 있다.

(3) 상비군이 차차 전폐되어야 한다. 3)

여기서 상비군은 "봉급을 정기적으로 받는 병사의 수를
꾸준히 증대하여 항상적으로 편성되고 훈련에 의해 유지되
고 꾸준히 증가하는 다수의 병기로 무장한 군대"4)를 의미
한다. 상비군은 타국에 대해 꾸준히 전쟁의 의구심을 불러
일으킴으로써 서로가 군비의 우수성을 무한히 경쟁하도록
자극하게 된다. 그래서 결국 상비군을 유지하는 데 드는
비용 때문에 평화가 오히려 단기간의 전쟁보다 더 큰 짐이
되고 이 부담으로부터 탈피하기 위해서 상비군 그 자체가

---

2) Kant, *Friede*, p. 16.
3) *Ibid.*, p. 17.
4) Kant, *Über den Gemeinspruch 1793*, *Werke* (Cassirer Ausgabe),
   Bd. VI, pp. 395~396.

공격전쟁의 원인이 되는 악순환을 피할 수 없다는 것이다. 5) 상비군의 철폐를 주장하는 칸트도 "국민이 자발적으로 행하는 정기적인 훈련으로 무기를 익혀 타국의 공격으로부터 자기와 조국을 지키는 행위"6)를 반대하지 않았으며 그런 관점에서 민병제를 받아들였다.

(4) 국가의 대외적 분쟁과 관련하여 어떠한 국채도 발행해서는 안된다. 7)

칸트에 의하면 병력, 동맹력, 금력의 세 가지 가운데 금력이 가장 신뢰할 수 있는 전쟁수단이기 때문에 그는 금력의 축적은 결국 타국을 예방전쟁에 몰아넣는 위험성이 있다고 보았다. 따라서 전쟁 수행의 원인이 될 수 있는 국채 발행을 금지했다.

(5) 어떠한 국가도 타국의 헌법체제 및 정권에 대해 폭력으로 간섭해서는 안된다. 8)

칸트에 의하면 어떤 국가의 내전은 독립한 국민이 자기 내부의 질환과 싸우고 있는 것을 의미한다. 따라서 그 내전의 결말이 나기 전에 외부에서 간섭하는 것은 그 국민의 권리를 훼손하는 것일 뿐만 아니라 국가의 자율성에 위협이 된다는 것이다. 그러나 예외로 칸트는 한 나라가 내부의 분열로 둘로 나뉘어 제각기 독립을 주장할 경우는 다른 나라가 어느 한쪽을 원조하는 것을 용인했다. 왜냐하면 그

---

5) Kant, *Friede*, pp. 17~18.
6) *Ibid.*, p. 18.
7) *Ibid.*
8) *Ibid.*, p. 19.

경우는 국가 자체가 무정부 상태이기 때문에 그 국가의 체
제에 대한 간섭이 아니라는 것이다. 프리드리히 교수의 해
석에 따르면 칸트는 한 나라가 전체주의적 쿠데타에 의해
그 헌정질서를 위협받을 경우도 타국의 내정간섭을 허용했
을 것이다. 9)

(6) 어떤 나라도 다른 나라와의 전쟁중에 장래의 평화시의 상
호신뢰를 불가능하게 하는 적대행위를 결코 해서는 안된
다. 이를테면 암살자·독살자의 고용, 항복조항의 파기,
적국에서의 반역의 선동 등. 10)

칸트에 의하면 암살자의 고용과 같은 테러리즘은 비열하
고 흉악한 수단이며 최대의 평화파괴 행위인 것이다. 그에
의하면 전쟁중에도 적국의 사고방식에 대한 어떤 형태의
신뢰가 남아 있어야 한다. 적에 대한 최소한의 신뢰마저
없다면 평화조약도 체결할 수 없고 적대행위는 결국 국제
법의 이념에 반하는 섬멸전쟁 혹은 징벌전쟁이 될 수밖에
없다는 것이다.

이상에서 보듯이 예비조항은 결국 평화를 위해서 해서는 안될
금지조항이라고 볼 수 있다. 이들 예비조항이나 금지조항의 내
용을 보면 한편으로 예리한 정치적 리얼리즘이 내재해 있고 다
른 한편으로 칸트 특유의 윤리적 요구가 관철되어 있다. 왜냐하
면 평화의 실현을 위해서는 정치적 현실을 직시해야 하지만 평

---

9) Carl Friedrich, *Inevitable Peace* (Cambridge, 1984), p. 178.
10) Kant, *Friede*, p. 20.

화론 자체는 그 성격상 윤리적 요구가 수반되지 않을 수 없기 때문이다. 즉, 국가는 인간의 사회이며 국가 상호의 행동은 윤리 법칙하에서 살고 있는 인간 상호의 행동과 같이 보지 않으면 안된다. 한 나라가 다른 나라를 자유로운 인격으로 존중하지 않고 타국을 목적을 위한 수단으로 취급하여 자유로운 권리에 폭력적으로 개입하는 것은 불법이요 반평화이다. 칸트에 의하면 적국이 그 도덕적 존재에 있어서 존중되지 않은 한 참다운 평화는 불가능하다. 전쟁을 위한 전쟁은 평화의 적이며, 전쟁에서도 평화의 이념은 추구되지 않으면 안된다. 이상의 예비조항 가운데 칸트는 (1), (5), (6)항, 즉 전의를 숨긴 평화조약, 타국의 체제에 대한 폭력적 간섭, 그리고 상호불신에 토대를 둔 적대행위 등은 즉시 철폐해야 한다고 했다. 이에 대해 다른 예비조항, 즉 국가의 상속·교환·매수의 금지, 상비군의 전폐 그리고 대외분쟁에 관련된 국채발행의 금지 등의 조항은 상황에 따라서 그것을 집행함에 있어서 주관적으로 그 법칙을 확대적용할 수도 있고 그 집행을 연기할 수도 있다[11]고 했다.

2. 평화를 위한 확정조항

다음으로 칸트는 영구평화를 위한 3개의 확정조항을 제시했다. 앞에 든 예비조항이 영구평화를 위한 최소한의 금지법칙으로 "해서는 안된다"는 형식의 진술인 데 반하여 이 확정조항은 그것이 승인되고 보장된다면 영구평화가 보장된다고 하는 의미

---

11) *Ibid*., p. 22.

의 적극적인 조항으로 "해야 한다. 하지 않으면 안된다"는 형식
의 진술을 취했다.

제 1 확정조항 : 모든 국가에서 시민적 체제는 공화적이어야 한
다.12)

칸트가 쓰고 있는 '시민적', '공화적'이란 용어는 현대의 용법
과는 다르다. 칸트가 사용한 '시민적'이란 말은 이른바 귀족과 노
동계급과 대립하는 계급으로서의 부르주아적이란 의미만은 아니
다. 오히려 자유로운 정치공동체의 구성원을 지칭하는 말이다.
칸트에 의하면 '공화제'란 지배형식(forma imperii)이 아니라 통치
방식을 의미한다. 그는 공화적 체제와 민주적 체제를 혼동해서
는 안된다고 경고하면서 군주정치, 귀족정치, 민주정치처럼 지
배자의 수가 기준이 되는 지배형식과 국가권력의 행사방법이 공
화적이냐 전제적이냐 하는 것을 문제삼는 통치방식은 구별되어
야 한다고 보았다. 그런데 칸트는 국가권력을 가진 인원의 수(지
배자의 수)가 보다 적고 이에 반해 국가권력을 대표하는 인원의
수가 많으면 많을수록 그만큼 더 국가체제는 공화정치의 가능성
에 접근한다고 보았다. 칸트가 말하는 공화체제의 모델인, 완전
한 법적 체제에 도달하기 위해서는 군주정치보다 귀족정치가 더
어렵고 모든 사람이 다 군주가 되려고 하는 민주정치하에서는
폭력혁명에 의하지 않고는 불가능하다는 것이다. 공화주의적 통
치방식에 대립하는 것은 전제주의적 통치방식이다. 칸트 자신의
설명에 의하면 공화적 체제는 "사회구성원의 (인간으로서의) 자유

---

12) *Ibid.*, p. 24.

의 원리", "모든 사람의 (신민으로서의) 공동의 입법에의 순종의
원칙" 그리고 "그들의 (국민으로서의) 평등의 법칙"의 원칙에 바탕
을 두는 정치체제이다. 칸트가 말하는 공화국의 입법자는 의회
이다. 왜냐하면 모든 참다운 공화제는 국민의 대의제이며 그밖
에 다른 것이 있을 수 없기 때문이다. 13) 칸트는 폭군제를 국가
형태로 분류하지 않았지만 군주제에서도 대의제도의 정신에 걸
맞은 통치방식을 채용할 수 있다고 보았다.

  이처럼 칸트는 공화적 체제의 조건으로 자유, 순종, 평등을
들었다. 여기서 말하는 자유는 칸트철학의 일반적인 주제인 인
격적 자유이다. 그리고 평등과 순종은 기본적으로는 동전의 양
면으로서 평등은 시민의 권리이며 순종은 시민의 의무이다. 칸
트에게 평등은 법 앞에서의 평등한 복종을 주요한 내용으로 한
다. 평등은 헌법체제가 대의제도를 취하여 집행권을 입법권에서
분리하는 국가원리에서만이 가능하다. 그는 "대의적이지 않은 통
치방식은 본래 왜곡된 것"14) 이라고 말했다.

  이처럼 칸트에게 평화적 체제는 기본적으로 인권을 보장하는
자유로운 법, 권력분립, 대의제도 등 세 가지를 기본내용으로
하는 통치방식이다. 따라서 공화체제는 지배자 1인의 인격적 정
당성이나 현명함으로 인한 선정이 아무리 훌륭하다고 해도 그의
죽음과 함께 끝나는 그런 통치방식과는 다르다. 이렇게 볼 때
칸트에게는 지배형식, 국가형식보다 통치방식이 월등히 중요하
다. 그런데 통치방식이 법개념에 적합하기 위해서는 대의제가

---

13) Kant, *Die Metaphysik der Sitten, Werke*, Bd. VII, p. 135.
14) Kant, *Friede*, p. 28.

아니면 안된다. 이 대의제를 결여하면 전제적, 폭력적이 되기 때문이다. 고대의 이른바 공화제는 이 사실을 몰랐다는 것이다.[15] 즉, 공화제적 체제에 의해서만이 비로소 신뢰할 수 있는 법의 지배가 가능하며 또한 국민의지에 따라 법의 평화적 변경도 가능한 것이다. 칸트는 공화제의 통치방식을 취한 나라 사이에서만이 영구평화의 전망이 열릴 것으로 보았다. 왜냐하면 공화주의적 체제하에서는 전쟁에 대한 인민의 협조를 얻기 어렵기 때문이다. 즉, 이 체제하에서는 전쟁을 결정하기 위해서 인민의 협력을 얻어야 하며 이 경우 인민이 전쟁의 모든 재앙을 자신이 떠맡아야 할 각오를 하지 않으면 안되기 때문이다.[16] 그러나 이에 반해 공화제가 아닌 헌법체제하에서는 국가원수는 전쟁을 일종의 유희처럼 보며 전쟁으로 인하여 그의 식탁, 수렵, 궁중의 축하연에서 조금도 잃을 것이 없다.[17] 국민이 협조하지 않을 전쟁의 어려움을 전제한다면 국민의 자발적 의사가 잘 반영되는 국내체제일수록 전쟁의 가능성이 줄어든다는 얘기가 된다.

그러나 칸트는 현실의 냉혹함을 모르는 한낱 이상주의자는 아니다. 그는 영구평화를 위한 완전한 해결은 불가능하다고 보았다. 다만 인간이 할 수 있는 것은 그 영구평화의 목표를 향한 '점진적 접근'을 위한 노력이며 평화라는 관점에서 보면 역사는 그러한 노력의 끝없는 과정이어야 한다는 것이다. 칸트는 호전적인 지배자보다 인민이 평화지향적이라는 점, 그 지배자의 공

---

15) *Ibid.*, pp. 29~30.

16) *Ibid.*, p. 27.

17) *Ibid.*, p. 28.

격성향을 저지할 수 있는 시민의 권리를 허용하는 공화체제가 더 평화지향적이란 점에 대한 일관된 신념을 갖고 있었다. 칸트는 결코 인민이 언제나 평화애호적이거나 덕성이 있다고 보는 순진한 가정을 받아들이지는 않았다. 그러기에 그는 영구평화를 향한 진전은 궁극적으로는 개인의 도덕적 진보에 달려 있으며 그러한 도덕적 진보는 좋은 정치체제, 즉 공화체제의 틀 안에서만이 가능하다고 보았다. 요컨대 칸트는 정치와 도덕의 조화를 가능하게 하고 영구평화에로의 길을 위한 필수적인 단계로 공화체제를 제기했던 것이다.

이상에서 본 것처럼 칸트는 내정과 외교의 불가리한 관계에서 평화를 파악했다. 이와 같은 칸트의 발상은 근본적으로 루소의 계승이라고 할 수 있다. 루소는 국내체제가 전제체제이면 전쟁을 막을 수 없기 때문에 그 전제정치의 변혁을 통하여 전쟁을 방지해야 한다고 주장한 최초의 근대적인 의미의 정치사상가이다. 말하자면 생 피에르의 군주국연합구상이 루소를 매개로 해서 칸트의 공화국연합으로 전환한 것이다. 그런데 우리는 여기서 평화문제를 국민국가를 거점으로 해서 파악한 루소와 칸트가 애국심과 민족주의에 대해서 어떠한 태도를 취했는지 주목할 필요가 있다. 우선 앞장에서도 지적했듯이 루소는 민족주의적인 애국심과 평화의 관계를 모순으로 파악하지 않았다. 애국심은 인간 고유의 연민의 정이 인류애로 승화하는 매개개념으로서 이 애국심이야말로 가장 농도있는 인류애의 전단계로 파악한 것이다.[18] 칸트 역시 민족주의 자체가 전쟁에의 의지를 극적으로 표현하고

---

18) J. J. Rousseau, Oeuvres III, *Sur L'économie Politique*, p. 254.

있던 시대의 특징을 간파하지 못했다. 켈리의 지적대로 칸트는 동시대의 대부분의 독일 지식인과 마찬가지로 루소의 애매한 메시지를 너무나도 진지하고 열성적으로 받아들였던 것 같다.[19] 실제로 칸트는 공화주의적 체제 안의 국민 자신이 군주 이상으로 전쟁에 대한 정열적인 의지를 갖고 있는 경우가 많았다는 역사적 사실을 간과했다. 그가 프랑스혁명에 의한 공화체제의 출현을 긍정적으로 보았음에도 불구하고 바로 그 프랑스혁명에서 나타난 국민군의 민족주의적 정열, 그 왜곡된 형태로서의 나폴레옹의 팽창정책에 나타난 전쟁의 위험에 대해서는 충분한 설명이 없다.

더욱이 현대의 대중민주주의하에서 합리적 외교정책을 수행하기 위한 필요조건을 결여하고 있는 점을 생각하면 칸트가 공화주의적 체제에서 기대한 것을 그대로 오늘날 민주주의하에서 기대하는 데는 무리가 있을지 모른다. 실제로 제2차 세계대전 후 많은 전쟁에 현대민주주의의 챔피언임을 자처한 미국이 직·간접적으로 개입하고 있는 것을 보면 민주주의와 전쟁의 방지를 단선적으로 연결시키기는 어렵다. 그럼에도 불구하고 민주주의가 사회적으로 확대됨에 따라 열린 정부를 통하여 정책결정에 실질적인 의미에서 국민이 참여하는 체제하에서는 전쟁의 참화의 전면적 당사자임을 자각한 국민의 평화에의 결의는 의심의 여지가 없다.[20]

---

19) G. A. Kelly, "Rousseau, Kant and History," *Journal of the History of Ideas*, Vol. 29 (1968), p. 347.

20) 현대 평화의 조건으로서의 민주주의 문제에 대해서는 잘츠부르크 국제회의에서의 모겐소와 에리히 프롬의 토론 참조(Diskussionssch-

제 2 확정조항 : 국제법은 자유로운 제 국가의 연맹에 토대를
두어야 한다.

이 국제연맹은 유럽 열강간의 인위적 세력균형의 체계와도 다
르고 강대국에 의한 '보편적 평화'의 체계도 아니다. 레이몽 아롱
식[21]으로 말하면 세력균형이나 헤게모니에 의한 평화가 아니다.

칸트의 국제연맹의 사상은 이를테면 루이 14세의 '보편군주제'
에 반대하는 유럽연합의 계보에 속한다. 따라서 '1인 원수의 세
계시민적 공동체' 대신에 '공동으로 결정한 국제법에 따른 연맹
이라는 법적 상태'를 모델로 했다. 칸트는 제국민간의 조약에 의
해 보증할 수 있는 평화상태의 지속을 의무로 하는 국제연맹을
주장했다. 그런데 이 평화연맹(foedus papcificum)은 하나의 전쟁
을 종결시키는 데 지나지 않은 평화조약(pactum pacis)과는 달리
전쟁을 영구적으로 종결하기 위한 제도적 장치이다.[22] 이 평화
연맹은 결코 어느 국가의 권력획득에 목적이 있는 것이 아니라
"어떤 국가 자신 및 동시에 그것과 연맹한 다른 제국가의 자유를
유지하고 보증"하는 데 그 목적이 있다.

칸트는 "이성에 의하면 제국가도 개인과 마찬가지로 무법상태
로부터 이탈하여 … 지상의 모든 국민을 포함하는 국제국가를 형
성하는 방법밖에 없다"는 것을 인정하면서도 제 2 확정조항에서
공공연히 세계국가를 제기하지 않았던 것은 칸트 나름의 정치적

werpunkte, Der Friede in Nuklearen Zeitalter, Eine Kontroverse
Zwischen Realisten und Utopisten).

21) Raymond Aron, *Peace and War* (New York: Praeger, 1968),
pp. 51~54 참조.

22) Kant, *Friede*, p. 33.

리얼리즘의 소산이라고 말할 수 있다. 따라서 칸트는 "하나의 세
계공화국의 적극적 이념"이 아니라 소극적 대용물의 이념인 연맹
을 제안하고 불가능한 최선으로서의 세계국가보다 그것에 접근
하는 과도적 상태, 가능한 최선의 상태로서 연맹을 제안했던 것
이다. 23) 논리적으로 보면 악법의 자연상태를 종식시키는 최선의
방법은 보편적 국가연합을 통하여 국제국가(Völkerstaat, inter-
national state)를 만드는 것이다. 그러나 칸트는 이러한 국제국가,
세계국가의 창출은 다음과 같은 이유에서 어렵다고 보았다.

첫째, 국제국가를 통한 해결은 결코 개별국가들의 의지는 아
니다. 둘째, 이러한 해결은 응용하기 힘들다. 왜냐하면 국가와
개인은 다르기 때문이다. 셋째, 한 나라는 하나의 유기적 실체
로서 흡사 나무처럼 그 자체 고유의 뿌리를 가지고 있다. 넷째,
국제국가는 실현성이 없을 뿐 아니라 자유의 이념에 반한다. 24)

칸트는 그의 저서《이론과 실천》(1793)에서도 세계국가의 이
념을 거부하고 있는데 그 이유는 그것이 가장 무서운 전제정치
로 될 수 있다는 것이다. 그가 자유국민의 자발적 통합으로서의
연맹(Völkerbund)을 내놓은 이유도 바로 여기에 있었다. 이 경우
연맹은 몇 개의 국가간의 조직일 수도 있고 일군의 이웃나라들
간의 연방조직일 수도 있다. 칸트에게 세계국가와 연맹의 차이
는 세계국가가 이론적인 최선이라면 연맹의 발상은 현실적으로
가능한 최선이라고 말할 수 있다.

---

23) *Ibid.*, p. 23.
24) Andrew Hurrell, "Kant and Kantian Paradigm in International
Relations," *Review of International Studies*, 16 (1991), pp. 189～
190.

제 3 확정조항 : 세계시민법은 보편적인 우호의 제 조건에 한정해야 한다.

제 2 조항의 연맹은 아직 모든 국가를 포괄하는 것이 아니다. 칸트에 의하면 인류는 모든 국가가 공화주의적 통치방식을 채용함으로써만이 결합할 수 있기 때문에 자유로운 제국가를 결합하는 국제법만으로는 영구평화를 가능케 하는 조건으로서는 불충분하다. 여기에 세계평화법의 개념이 등장한다.

칸트는 세계시민법을 '보편적 우호의 제조건'에 한정하여 정의하고 있는데 여기서 말하는 '우호'는 모든 국가와의 자유로운 교류의 가능성을 말한다. 억압, 약탈, 기아, 내란, 반역 등을 수반하는 식민의 권리는 자연법에 반하는 것이다. 따라서 세계시민법의 입장에서 보면, 종교나 문화적 사명을 구실로 한 '백인의 책무'와 같은 이데올로기는 식민지주의 정책을 정당화하는 논리로 허용할 수 없는 것이다.

평화의 보증은 법적 상태의 수립에 의해서만 가능한데 이 법적 상태는 국법, 국제법, 세계시민법의 순서로 배치되어 있으며 영구평화는 이들 세 가지 분야에서 결국 인류 전체를 포괄하는 법적 상태가 실현됨으로써만이 가능한 것이다.

칸트가 72세의 노령에 이 책《영구평화를 위하여》를 저술한 점, 이보다 11년 전 1784년의 저서《일반역사고》(考)에도 "세계시민의 견지에서"라는 부제가 붙어 있는 점, 그리고《영구평화론》저술 2년 후에 나온《법률학의 형이상학적 시원》에도 법률적 사고가 관철되어 있는 점 등을 고려한다면 그에게 세계시민법은 이른바 "목적의 왕국"을 세계의 역사 속에서 구체화한 이상으로서 공법의 최후단계이다.

이렇게 볼 때 칸트가 부제로서 철학적 초안이라고 했고 그 스스로 몽상곡(夢想曲)이라고 했던 저서 《영구평화를 위하여》에서 평화를 위한 최후의 확정조항으로 세계시민법을 제기한 것은 마치 플라톤이 형이상학적 이데아론, 철인국가론에서 법률국가론으로 이행하는 사고의 행정과도 유사하다.

3. 자연, 도덕 그리고 정치

그 다음 추가조항으로 눈을 돌려보자. 칸트는 추가조항 제1항에 "영구평화의 보증에 대하여"라는 주제를 제시했다. 이 보증에 해당하는 것이 바로 위대한 예술가로서의 자연이다. 특히 자연은 칸트의 평화관의 핵심개념인데 운명 또는 섭리와도 같은 것이다. 이 자연의 기계적 과정에서 칸트는 불화를 통하여 화합을 만들려고 하는 합목적성이 분명히 나타나고 있으며 악을 발생시키는 인간의 내면적 경향성, 상호간의 길항작용은 오히려 이성을 자유롭게 움직이게 하는 여지를 만들어 준다고 보았다. 칸트는 자연이 인간으로 하여금 시민적 체제를 만들게 하고 점차 영구평화의 목적에 접근하게 한다고 보았다. 그렇다고 해서 칸트의 평화론은 인간과 역사의 현실을 무시하고 순수이념에 의해 구성된 한낱 이상주의만은 아니다. 그는 역사적 사실이나 행위에 의미를 부여하는 이성의 이념을 의심하지 않지만 계몽주의에 일반적인 합리주의적 낙관주의에 빠져 있지는 않았다.

일반적으로 서양사상사의 흐름, 특히 19세기 자유주의 사상의 흐름 속에는 인간의 자연적 조건을 조화와 평화로 보는 관점과 갈등과 전쟁으로 보는 관점이 있어 왔다. 칸트의 평화사상은 가끔 전자의 흐름에서 파악되는 경우가 많았던 것이 사실이다. 그러나 칸트의 철학을 정치사상의 관점에서 자세히 관찰해 보면 칸트는 계몽적 이성에 대한 신뢰와 도덕적 확신을 바탕에 깔면서도 권력 정치에 대한 현실을 직시하고 있었다.[25] 그는 이러한 인간성의 양면, 역사적 경험의 양면을 인간의 예정조화적 운명, 섭리로 받아들였는데 그의 특유한 용어법을 따르면 자연의 메커니즘이라고 말할 수 있다.

칸트 자신의 설명에 의하면 "무릇 피조물이 갖고 있는 모든 자연적 소질은 언젠가는 각각의 목적에 합치하여 남김없이 발전할 수 있도록 미리 정해져 있다."[26] 이는 모든 동물에 대해 타당한 '목적론적 자연론'의 근본원칙이다. 그런데 지상에서 유일한 이성적 동물인 인간에게는 이성의 사용을 지향하는 자연적 소질이 있으며 이 자연적 소질을 발전시키기 위하여 사용하는 수단을 둘러싸고 적대관계가 나타나기 마련이다. 그러나 바로 이 적대관계야말로 궁극적으로는 사회적 합법의 질서를 만드는 원인이 된다는 것이다.

그런데 사회계약 사상가들은 다 같이 인간의 욕망과 정념을 다루면서 그 해석이 각기 다르다. 이를테면 루소는 자연상태에서의 인간의 선성(善性)을 주장했고 홉스는 자연상태에서의 인간의 전쟁본능에 착안했다. 그리고 로크는 자연상태의 양면성을 상정하여 인간성은 평화로우나 때로는 전쟁으로 이어진다고 했

25) Kenneth N. Waltz, "Kant, Liberalism and War," *American Political Science Review*, Vol. 56, No. 2 (1962), p. 331.

26) Kant, *Idee zu einer allgemeiner Geschichte* in Weltbürgerlicher Absicht, *Werke*, Bd. IV, p. 152.

다. 칸트는 인간성을 루소가 묘사한 것보다 훨씬 복잡한 것으로
보았고 홉스가 악의 뿌리로 본 인간의 욕망도 때로는 사회형성
의 원동력이 된다고 보았다. 그리고 칸트는 로크처럼 인간성의
양면을 병렬적으로 다루지 않고 선과 악을 인간성에 고유한 동
전의 양면으로 파악했다. 인간은 욕망의 주체로서 그 욕망은 전
쟁처럼 사회를 파괴할 수도 있고 평화처럼 사회를 형성할 수도
있다. 27)

　칸트는 인간에게는 "사회를 형성하려는 경향"과 함께, 또한
"고립하려는 강한 경향"이 길항하고 있다고 보았다. 이리하여 인
간의 모든 능력은 설령 비사교적, 개인주의적으로 보이지만 언
제나 사회에서만이 가능하고 인간은 자기가 대항하는 타자와 같
이 존재하지 않을 수 없다. 이러한 길항관계로부터 많은 악이
발생하지만 다른 한편으로는 인간의 모든 능력을 새롭게 긴장시
켜 자연적 소질을 더욱더 발전시키는 것이다. 28) 칸트의 유명한
'비사교적 사교성'(*unsocial sociability* ; *ungesellige Geselligkeit*) 29) 은
일체의 역사를 관통하는 추진력으로서 인간으로 하여금 새로운
생활형식을 낳게 하는 힘인 것이다. 칸트의 '비사교적 사교성'에
나타난 인간성에 대한 개념은 고대 이래의 성선설과 성악설을
통합할 수 있는 것이며 그 정치적 인식과의 관련에서 상징적으

---

27) Janine Chanteur, *From War to Peace*, translated by Shirley Ann
　　Weisz (Westview Press, 1992), p. 144.
28) Kant, *Idee*, pp. 152~157 참조.
29) Kant, *Idea for a Universal History* in *Kant's Political Writings*, ed.
　　by Hans Reiss (Cambridge: Cambridge University Press, 1970),
　　p. 44.

로 말하면 아리스토텔레스의 '정치적 동물'과 에피쿠로스의 '탈정
치적 인간'을 역동적으로 파악한 변증법적 개념이다. 물론 여기
서 말하는 '비사교성'은 단순히 자아에로의 소극적 도피가 아니
라 인간의 지칠 줄 모르는 이기적 자기실현 욕구의 본능에 가깝
다. 그러기에 칸트는 인류를 장식한 문화나 예술 또는 가장 뛰
어난 사회적 질서는 모두 비사교성에서 나온 산물이라고 단언했
다.

   칸트는 인간의 자연적 소질로서의 적대관계에 따른 발전의 논
리를 전쟁과 국제관계에서의 합법적 질서의 성립으로 확대하여
제국가간의 협정과 입법에 의해 끝내는 "흡사 자동기계와 같이
자기를 보존할 수 있는 상태"가 된다고 보았다.

   칸트는 여기서 자연이 그 무대에서 활약하는 인류를 위해 설
정해 놓은 예비적 설비로 3개를 들었다. ⑴ 인간을 위해 세계의
여러 지방에서 생활할 수 있도록 배려해 왔다. ⑵ 전쟁을 통하
여 인간을 여러 장소에, 불모의 지방에까지 보내어 거기서 생존
하게 했다. ⑶ 전쟁을 통하여 인간을 많든 적든 법적 관계에 들
어가도록 강제해 왔다.[30]

   이리하여 국제정치에서의 전쟁과 평화의 논리도 자연적 메커
니즘의 법칙에 따라 설명된다. 그에 의하면 바로 이 자연적 메
커니즘에 의해 국가는 전쟁의 위험이 있을 때는 중재를 통하여
그것을 방지하도록 하듯이 결국 자연은 인간의 경향성 메커니즘
그 자체를 통하여 영구평화를 보증한다는 것이다. 칸트는 자연
의 최종목적을 지상의 행복에 두고 세계시민적 상태를 실현하지

---

30) Kant, *Friede*, p. 42.

않더라도 그것을 준비하는 과정에 의미를 부여했다. 그는 섭리
의 개념을 세속화하여 자연의 메커니즘 혹은 역사의 행정과 같
은 의미로 사용했는데 이러한 칸트의 역사관의 근저에는 종교적
동기에서 나온 윤리사상이 있다. 칸트 자신은 자연의 의도로서
의 세계시민적 상태의 실현을 '천년왕국' 또는 '지상의 신국'으로
불렀다. 그는 섭리의 개념을 주석하는 가운데서 한편으로 영구
평화의 보증으로서의 자연의 메커니즘, 다른 한편으로 평화에
대한 인간의 책임에 대해 언급했다. 그는 추가조항에서 평화로
의 도정을 자연의 메커니즘 또는 섭리로 보면서 그 다음의 부록
에서는 평화는 모든 인간의 도덕적 의무라고 단언했다. 여기에
서 우리는 도덕과 정치의 관계에 관한 칸트의 관점을 읽을 수 있
다.

그는 부록에서 ① "영구평화의 견지에서 본 도덕과 정치의 불
일치에 대해서", ② "공법의 선험적 개념에 의한 정치와 도덕의
합치에 대해서" 비교적 긴 보충설명을 했다. 31)

칸트에게 정치란 자연의 메커니즘을 인간의 통치를 위해서 이
용히는 기술이다. 우선 정치와 도덕의 관계에서 칸트는 전자에
대한 후자의 기본적 우위라는 입장에 서 있다. 그는 도덕을 정
치가의 이익에 합치시키려는 실천가를 정치적 도덕가라고 하고
국가적 전략의 원리를 도덕과 합치할 수 있도록 하는 정치가를
도덕적 정치가라고 불렀다. 32) 그가 즐겨 쓰던 도덕적 정치가란
자기의 양심에 따라 행동할 때 그 의무와 책임을 다하는 것을 의

---

31) *Ibid.*, pp. 52, 68.
32) *Ibid.*, p. 55.

미한다. 여기에서 윤리적 이상주의와 정치적 리얼리즘을 결합하는 발상이 나온다.

칸트는 결함을 제거하기 위한 격렬한 혁명 대신에 점진적인 개혁이야말로 도덕과 일치하는 국가의 정책이라고 주장했다. 칸트는 지나치게 빠른 개혁은 아나키의 운명과 조우한다고 했다. 그가 가장 두려워한 것은 폭력에 의한 혁명이지만 혁명이 다시 일어났을 때 그는 혁명을 자연의 메커니즘의 소산으로 보고 그것을 결코 부정하지 않았다. 이것은 흡사 로크가 반란과 빈번한 혁명을 거부하면서도 혁명의 존재이유를 인정한 관점과도 유사하다. 칸트는 프랑스혁명을 평가하여 당시로서는 그 혁명만이 법적인 원리에 따라 인류사에서 자연과 자유를 결합시킨 것이라고 했다.

칸트는 영구평화를 향하는 인류의 노력을 도덕적 의무인 동시에 이성적인 필연으로 보았다. 이를 단순히 지상목표의 선언에 그치지 않고 그 종말론적 대망과 결합시키려 했다. 칸트의 《영구평화론》은 자연이라는 이름의 섭리의 확신에 바탕을 둔 상대적 낙관주의의 산물이라고 할 수 있으며 이 자연이라는 틀 속에서 칸트는 적대관계, 길항적 경향성, 비사교적 사교성, 이성적 능력, 도덕적 의무, 점진적 개혁, 위대한 예술가, 도덕적 정치가 등 열쇠개념들을 구사하면서 영구평화를 인간이 끊임없이 접근해야 하는 정치적 최고선으로 파악했다.

12

헤겔의 전쟁과 평화의 변증법

우리는 가끔 헤겔(Georg Wilhelm Friedrich Hegel, 1770~1831)
의 정치사상이 민족주의나 전체주의의 국가이론에 기여했다는
상정을 하게 된다. 이러한 견해는 나치독일 등장 후 특히 나치
즘을 반대하는 측에서 헤겔 정치사상의 철학적 전제와 나치국가
의 제도적 이미지의 유사성[1]을 강조하면서 제기한 것이다. 우리
는 헤겔 사상에서 전쟁과 평화의 의미를 추적함으로써 그의 전
쟁관이 과연 나치즘이나 파시즘 절정기의 민족주의적, 군국주의
적 이데올로기에 기여한 점이 있는지 살펴볼 필요가 있다.

---

1) H. Heller, *Hegel und der Nationale Machtstaatsgedanke in Deutschland* (Leipzig & Berlin, 1921), p. 118.

헤겔의 전쟁관이 어떤 형태로든 신(新)전체주의적 목적 또는
파시스트적 사상과 유사하다는 점을 헤겔의 문장 속에서 발견하
는 것은 결코 어려운 일이 아니다. 2)

　　도덕성은 그것과 다른 무엇에서 생명력을 부여받는데 그것이 바
　　로 적(敵)이다. 3)

　　전쟁은 무기력과 싸우는 국민에게는 도덕적으로 건강하다. … 흡
　　사 시원한 바람이 지속적인 평온의 결과로 생긴 불순물로부터
　　바다를 구하듯이 전쟁도 국민을 위해서 그러한 역할을 한다. 4)

　　국민들이 고독 속에 뿌리내리게 하지 않고 전체를 파편화하지
　　않게 하기 위하여 그리고 공동의 정신을 증발시키지 않게 하기
　　위하여 정부는 가끔 전쟁으로 국민을 동원할 필요가 있다. 5)

　위에 인용한 헤겔의 진술만 보면 헤겔과 트라이치케, 6) 심지어
는 파시스트7)의 주장 사이에 큰 차이를 발견하기 어렵다.

　2) D. A. Routh, "The Philosophy of International Relations," *Politica*,
　　September 1938, pp. 223~235.
　3) G. Lasson(ed.), *Hegels Schriften zur Politik und Rechtphilosophie*
　　(Leipzig, 1913), p. 470.
　4) *Ibid.*, p. 432.
　5) G. W. F. Hegel, *The Phenomenology of Mind*, translated by B.
　　Baillie, 2nd ed. (London, 1949), p. 474.
　6) H. Treitschke, *Politik*, ed. by M. Cornicelius, 5th ed. (Leipzig,
　　1922), I, pp. 24, 39, 60 ; II, pp. 362, 371, 474.
　7) W. Ebenstein, *Modern Political Thought* (New York, 1958),
　　pp. 330~337.

그러나 이들 자주 인용되는 구절들은 단편적으로 이해될 것이
아니라 헤겔의 법철학에 잘 나타나 있는 국가에 대한 일반이론
의 문맥 속에서 검토되어야 한다. 여기서 우리는 헤겔이 그의
일반철학의 맥락에서 전쟁의 현상에 의미를 부여하려는 고통스
러운 노력을 발견할 수 있다. 애국심, 세계사적 개인(weltgeschi-
chtliches Individum) 그리고 군인에 대한 헤겔의 예찬은 사상과 체
제로서의 군국주의와는 거리가 멀다. 헤겔에게 애국심은 국가에
대한 기본적인 마음가짐(Gesinnung)으로서 참다운 애국심은 광신
이 아니라 국가와 개인의 관계에 대한 이성적 통찰에 바탕을 두
는 것이다. 애국심을 토대로 해서만이 국가는 살아 있는 공동체
의 역할을 할 수 있다. 애국심은 국가를 위한 자기의 희생으로
나타나며 여기서 군인의 참모습을 발견하는 것이다. 그리고 헤
겔이 나폴레옹을 세계사적 개인＝영웅으로 본 것은 프랑스혁명
의 이념에 대한 헤겔의 공감일 뿐이지 나폴레옹의 명예나 정복
욕에 대한 예찬은 결코 아니었다.

헤겔도 당시의 자연법 사상가들이 생각하는 것처럼 전쟁을 평
화의 정상적 조건으로부터의 일탈로 보고 있었다. 그리고 그 자
신도 전쟁을 명백히 비난하면서 평화의 가능성을 포기하지 않았
다. 무엇보다도 먼저 헤겔은 전쟁이 생명과 재산의 방어를 위한
공리적인 동기에 의해 정당화될 수 없다는 것을 설명하려 했다.
다만 헤겔은 단순히 전쟁을 비난하는 데 머물지 않고 전쟁을 인
간이 만든 문화적 세계의 부분으로 파악하고 그 전쟁을 일으키
는 원인의 내면적 필연성을 설명하려고 했던 것이다.

전쟁 개념에 철학적인 의미를 부여하는 것은 구체적인 전쟁의
정당화가 아니다. 따라서 헤겔은 전쟁의 개념화와 구체적인 전

쟁의 발발을 엄밀히 구별하려 했던 것이다.

헤겔은 하나의 통일체, 하나의 개체로서의 국가라는 존재의 본질은 다른 국가와의 관계에 있다[8]고 주장했다. 국가의 인격이 정체성을 찾으려면 다른 인격과 구별되어야 하고 모든 국가는 그 이웃국가에 대해서 주권을 가지며 독자적이어야 하는 것이다.[9] 헤겔 국가론의 근본과제는 개인의 자유와 공동체의 통일을 어떻게 종합할 것인가에 있었다. 그는 당초 프랑스혁명에 공명했고 개인을 공동체적 존재로 파악한 아리스토텔레스와 몽테스키외의 사상을 섭취했다. 그리고 그는 루소의 일반의지와 시민종교, 칸트의 실천이성의 사상에 입각하여 고대 그리스 폴리스의 이상을 근대적 개인의 자유와 결합하려고 했다.

헤겔에게 민족의 근본적 자유, 최고의 명예는 국가가 주권국가로서 독립을 지키는 것이며 각 주권국가는 어디까지나 개체로서 상호부정적 관계(자연상태)에 있기 때문에 전쟁(Krieg)이 발생할 필연성이 있는 것이다. 주권 유지를 위한 방위전쟁이 시인되는 이유가 바로 여기에 있다. 헤겔은 전쟁을 비난하고 전쟁은 없어져야 한다고 생각하면서도 항구적 평화의 가능성에 대해서는 회의적이었다. 헤겔은 주권국가의 독립이 필연적이기 때문에 칸트의 연맹에 의한 '영구평화' 구상을, 몰(沒)논리적이라고 비판했다.

전쟁과 평화에 대한 헤겔의 인식은 그의 변증법적 사고와 분리해서 생각할 수 없으며 전쟁 또한 역사의 변증법적 과정과 불

---

8) Hegel, *Philosophy of Right*, §323.
9) *Ibid.*

가분한 관계에 있다. 10) 국가는 하나의 개체 그것도 본질적으로 부정을 잉태하고 있는 개체이다. 따라서 설령 몇 개의 국가가 하나의 가족을 만든다 해도 개체로서의 이 가족집단은 그 반대자, 즉 적을 만들지 않으면 안된다. 11) 헤겔의 인식론에서 국가를 파악하려면 인간의 자기동일성에 대한 헤겔의 개념을 이해하지 않으면 안된다. 헤겔에 의하면 한 개인은 타자와의 구별성에서 파악된 인간이다. 국가에 대한 설명도 같은 논리에서 설명할 수 있다. 12) 따라서 국가의 존재도 타국과의 구별성, 타국에 의한 인정 때문에 가능하며13) 그런 점에서 국가는 그 자체 안에서는 독립된 주권국으로서의 의미가 없다. 그 국가의 존재를 위해서는 타국과의 공존이 필요하다. 여기서 헤겔은 국가들의 자기 존재를 위해서 가장 중요한 국제법의 필요성을 변증법적으로 도출하려 했다. 헤겔에 의하면 영구적인 세계질서의 부정이 국제법의 존재 자체를 부정하는 것은 아니다. 14) 헤겔은 일반적으로 전쟁은 없어져야 한다고 보았으며, 특히 국내의 제도나 가족과 사적 생활의 평화를 파괴하는 전쟁을 거부했다. 15) 그리고 그는

---

10) Alexandre Kojève, *Introduction à la lecture de Hegel* (Paris: Gallimard, 1947), p. 529 ff.

11) Hegel, *Philosophy of Right*, §331.

12) *Ibid.*, §324.

13) *Ibid.*, §323.

14) Adam von Trottgu Solg, *Hegels Staat Philosophie und der Internationale Recht*, *Abhandlungen der Seminar für Völkerecht und Diplomatic* (Heft 6C Göttingen, 1932), pp. 87~91.

15) Hegel, *Philosophy of Right*, §338.

전쟁이 완전히 없어질 수 없다는 확신에도 불구하고 전쟁이 인
간화하고 최소화하는 것을 바라고 있었다. 어떤 경우에도 개인
은 전쟁의 공포로부터 보호받아야 한다고 보았다. 더욱이 헤겔
에 의하면 전쟁에서의 승리가 결코 그 승리자가 정당하다는 것
을 나타내는 것은 아니고 구체적인 전쟁이 정의의 문제를 결정
할 수 없기 때문에 승자든 패자든 정의와는 관계가 없다. 힘이
정의는 아니다.

　이처럼 헤겔은 전쟁의 결과에 대해 윤리적인 중립성을 견지했
다. 헤겔은 어떤 현실의 전쟁을 변호하려고 하지 않고 다만 그
전쟁을 개념적으로 철학적으로 설명하려 했다. 그에 의하면 현
실의 구체적인 전쟁은 우연적이고 특수적인 욕망들간의 갈등에
서 비롯되는 것이다. 따라서 전쟁은 본원적으로 정당하다고 할
수 없으며 전쟁에 대한 어떠한 철학적 정당화도 있을 수 없다.

　헤겔은 이러한 논리로 몇몇 제도적 결론을 도출했다. 즉, 전
쟁이 전반적인 공동체의 삶에서 중요한 부분을 이루지 않아야
하기 때문에 전쟁은 상비군에 의해 치러져야 하며 인민대중에
의해서 치러져서는 안된다. 16) 징병제는 피해야 한다. 왜냐하면
전쟁에서 요구되는 용기와 기술은 그 자체 개별적 특성을 지니
는 것이며 결코 집단적 대중심리적 덕이 아니기 때문이다. 17) 그
리고 헤겔은 군사력은 절대적으로 시민적 권위하에 있어야 한다
고 주장하고 로마의 집정관적인 제국과 같은 군사국가를 정상적
인 사물의 질서에 역행하는 것으로 보았다. 18)

---

16) *Ibid*., §325, 328.
17) *Ibid*., §327.
18) *Ibid*., §271.

이렇게 보았을 때 파시즘이 헤겔의 의도와 관계없이 헤겔의
특정 언술을 이용하는 것은 별개로 치더라도, 헤겔이 민족주의
나 파시즘의 전쟁이론을 정당화했다는 유력한 근거는 없다.

플라메나츠는 헤겔이 전쟁을 찬양했다는 주장을 다음과 같이
반박했다.

> 헤겔에 의하면 국가는 타국과 전쟁상태에 있을 때 그 구성원에
> 게 가장 극명하게 국가의 존재를 확인시킨다. 바로 이때 구성원
> 은 공동체의식을 가장 강렬하게 느끼게 된다. 전쟁은 국민의 도
> 덕적 건강에 좋은 것이다. 헤겔은 영구평화를 기대하지 않았다.
> 그것을 예상하지도 욕구하지도 않았다. 그는 전쟁을 찬양하는
> 자로 비난받아 왔지만, 그 비난은 지나치며 잘못된 것으로 본
> 다. [19]

플라메나츠는 계속해서 전쟁에 의해 고무되는 사회적 그리고
군사적 덕이 있다고 주장한다.

> 프러시아는 나폴레옹과 힘겨운 전쟁을 치름으로써 국내 개혁과
> 애국주의를 분출시켰다. 따라서 해방전을 겪은 독일인들이 전
> 쟁은 국민의 도덕적 건강에 좋다고 믿는 것은 놀라운 일이 아니
> 다. … 헤겔은 주기적 혹은 지속적인 전쟁을 주장하거나 전쟁이
> 인간행위의 가장 숭고한 것이라고 주장하는 것은 아니다. [20]

---

19) Plamenatz, *Man and Society*, II (New York: McGraw-Hill, 1963),
  p. 261.
20) *Ibid.*

헤겔에 의하면 역사는 자기부정과 자기초월을 통하여 자신을
창조해온 인간의 현실이다. 그래서 역사는 본원적으로 변증법적
이다. 변증법은 사물의 참다운 본질이다. 21) 인간은 자유를 통해
서 자신을 의식하고 지식을 획득한다. 전쟁은 이러한 부정의 변
증법적 과정에서 나타나는 인간의 집단적 폭력행위의 한 표현인
것이다. 그에 의하면 모든 전쟁은 절대적 부정, 절대적 자유가
절대적 긍정, 즉 국가에로의 변증법적 전도를 위해 존재하는 것
이다. 22)

전쟁과 평화를 변증법적 과정으로 파악한 헤겔의 입장에서 전
쟁은 평화의 자기부정이며 그 전쟁이 다시 평화를 불러오는 조
건이 될 수도 있다. 전쟁은 자유를 획득하는 수단일 수 있고 자
유를 실현하는 국가를 위해서 평화는 전쟁으로 대체될 수 있는
것이다. 23) 전쟁과 평화는 인간의 생활에서나 국가의 생활에서
뗄 수 없는 모멘트이다. 24) 헤겔에게 전쟁과 평화의 변증법은 그
의 상호인정(gegenseitige Anerkennung)의 변증법적 구조의 해명을
통해서 쉽게 이해될 수 있다. 헤겔에 의하면 인정은 각자가 타
자의 의지·권리·가치 등을 존중하는 것이다. 상호인정은 각자
가 타자에 상호의존하면서도 자립적인 것을 의미한다. 상호의존
은 공동체에서 개인의 자유를 나타내는 기본개념이다. 헤겔은

---

21) Hegel, *The Logic of Hegel*, translated by William Wallace
(Oxford: Oxford University Press, 1959), pp. 147~148.

22) Hegel, *Phenomenology*, p. 493.

23) Janine Chanteur, *From War to Peace*, translated by Shirley Ann
Weisz (Westview Press, 1992), p. 74.

24) Hegel, *Philosophy of Right*, §215.

이를 "각자가 타자 안에서 자기를 발견한다"고 말했다. 개인은 자기를 직접적으로 의식할 수 없고 타인 가운데 자기를 찾음으로써 자기를 의식한다. 그런데 개인은 타인 가운데 자기를 자립적인 것으로 발견하기 때문에 타인의 자립성을 뺏으려고 한다. 여기서 바로 인정투쟁(Kampf um Anerkennung)이 발생한다. 인정투쟁은 각자의 소유, 욕구투쟁으로 시작하나 이 투쟁은 끝내 각자의 전체, 즉 생사를 건 투쟁(Kampf auf Leben und Tod)으로 발전한다. 이리하여 개인은 죽음의 위험에 직면하게 되고 국가는 전쟁을 선택하게 된다. 헤겔에 의하면 인정투쟁은 공동체(국가) 이전의 단계에 속한다. 인정투쟁에서 공동체로의 이행은 사회계약론자들이 말하는 '자연상태에서 국가에로의 이행'에 상당하는 것이다. 말하자면 개인, 가족, 국가 등 인류의 여러 단계에서 상호인정이 뿌리내리는 상태가 평화요, 국가수준에서 인정의 상호성이 무너지고 인정투쟁으로 나타나는 것이 전쟁이라고 할 수 있다. 헤겔의 평화사상에서 중요한 것은 전쟁과 평화를 고정적·형식논리적으로 파악하지 않고 동태적·변증법적으로 파악했다는 점, 그리고 상호인정(평화)의 상태가 인정투쟁(전쟁)의 상태보다 발전된 높은 단계라는 점이다. 헤겔은 빈번한 분쟁의 경험으로부터 얻어진 학습과정은 정치가로 하여금 전쟁이 결국 붕괴를 초래한다는 것을 깨닫게 하며 이것이 변증법적 사고의 필연적 귀결이라고 주장했다.

13

맑스의 혁명과 평화

맑스(Karl Marx, 1818~1883)는 전쟁이란 표현을 많이 쓰면서도 전쟁을 철저히 분석한 적은 없다. 그러나, 맑스의 저작 속에서 우리는 맑스주의의 이념이 평화의 유토피아 속에 포함되어 있는 것을 쉽게 발견할 수 있다. 맑스는 "모든 사회개혁은 프롤레타리아 혁명과 봉건적 반(反)혁명이 세계적인 혁명을 일으킬 때까지는 하나의 유토피아로 남아 있을 뿐이다"[1]라고 했다. 맑스주의의 프롤레타리아 혁명은 말하자면 인류사에서 모든 불행을 떨쳐버리기 위한 유일하고 보편적이며, 전면적이고 결정적인 전

---

1) Karl Marx, *Wage-Labor and Capital* (New York: Internationa Publishers, 1933), p. 15.

쟁이며 이 전쟁을 통한 총체적 승리만이 참다운 자유, 평등 그
리고 평화를 가져올 수 있는 것이다. [2] 즉, 혁명전쟁에서 전면적
승리만이 총체적 평화를 보장하는 것이다. 맑스는 전쟁의 원인
을 지금까지의 사상가들이 말해온 인간의 정념이나 욕망, 또는
인간의 원죄나 근본악에서 찾지 않고, 계급간의 사회경제적 갈
등과 모순에서 찾고자 했다. [3] 인류역사를 통해서 전쟁은 언제나
경제적 기원, 즉 생산력과 생산관계의 모순에 의해 발생한다고
했다. [4] 맑스는 사회의 평화적인 개혁보다 사회의 근본적 변혁인
혁명, 그것도 유혈의 폭력혁명을 추구했던 것이다. 맑스의 전저
작을 통해서 전쟁의 부재를 평화로 보는 발상을 찾아보기는 어
려우며, 그에게 평화의 실현은 혁명전쟁의 전면적 승리를 통해
서만이 가능하다. 그리고 전쟁은 자본주의 사회와 국가가 존재
하는 한 피할 수 없기 때문에 논리적으로 보면 평화는 자본주의
사회와 국가의 사멸을 통한 공산주의 사회의 도래와 함께 기대
해볼 수 있는 유토피아이다. 맑스는 혁명이 아닌 다른 방법에
의한 평화의 실현을 기대하지 않았다. 따라서 맑스 사상에서 평
화는 혁명의 수단이나 목적이 아니라 어디까지나 그 결과일 뿐

---

2) Janine Chanteur, *From War to Peace*, translated by Shirley Ann
   Weisz (Westview Press, 1992), p. 177.

3) Karl Marx and Friedrich Engels, *Communist Manifesto*, ed. by
   Dirk, J. Struik(ed.) (New York: International Publishers, 1971),
   p. 99.

4) Karl Marx, *The German Ideology*, in *Karl Marx and Frederick
   Engels : Selected Works*, Vol. 1 (Moscow: Progress Publishers),
   pp. 19~34.

이다.

세계평화 혹은 영구평화를 어떻게 달성할 것인가? 맑스에게
묻는다면 그는 세계평화는 세계혁명을 통해서 그리고 영구평화
는 공산주의 사회의 도래에서 찾을 것이다. 이를 뒷받침할 수
있는 것으로 《공산당 선언》에는 다음과 같은 문장이 있다.

> 한 개인에 의한 다른 개인의 착취가 폐지됨에 따라서 일국민에
> 의한 타국민의 착취도 폐지된다. … 국민 내부의 계급대립이 없
> 어지면 제국민간의 적대관계도 없어진다. 5)

위 문장에서 적대관계의 부재를 평화라는 개념으로 바꿔도 전
혀 부자연스럽지 않다. 요컨대 평화에 대한 맑스의 접근방법은
한마디로 '혁명에 의한 평화'라고 말할 수 있다. 그가 《자본론》6)
에서 묘사하고 있는 '자유인들의 연합'으로서의 공산주의는 그의
희망대로 세계적 규모로 실현되면 국가는 사멸하고7) 인간의 자
기소외가 극복되며 인간주의8)가 달성됨으로써 지상에 평화가 도
래하게 되는 것이다. 따라서, 맑스의 평화구상은 세계혁명과 공
산주의의 달성에 의한 평화라고 단순화할 수 있다. 이러한 맑스

---

5) Karl Marx, Friedrich Engels, *Werke*, Bd. 4 (Berlin: Dietz Verlag, 1964), S. 479.

6) Karl Marx, *Capital* (New York: International Publishers, 1977), Vol. 1, Part. 1, Chap. 1, Section 4 참조.

7) Karl Marx, *Critique of the Gotha Programme*, in *Karl Marx and Frederick Engels : Selected Works*, Vol. 3, pp. 9～31.

8) Karl Marx, *Economic and Philosophical Manuscripts*, in David McLellan (ed.), *Karl Marx : Selected Writings*, pp. 75～112.

의 발상법은 일종의 종말론적 사고나 천년왕국 대망론과도 궤를
같이한다. 맑스 자신은 1872년 9월 2일 헤이그에서의 제1인터
내셔널 대회에서 다음과 같이 연설한 바 있다.

> 노동자는 새로운 노동조직을 만들기 위해서 언젠가는 정치권력
> 을 잡지 않으면 안된다. 그러지 않으면 그러기를 태만히 했던
> 고대 기독교도와 같이 이 세상에서 자기들의 왕국을 결코 볼 수
> 없을 것이다. 9)

물론 맑스 자신은 공산주의의 실현으로 역사가 끝난다고 하지
않고 오히려 그때부터 인류의 본사(本史)가 시작된다고 말했다.
지금까지 맑스의 공산주의 상(像)에 대해서는 여러 가지 묘사가
있었다. 이를테면 "아침에 사냥, 점심땐 고기잡이, 저녁엔 목
자"10)가 된다던가 필연의 나라에서 자유의 나라에로의 이행 등
의 표현이 그에 해당한다. 그리고, 맑스는 1875년의 《고타강령
비판》에서 공산주의의 보다 높은 제2단계에서는 '욕구에 따른
분배'의 원칙이 이루어질 것이라고 했나. 공산주의 사회에서 사
람들은 사회적 분업노동의 구속에서 해방되어 '노동'이 아니라
'욕구'에 따라서 소비물자의 배분을 받게 된다는 것이다. 다시 말
하면 원초적 의미의 피와 땀과 노동(labor)에서 창작활동, 유희
등을 포함하는 일(work)에로의 전환이 이루어지는 것이다. 노동
시간의 극소화와 자유시간의 극대화, 나아가서 노동(labor)의 극

---

9) Marx, Engels, *Werke*, Bd. 18, S. 160.
10) Marx, *The German Ideology*, in *Karl Marx and Frederick Engels :
Selected Works*, Vol. 1, pp. 35~36.

소화와 일(work)의 극대화가 실현되는 이상사회가 바로 공산주의인 것이다. 여기서 말하는 공산주의는 말을 바꾸면 천년왕국의 도래를 의미하는 것이다. 이리하여 맑스는 공산주의 사회의 도래와 함께 인류의 전사(前史)는 끝나고, 인류의 본사가 시작한다고 했는데 여기서 말하는 인류의 본사는 인류사의 경험적 기준에서 보면 이미 인류의 역사가 아니라 '신'의 역사일지 모른다. 물론 맑스 자신은 이 인류의 본사를 신의 역사로 부르지는 않았지만 마치 아우구스티누스의 신국을 연상케 한다. 그러나, 맑스는 아우구스티누스가 그의 '지상의 평화'에 부여한 의미 정도도 인류의 '전사'의 '평화'에 눈을 돌리지 않았다. 그래서 영구평화가 보장되는 공산주의 사회는 기독교적 종말론의 유물론적 변형이라고 하는 평가를 가능하게 한다. 맑스가 말하는 공산주의, 노동자들의 '자유왕국'의 실현은 두말할 것도 없이 프롤레타리아 독재에 의해서만이 가능하다. 1871년 9월 25일의 "국제노동자협회 창립 7주년 축하회에서의 연설"에서 맑스는 다음과 같이 말했다.

> 이러한 변혁의 실현을 위해서 먼저 프롤레타리아 독재가 필요할 것이며 그 제1조건은 프롤레타리아 군대이다. 노동자계급은 전장에서 자기를 해방하는 권리를 쟁취하지 않으면 안될 것이다. 11)

> 물론 우리는 가능한 곳에 무엇이든 평화로운 방법으로 싸울 것이다. 필요하다면 무기를 들고 싸울 것이다. 12)

---

11) Marx-Engels, *Werke*, Bd. 17, S. 433.

이를테면 1872년 9월 8일 "헤이그대회에 대한 연설"을 보면 맑스는 영국과 미국 그리고 홀란드 등에서는 이른바 의회를 통한 평화혁명의 가능성을 부정하고 있지는 않으나 대부분의 유럽대륙에서 무력혁명이 불가피하다고 생각하고 있었다.

대륙의 대다수의 국가에서는 노동의 지배를 달성하기 위해서는 일시적으로 폭력에 호소하지 않을 수 없다. 13)

맑스, 엥겔스 사후 평화의 개념은 크게 변질되어 왔다. 러시아혁명 후 1920년대의 소련, 1955년 후의 중국에서는 평화공존이라는 이름으로 평화라는 상징을 크게 부각시켜 왔다. 그리고, 각국의 노동당·사회당 등 맑스주의를 신봉하거나 사회주의에 친근감을 가진 정당일수록 우파, 보수정당보다 상대적으로 평화가치를 더욱더 중시해 왔다. 이들이 말하는 평화의 함의는 반드시 폭력혁명에 의한 평화라고만 말할 수는 없다. 평화공존은 오히려 자본주의 대국과의 갈등에서 사회주의 체제를 지키기 위한 방어적 정책의 표현이며, 좌파 성당이 강조하는 평화는 주로 보수적 우파 지배정당의 안보군사정책이나 인권유린, 공해 등 각종 구조폭력에 대한 적극적인 비판개념으로 쓰여 왔던 것이다.

---

12) *Ibid.*, S. 652.
13) *Ibid.*, S. 160.

Ⅳ 현대의 민주평화사상

칸트에 의해 본격적으로 제기된 근대의 평화사상, 즉 평화의
조건으로서의 공화제의 주장은 현대에 와서 민주적 평화의 사상
으로 뿌리를 내리고 있다. 어떤 나라가 민주적일수록 그 나라는
평화지향적이며 더욱이 '민주국가 상호간의 전쟁은 없다'는 명제
는 1960년대 이래 민주적 평화론자들의 지속적인 연구관심사이
다. 여기서 말하는 민주주의는 칸트가 말하는 통치방식으로서의
공화제의 연장선 위에 있으며 이를테면 자유롭고 공명한 선거에
의한 지도자의 선출, 인권의 보장, 권력분립 등을 내용으로 하
는 정치구조와 제도[1]를 가리킨다.

이들 민주적 평화론자들의 경험적 연구에 의하면 국가는 민주
적일수록 그들의 대외관계가 평화적이다. 그리고 민주국가의 경
우도 폭력을 사용하고 전쟁을 수행하지만 적어도 민주국가끼리
는 전쟁하는 경우가 거의 없다.

이를테면 뱁스트(D. Babst)는 1789년에서 1941년까지 116개의
전쟁에 대한 경험적 연구를 통하여 민주국가간의 전쟁이 없음을
증명하고 있다.[2] 러멜(R. J. Rummel)은 민주국가(*Libertarian state*)
간에는 전쟁이 거의 없었다고 주장한다.[3] 러셋(B. Russett)은 민

---

1) B. Russett, *Grasping the Democratic Peace* (Princeton University
   Press, 1993), p. 14.
2) Dean Babst, "Elective Governments : A Force for Peace," *The
   Wisconsin Sociologist*, 3, 1 (1964), pp. 9~11; "A Force for Peace,"
   Industrial Research (April 1972), pp. 55~58.

주국가간에는 전쟁이 없다는 명제를 고대 그리스의 도시국가간
의 관계에까지 확대적용하고 있다. 4) 그리고 위드(E. Weede)는
억지(deterrence)나 초대국에 종속하는 것이 국제체제의 평화의
조건이라고 본 종래의 견해를 재검토하고 민주국가끼리는 서로
싸우지 않는다는, 널리 알려진 합의에 동참하고 있다. 5) 그렇다
면 이들이 민주국가끼리는 싸우지 않는다고 본 이유는 무엇인
가. 이에 대한 대답은 지극히 간단하다. 즉, 민주국가의 지도자
들은 전쟁을 함으로써 생기는 인센티브가 거의 없기 때문이다.
왜냐하면 어떤 민주국가가 다른 민주국가를 공격하는 것은 국민
이 그것을 다른 수단에 의한 외교정책의 연장으로 보지 않으며
외교정책의 실패6)로 보기 때문이다. 민주국가의 정치지도자들은
전쟁으로 생명과 재산을 잃기를 꺼리는 국민들의 여론을 염두에
두지 않을 수 없다. 그리고 민주국가간에 전쟁이 없는 이유를
보다 분석적으로 설명하기 위하여 민주국가가 가지는 규범-문화
와 구조-제도의 특성을 제기하는 사람도 있다. 7)

　무엇보다도 민주국가의 지배적인 규범은 평화적인 경생, 설득
그리고 다협이다. 비민주국가에서는 정책결정자가 국내정치의
갈등이나 다른 나라와의 갈등을 해결하기 위해서 폭력이나 폭력

　3) R. J. Rummel, "Libertarianism and International Violence," *Journal of Conflict Resolution*, 27, 1 (1983), pp. 27~71.

　4) Russett, *op. cit.*, pp. 43~81.

　5) E. Weede, "Extended Deterrence by Superpower Alliance," *Journal of Conflict Resolution*, 27, 2 (1983), pp. 231~254.

　6) Alex Mintz and Nehemia Geva, "Why Don't Democracies Fight Each Other?" *Journal of Conflict Resolution*, 37, 3 (1993).

　7) Russett, *op. cit.*, pp. 24~42.

의 위협을 이용하나 민주국가에서는 정책결정자가 대체로 다음
과 같은 규범에 익숙해 있기 때문에 폭력적 갈등을 피하려 한다.

(1) 민주국가에서는 정책결정자가 타협과 비폭력으로 갈등을
    해결하기를 기대한다.
(2) 민주국가는 다른 민주국가와의 관계에서 평화적으로 갈등
    을 해결하는 규범을 따른다.
(3) 한 나라의 민주주의가 안정될수록 민주적 규범이 다른 민
    주국가와의 관계를 규제한다. [8]

또한 민주국가간에 전쟁을 하지 않는다는 명제를 설명할 때
민주국가의 규범적 요인과 함께 그 민주국가의 구조적 요인도
중시하지 않을 수 없다. 민주국가의 정책결정과정에서는 견제와
균형, 권력분립, 국민의 지지를 얻기 위한 공론의 필요 등의 요
인 때문에 대규모의 폭력을 사용하는 결정이 늦어질 뿐만 아니
라 실제로 그러한 결정이 내려질 가능성이 줄어든다.
  물론 규범적 요인과 구조적 요인은 이론적으로나 현실적으로
완전히 분리할 수 없다. 지금까지 이 두 요인은 상호보완하면서
민주적 평화를 재생산해 왔다.
  그러나 민주국가의 평화지향적 요인에도 불구하고 폭력을 사
용하는 예는 얼마든지 있다. 그 전형적인 예가 바로 미국이다.
미국은 선거기간중 특히 의회선거보다 대통령선거에 앞서 군사
력을 사용하는 경우가 있었다. [9] 선거에 직면한 정치지도자들은

---

8) *Ibid.*, p. 35.

그들의 권력의 약점과 불안을 외국이나 적국에 보이지 않기 위해 군사력에 호소하여 분쟁을 확대하는 경향이 있다. 10) 그리고 일반적으로 정치지도자들의 인기는 국가의 경제상태와 관련이 있기 때문에 미국의 대통령은 높은 실업률, 인플레이션 등으로 경제가 악화될 경우 폭력을 사용하려 했었다. 11) 특히 군수산업 분야는 국제긴장이 고조될수록 이득을 보는 경우가 많고 실제로 군사력의 사용은 이들 군수산업체에 직접적으로 활기를 불어넣을 수 있다.

그런데 이처럼 민주국가가 군사력을 사용하는 경우도 그 목표는 비민주국가인 경우가 많다. 왜냐하면 민주국가의 지도자들은 같은 민주국가를 공격함으로써 외교정책의 실패로 비난받기를 꺼려하기 때문이다. 이처럼 미국이 여러 가지 형태로 전쟁에 개입해 온 것이 사실이며, 그 가운데에서도 주목해야 할 것은 민주적 절차에 의해 성립한 외국정부에 대해 미국이 은밀한 행동으로 개입한 경우를 어떻게 파악할 것인가 하는 문제이다.

제2차 세계대전 후 미국이 제3세계의 민주적 정부에 대해 은밀한 개입을 한 사례로는 이란(1953), 과테말라(1954), 인도네시아(1957), 브라질(1961), 칠레(1973), 니카라과(1981) 등이 있다. 이들 나라들은 국내정치에서 일정한 민주적 절차를 통하여 성립된 정부인데 냉전기의 미국은 이들 나라들이 소련과 야합하는 것을 두려워해서 이들 정부를 파괴, 전복하기 위한 은밀한

---

9) K. T. Gaubatz, "Election Cycles and War," *Journal of Conflict Resolution*, 35, 2 (1991), pp. 12~44.

10) *Ibid*.

11) *Ibid*.

공작을 수행했다. 이를테면 1955년 비교적 공명하고 자유로운 선거로 선출되어 교도민주주의를 표방하고 나섰던 수카르노 정부를 배제하기 위해 1957년 미국은 은밀한 개입을 했다. 특히 칠레의 아옌데(Allende) 정부에 대한 미국의 개입은 많은 문제점을 남겼다. 칠레는 민주주의의 오랜 전통을 갖고 있고 공명하고 자유로운 선거에서 36.2%의 지지로 선출된 아옌데 정권은 1973년 피노체트(Pinochet)의 쿠데타 전까지만 해도 민주국가로 간주되었으며 어떤 관점에서도 비민주정부라고 말할 수는 없었다. 아옌데 정권은 미국의 은밀한 공작에 의해 제거되었지만 만약 그때 미국과 칠레 사이에 전쟁이나 그에 준하는 군사행동이 있었더라면 민주국가간에는 전쟁을 하지 않는다는 일반화를 재검토하지 않을 수 없었을 것이다. 그리고 더욱 중요한 것은 이란, 과테말라, 브라질, 칠레 등에서처럼 현지 정부가 전복된 뒤에 등장한 정부는 예외없이 그 전 정부보다 덜 민주적이며 거기다 쿠데타인 경우가 많았다는 점이다. 이렇게 봤을 때 민주국가끼리는 싸우지 않는다는 명제를 설명하는 규범적 요인과 구조적 요인은 공개적인 군사행동을 꺼리는 기능을 하지만 비밀공작을 막을 만큼 강력하다고 말할 수는 없다.

이상의 고찰에서 우리는 정치적으로 안정되고 산업화된 민주국가끼리는 공개적인 전쟁을 하지 않는다는 명제가 논리적 설득력과 함께 경험적 타당성이 있음을 알았다. 제2차 세계대전 후 냉전기간중에 미국이 비교적 민주적인 비유럽 여러 나라들에 대해 은밀한 군사개입을 한 적이 있으나, 산업화한 민주국가 상호간, 이를테면 미국과 유럽제국 간의 전쟁은 없었다. 이리하여 "민주적일수록 평화적"이라는 명제에서 도출된 민주적 평화의 개념은 도덕적 규범일 뿐만 아니라 경험적 사실로도 확인되었다. 평화에의 욕구와 그 실천은 자연의 메커니즘인 동시에 인간의 도덕적 의무라고 갈파한 칸트의 평화사상은 오늘의 지구민주화 시대에 와서야 활짝 꽃피게 된 것이다. 1795년 칸트의 《영구평화론》이 세상에 나온 이래 민주주의는 두 차례의 세계대전을 경과하면서도 크게 발전했고 제2차 세계대전 후 냉전시대에도 의회민주주의는 꾸준히 확산되었으며 사회주의 경제체제의 전면적 붕괴로 냉전체제가 무너진 후부터는 시장경제를 축으로 하는 민주주의의 지구화현상이 두드러지게 나타나고 있다. 특정지역에서의 종교적, 인종적 전쟁의 발발에도 불구하고 민주주의의 보편화와 평화의 일상화는 냉전 후 세계사의 돋보이는 추세이다. 이 민주적 평화는 우리의 역사적 경험 속에서도 존재했으며 21세기를 향한 우리의 미래구상에서도 얼마든지 실현가능한 이상적 가치로 설정할 수 있다. 민주적 평화는 당위(Sollen)인 동시에 존재(Sein)이다.

이제 우리에게 민주적 평화는 하나의 자기충족적 예언(self-fulfilling prophecy)의 효과를 가지고 있다고 말할 수 있다. 인간의 규범이 행동을 지도하는 것이라면 규범의 반복은 그 규범의 실현에 도움을 준다. 민주국가끼리는 전쟁을 해서는 안된다는 명제를 되풀이함으로써 민주국가끼리 전쟁하지 않을 개연성이 강화될 것이다. 사회과학자는 기존의 현실을 분석도 하지만 새로운 현실을 창조하기도 한다.[12] 현대사의 분석을 통하여 우리는 최소한 민주국가끼리는 덜 싸운다는 것을 경험적 사실로 확인했

---

12) Russett, *op. cit.*, p. 357.

다. 이제 우리는 민주국가끼리 싸워서는 안된다는 규범을 재생산해 나감으로써 민주적 평화의 현실을 창조해야 할 것이다.

역사를 통하여 인간성에 내재하는 악마적 요인을 적나라하게 체험한 우리로서는 아무리 바람직하고 있음직한 규범도 일거에 무너질 수 있다는 것을 모르는 바 아니다. 그럼에도 불구하고 적실성 있는 규범은 인간의 행동에 일정한 긴장을 줌으로써 원하는 것과 원하지 않는 것, 해야 할 일과 해서는 안될 일을 가려준다. 원래 정치의 언술(discourse)은 규범적 성격으로부터 자유로울 수 없다. 민주주의가 널리 퍼지는 세계에서는 민주적 평화의 규범도 보편화되기 마련이다.

냉전체제의 붕괴 후 새로운 민주국가들의 등장으로 국제체제는 엄청난 변화를 겪고 있다. 매콜름(R. B. McColm)의 연구13)에 의하면 세계의 183개 국가 가운데 91개국은 민주주의의 기준에 접근하고 있고 나머지 92개국 중 32개국도 민주주의로의 전환기에 있다고 한다. 만약 지금까지의 통념대로 역사가 전쟁과 정복의 역사라고 가정한다면 지구 규모의 민주화가 확산되는 금후의 세계는 우리의 통념의 수정을 가져올 것이며 역사에 대한 새로운 의미부여를 요구할지 모른다. 정치적 자원의 불평등 구조로 인하여 소수의 비민주적 국가는 남겠지만 전체적으로 볼 때 21세기의 국제시스템은 민주국가를 구성원으로 하는 새로운 국제질서로 전환될 것이다. 그리고 냉전시대의 이데올로기의 전쟁이나 넓은 의미의 '문명의 충돌'보다는 민족, 종교, 문화, 역

---

13) R. B. McColm, *Freedom in the World* (New York: Freedom House, 1992).

사, 전통을 배경으로 하는 분쟁이 많이 발생할 조짐을 보이고
있다. 이러한 변화는 단순히 진보라고 볼 수도 없으며 전면 전
쟁의 가능성에서 절대평화에로의 이행이라고 말할 수도 없다.
다만 분명한 것은 민주주의의 보편화에 상응하여 세계적 수준에
서도 민주국가 상호간의 군사적 대립과 전쟁의 가능성은 상대적
으로 줄어들 것이라는 점이다. 가류적(可謬的) 인간의 본성에 변
화가 없는 한 전쟁은 과거에도 있었고 현재에도 있고 미래에도
없어지지 않을 것이다. 그러나 이러한 전쟁의 사실에도 불구하
고 평화가치에 대한 자각도 과거보다 현재, 현재보다 미래에,
즉 시간의 진행과 함께 더욱더 심화될 것이다. 전쟁의 극소화와
평화의 극대화는 인류의 변함없는 도덕적 확신인 동시에 정치적
실천과제일 것이다.

THOUGHTS ON PEACE AND POLITICAL SYSTEMS

Western political philosophers, from the ancient through the contemporary world, have engaged in unceasing debates over the form of political regime best suited to maintain stability and peace. Their arguments vary, depending upon their temporal context and the degree of self-awareness of peace. This article is designed to reflect upon the inter-relationship between political systems and peace by examining the mixed system of ancient Greece, particularly Aristotle's Polity, Kant's Republican Peace, and contemporary democratic peace theories.

I

Dating back to ancient Greece, there has been a belief that mixed systems, based on the principle of checks and balances, are politically more stable and systemically more durable than unitary systems with absolute power. Political stability refers to the existence of conditions that can assure defense from foreign invasions and safeguard the lives of the members of society. Political thinkers of the ancient world, however, were not thoroughly aware of the idea of maintaining peace by preventing wars. Therefore, we hardly can find direct mention in the classics that mixed systems are conducive to maintaining peace. It may be of interest to explore the inter-relationship of the ancient mixed systems with peace : not only are arguments for republic and democracy in modern times rooted in the ancient tradition of mixed systems, but also contemporaries take for granted that republic and democracy are preconditions for peace. [1]

Plato did not offer ways to resolve wars among city-states. He did attempt to resolve internal conflicts within a city-state, especially the political corruption that brings about debasement and disorder within a city-state. [2] The objective of

---

1) Kurt von Fritz, *The Theory of the Mixed Constitutions in Antiquity* (New York: Columbia University Press, 1954), pp. 306~352.

2) Plato, *Laws*, in *The Dialogue of Plato*, translated by B. Jowett, M. A., 1968, 626d.

his political philosophy was to overcome such corruption and establish a political order of justice and harmony. In the discussion over the form of political system to be established in the colonial city of Magnesia, Plato argued that a mixed system of the wisdom of monarchy and the freedom of democracy was the best and most feasible political system. Moreover, temperance was considered essential for political stability. Because unitary systems are susceptible to ignore the principle of temperance, Plato argued that it is essential to find the mean between the most tyrannical and the most free politics. Plato called this middle ground "mixed constitution."[3] He argued for the utility of the golden mean by saying that not only is it justifiable to hit the mean but also advantageous for men to opt for a path to compromise, namely, the middle between the two extremes.[4] For Plato, men who abide by the golden mean can evade misfortune and gain peace and prosperity.[5]

It was Aristotle who developed Plato's fragmented idea of the mixed system and the mean. He described human nature as wicked-a cup that cannot be filled-and believed that men live to satisfy their insatiable desires.[6] War was the consequence of man's unlimited desires. This carried over to the

---

3) Plato, *Laws*, 691c~d ; 792d~e.
4) *Ibid.*, 690e.
5) Plato, *Letter VIII*, 354a~e.
6) Aristotle, *Politics*, 1267b.

administration : if legislators or statesmen of either an oligar-
chy or democracy pushed their principles to the extremes,
their constitutions would be spoilt. [7]

Aristotle pursued a political system able to mitigate man's
insatiable desires, especially one to control the private interest
of rulers. The results of his efforts was the Polity as a mixed
system, the concept of which denoted the overall structure of
a state, the mode of life or social ethics of the whole system.
Aristotle, however, grasped it as a peculiar mode of a mixed
system.

For Aristotle, Polity carried various definitions. It was the
combination of oligarchy with democracy, [8] and also implied a
government ruled by the middle class. [9] In the fusion of
oligarchy and democracy, Aristotle described the forms of
government more inclined to oligarchy as aristocracy and
those more inclined to democracy as Polity. [10] For Aristotle,
the mean and the middle class were the essence of his idea of
peace. The golden mean represented the harmonious middle
between defect and excess ; the best life was that lived
according to the virtues of the golden mean. [11] The wealth of
the city should be large enough to prevent foreign invasion
and war. The middle class represents the principle of the

---

7) *Ibid.*, 1309b.

8) *Ibid.*, 1280a.

9) *Ibid.*, 1295b~1296b.

10) *Ibid.*, 1293b, 1307a.

11) *Ibid.*, 1295b.

golden mean. It can play the role of a balancer in the city and stop the government from being perverted.

Men in the mean are best prepared to follow rational principle and least likely to be over-ambitious than the other two extremes. [12] Therefore the middle class is least likely to use force or pursue either extreme case of democracy or tyranny. The Polity-supported by the middle class-is least prone to disputes and conflicts, can endure foreign invasions, and can enjoy the longevity of the government, thereby assuring political stability. Aristotle was confident that by managing territory, population, property and other resources in the manner of the golden mean, a city can prevent the invitation of covetous foreign aggression and withstand the misfortunes of war. Like Plato, Aristotle took war as a given. Although he described individual political life as the state of peace under the rule of a government, he acknowledged the reality of war in political life among cities. For Aristotle, therefore, war and peace was the Janus-faced reality. Nonetheless, he did render a clear message of peace by justifying "war for the sake of peace rather than war for the sake of war itself." [13]

The principle of the golden mean runs throughout Aristotle's political thoughts. At the individual level, the mean is a norm assuring the peaceful life of man ; at the state level,

---

12) *Ibid.*, 1295b.
13) *Ibid.*, 1333a~1334a.

a formula for establishing the Polity. However similar the "mean" and the "mixed" may seem to be, "not every mix is moderate, and not every middle is a mix."[14] Aristotle, however, did not differentiate the "middle regime" from "mixed regime." To him, the Polity represented the best feasible regime. When the Polity is seen in terms of a government transcending the two extreme unitary systems and a constitution ruled by the majority to pursue common interests, it is the nearest political system to contemporary democracies among other ancient systems.

The theory of mixed government — developed by Plato in *Laws* and deepened by Aristotle in *Politics* — provides clues to the relationship between political systems and peace. The theory was later succeeded in the modern age by Kant as republican peace and in the contemporary age as the theory of democratic peace.

II

When seen in terms of the relationship between political system and peace, the republic that Kant proposed as the condition of peace can be understood within the tradition of ancient thinkers who regarded mixed systems as the best form

---

14) Recited from Johnson, "Aristotle's Polity : Mixed or Middle Constitution ?" *History of Political Thought*, Vol. IX, No. 2, Summer, 1988, p. 198.

of government conducive to political stability. The only difference is that the ancient philosophers were more interested in the stability, longevity and durability of the political system rather than in peace itself.

In Kant's *Perpetual Peace*, "the civil constitution of every state shall be republicans" is the first definitive article for peace. The word "civil" here broadly implies all members of the free political community rather than the bourgeoisie class as opposed to aristocrats and the labor class. For Kant, "republican constitution" was a form of government *(forma regiminis)* rather than *forma imperii*. He differentiated the classification of the form of government in terms of whether it is republican or tyrannical from the classification by the form of sovereignty in terms of number of the rulers as autocracy, aristocracy and democracy. For Kant, legislation in the republic was in the hands of the assembly because the true form of government was nothing more than representative government. Although Kant did not categorize tyranny into any form of government, he believed that the monarchic form of government could be associated with the spirit of a representative system. Kant referred to the principles of freedom, obedience and equality as the conditions of a republican constitution. Freedom referred to the personal freedom as man, while obedience referred to the obligation to the law as citizen. Equality was that before the law, and this was said to be possible only under a representative government where legislative and executive powers were separated.

For Kant, "any form of government which is not representative is essentially an anomaly."[15] Republic differs from one-man rule — how good a government it may be, in terms of personality and wisdom of the ruler — that ends with the death of the ruler. Government without representation is liable to despotism and violence. What the ancient thinkers called 'republics' did not have this representative form of government.[16] Only a republican system can assure the rule of law and makes it possible for the people to peacefully change their law in accordance with their will. Kant believed that perpetual peace could be secured only among states sharing the republican form of government. The reason was simple : in the republican system, the decision to wage war should be endorsed by the people themselves.[17] In a non-republican constitution, on the contrary, the ruler regards war as a sort of enjoyment, and he has nothing to lose from his dinner table, hunting and festivals of his palace.[18] In short, given that wars are difficult to wage without the cooperation and support of the people, possibility of war will be reduced, especially in countries where voluntary will of the people are well reflected in their governments.

---

15) Immanuel Kant, *Zum Ewigen Frieden — Ein philosophischer Entwurf Reclam*, Verlag Stuttgart, 1795, p. 28. From now on the work will be referred as *Friede*.

16) Kant, *Friede*, pp. 29~30.

17) *Ibid.*, p. 27.

18) *Ibid.*, p. 28.

Kant saw peace in the inseparable relation between domestic governance and diplomacy. This idea was later developed by Rousseau, the first modern political thinker who believed that war could be prevented by reforming domestic political system away from despotic rule. For Rousseau, people rather than kings ; popular rather than absolute sovereignty ; republic rather than despotism were crucial in achieving peace. The desire for peace among the people was believed to be stronger than that of the kings ; after all, only the people are exposed to the cruel reality of war. Therefore, sovereignty was to be placed in th hands of the people to avoid war and pursue peace. To see it realized, reform of the ancient regime was essential. Thus, Rousseau exerted every effort to justify domestic political reforms as a precondition of peace.

We need to note the positions taken by Rousseau and Kant with regard to patriotism and nationalism in the context of political entity as nation-state. For Rousseau, patriotism and peace was not contradictory. Patriotism could mediate pity inherent in man so as to develop into humanism. [19] Kant failed to grasp the *Geist* of his times where nationalism was manifest in the extreme case of the will to war. As Kelly pointed out, Kant, like his contemporary German intellectuals, was too sincere and too indulged in receiving Rousseau's ambiguous

---

19) Oeuvres Complètes, Gallimard (1964), III, *Sur L'économie politique*, p. 254.

message. [20] Kant ignored the historical fact that people in a republican system could be more war-like than their prince. Although he applauded the advent of republican system right after the French Revolution, it is doubtful whether Kant was aware of the dangers of the nationalistic passion of the revolutionary army and its distorted form expressed as Napoleon's expansionist policy. Given the lack of rational decision making process as found in contemporary mass democracies, it would be irrelevant to share the same hope Kant had for republican systems. However, we can still trace a strong continuity of Kant's Republicanism as a condition of peace in democracies of our times. With the proliferation of democratic principles to the social sphere, people came to participate in the decision making process of open government. Here people desire peace because they are aware that otherwise, they will be the victims of wars. [21]

Kant firmly believed that people are more inclined to peace than their bellicose rulers. He also felt that the republican system allows for civil rights and more peace because it can prevent the aggressive tendency of their rulers.

---

20) G. A. Kelly, "Rousseau, Kant and History," *Journal of the History Ideas*, Vol. 29, 1968.

21) On democracy as a condition to contemporary peace, see discussions between Morgenthau and Erich Fromm at the international conference held at Salzburg. Diskussionsschwerpunkte, Der Friede in Nuklearen Zeitalter, Enine Kontroverse zwischen Realisten und Utopisten.

Kant, however, was not a naive pacificist who took for granted that people would always want peace, nor an idealist blind to cruel reality. He did not believe there to be any definite and practical measures to safeguard perpetual peace. All he hoped for was the unceasing efforts of mankind in their pursuit for perpetual peace. Man's moral progress was the foundation of such efforts. It is noteworthy here that Kant did not lose faith in the belief of human reason and the force of nature : "Natural predispositions of men are destined to share in the common goal so as to see their full realization. "[22] Therefore, man's desire can destroy society in war, or construct a society in peace. [23] For Kant, nature impels men to form a civil system and to gradually approximate the goal of perpetual peace. The moral progress of man that makes perpetual peace possible was seen to develop in a good political system; that is, within the framework of a republican system.

III

The modem philosophy of peace — the republican system as a condition of peace — elaborated by Kant could take root

22) Kant, "Idee zu einer allgemeiner Geschichte in Weltbürgerlicher Absicht," *Werke*, Bd. IV, p. 152.

23) Janine Chanteur, *From War to Peace*, translated by Shirley Ann Weisz, Westview Press, 1992, p. 144.

in the contemporary period as the theory of democratic peace. The essence of the theory is that the more democratic a country, the more it pursues peace. The proposition that there is no war among democracies has been an area of unceasing research among democratic peace theorists since the 1960s. Democracy in this sense is in line with Kant's republican form of government : a political institution with free and fair election of representatives, guaranteed human rights, and separation of powers. [24]

For democratic peace theorists, the more democratic a country, the more peaceful its foreign relations. Democracies do use force and engage in wars but rarely among them- selves. Exemplar empirical studies were conducted by Russett, [25] Babst, [26] and Rummel[27] to verify the hypothesis. Weede criticized the conventional perspective that deterrence and dependency under superpowers can assure peace in international system, and shared the propositions of democrat- ic peace. [28] Then, why did democratic peace theorists think

---

24) B. Russett, *Grasping the Democratic Peace* (Princeton University Press, 1993), p. 14.

25) *Ibid.*, pp. 43~81.

26) Dean Babst, "Elective Governments : A Force for Peace," *The Wis- consin Sociologist*, 3, 1, 1964, pp. 9~11 ; "A Force for Peace," *In- dustrial Research* (April), pp. 55~58.

27) R. J. Rummel, "Libertarianism and International Violence," *Journal of Conflict Resolution*, 27, 1, 1983, pp. 27~71.

28) E. Weede, "Extended Deterrence by Superpower Alliance," *Journal of Conflict Resolution*, 27, 2, 1983, pp. 43~81.

that there cannot be wars between democracies? Their answer was quite simple : leaders in democracies have no incentive to wage wars against another democracy. In the case of a war against another democracy, the people do not regard such war as foreign policy by other means but as the failure of foreign policy itself. [29] Political leaders in democratic states have to take into account the people's fear of losing their lives and properties in wars.

In order to explain the reasons more analytically, Russett looked into the characteristics of norms-culture and structure-institution of democracies. [30] The prevailing norms in democracies include peaceful competition, persuasion and compromise. In the decision making process, checks and balances, separation of powers, and public support delay the process itself and reduce the possibility of reaching decisions to wage war. Normative and structural factors cannot be completely separated from each other both in the theoretical and practical sense. The two factors reproduce democratic peace through mutual interactions.

In spite of their peaceful tendencies, democracies have used force. One exemplar case is the United States. Deployment of military forces have been more frequent before presidential elections than general elections. [31] In the face of

---

29) Alex Mintz & Nehemia Geva, "Why Don't Democracies Fight Each Other," *Journal of Conflict Resolution*, 37, 3, 1993.

30) B. Russett, *op. cit.*, pp. 24~42.

elections, political leaders tend to magnify disputes and appeal to military forces in order to hide any weakness or instability from the eyes of foreign countries or enemies. [32] Due to the high inter-relationship between the popularity of a political leader and the economic situation, American presidents have attempted to use force against foreign countries in the face of economic difficulties of high unemployment and inflation. [33] The military-industrial sector may profit from a high level of international tension, and use of military force may provide an immediate boost to those industries' sales.

Democracies used military force mostly against non-democratic countries. This is because leaders in democracies want to avoid their foreign policy being criticized as a failure by attacking another democracy.

The United States have been intervening in wars for the above-mentioned reasons. Since the end of the Second World War, the U.S. has been intervening covertly in democratic governments of Third World countries such as Iran (1953), Guatemala (1954), Indonesia (1957), Brazil (1961), Chile (1973), and Nicaragua (1981). Although their governments were launched through democratic procedures, the United States carried out secret operations to destroy and subvert the

---

31) K. T. Gaubatz, "Election Cycles and War," *Journal of Conflict Resolution*, 35, 2, 1991, pp. 12~44.

32) *Ibid.*

33) *Ibid.*

countries' governments to prevent alliance with the Soviet Union. The U. S. attempted a clandestine intervention on the Indonesian government in 1957 to remove Sukharno, who advocated guided democracy after being elected president in a relatively fair and free election in 1955. Intervention in the Allende government of Chile, in particular, brought about many problems. Chile had a long democratic tradition; the Allende government was launched with 36. 2% support from fair and free elections. Chile was most certainly a democratic country until it was overthrown by Pinochet's military coup in 1973. The Allende government ended as a result of the clandestine U. S. intervention. If war, or commensurable military action, had actually occurred between the U. S. and Chile, then the general proposition that democracies do not fight each other may have had to be reexamined. More importantly, governments established right after the fall of former governments in Iran, Guatemala, Brazil, and Chile were less democratic or took power through military coups. Then, we can say that the normative and structural factors explaining the proposition of democratic peace could make democracies hesitant to use open military actions, but it is not strong enough to prevent clandestine operations.

Nevertheless, we have seen that politically stable and industrialized democracies do not use force openly against each other. The proposition of democratic peace does have logical persuasion and empirical relevance. Right after the end of the Second World War, namely, during the Cold War, the

United States did conduct secret military operations in the relatively democratic governments of non-European countries. No evidence of war, however, can be found among industrialized democratic countries ; for example, between the United States and European countries. This testifies to the premise "the more democratic, the more peaceful." The concept of democratic peace derived from the premise is now confirmed not only as a moral norm but also as an empirical fact. Kant's philosophy of peace — the desire and practice of peace is the natural mechanism and moral obligation of man — has finally seen its full blossom in this age of global democratization. Since the publication of *Zum Ewiegen Frieden* (1795), democracy has withstood the turmoil of the two World Wars and made steady proliferation throughout the Cold War era. With the total collapse of the socialist economic system, globalization of democracy is now a manifest phenomenon. Despite sporadic occurrences of religious and ethnic wars in certain regions, universalization of democracy and peace is the prominent trend of the world history in the post-Cold War era. Democratic peace is the *Sollen* and *Sein*.

Now, we may say that democratic peace has the effect of a self-fulfilling prophecy. Given that norms guide human actions, repetition of norm do help realize the norm itself. By repeating the premise of democratic peace, probability of no wars between democracies would certainly be bolstered. Not only do social scientists analyze reality but also create new reality. [34] From the analysis on contemporary history, we have at least empirically verified the fact that democracies do not fight each other. It is upon us to reproduce the norms of democratic peace to create it as a new reality.

We who have nakedly experienced the evil nature inherent in man are not ignorant of the fact that despite the desirability of a norm, it can be made futile. A relevant norm, however, can generate tension and guide us to differentiate what we want from what not, and what we ought to do from what we should not do. Therefore, in a world where democracy flourishes, the norm of democratic peace gradually will be universalized.

Following the Cold War system, the international system is undergoing a great transformation with the advent of new democracies. According to McColm's study, out of a total 183 states, 91 are approaching the standard of democracy and 32 of the rest of 92 countries are under transition to democracy. [35] Although the history of mankind until now was of war and conquest, the conventional way of thinking will be revised in the future and might demand a new meaning to the history of mankind. A few non-democratic countries will remain due to the unequal structure of political resources. The international system of the twenty-first century, however, will be a new international order of democratic states. There are signs

---

34) Russett, *op. cit.*, p. 357.

35) R. B. McColm, *Freedom in the World* (New York: Freedom House, 1992).

of national, religious, cultural, historical and traditional disputes. Such disputes, however, will not take the form of ideological war or "clash of civilizations." These changes cannot be seen simply as a progress nor as a transition from a total war to an absolute peace. Yet we can be certain that corresponding to the universalization of democracy, military confrontations and possibility of wars will decline relatively among democracies at the international level. Without fundamental changes in the fallible human nature, war is a reality in the past, present and future. Despite the reality of war, however, commitment to the value of peace has been intensifying gradually as time passes. Minimization of war and maximization of peace is both the moral imperative and political task of mankind.

———

참고문헌

Platon

Cherniss, H. F. *Aristotle's Criticism of Plato and the Academy*, Vol. I. Baltimore: Johns Hopkins Press, 1944.

Dover, K. J. *Greek Popular Morality in the Time of Plato and Aristotle*. Berkeley and Los Angeles: University of California Press, 1974.

Foster, M. B. *The Political Philosophies of Plato and Hegel*. Oxford: Clarendon Press, 1973.

Gadamer, Hans Georg. *The Idea of the Good in Platonic-Aristotelian Philosophy*. Translated and with an introduction and annotation by P. Christopher Smith. New Haven: Yale University Press, 1986.

Gulley, N. *Plato's Theory of Knowledge*. London: Methuen, 1962.

Platon. *The Dialogues of Platon*. Translated into English with analyses and introduction. 4th ed. & Rev. Oxford: Clarendon Press, 1953.

———. *The Collected Dialogues of Plato*, Vol. I~II. Edited by Edith

Hamilton and Huntington Cairns. Princeton: Princeton University Press, 1963.

────. *The Dialogues of Plato.* Eng. translated by B. Jowett, M. A. Oxford: Clarendon Press, 1968.

Spragus, R. K. *Plato's Philosopher King.* Columbia: University of South Carolina Press, 1976.

Wood, E. M. and Wood, N. *Class Ideology and Ancient Political Theory* : *Socrates, Plato and Aristotle in Social Context.* Oxford: Blackwell, 1978.

Woozley, A. D. *Law and Obedience* : *The Arguments of Plato's Crito.* London: Duckworth, 1979.

Aristoteles

Ando, Taktura. *Arstotle's Theory of Practical Cognition.* Kyoto: n. p. , 1958.

Aristotle. *The Nicomachean Ethics.* Eng. translated by H. Rackham, M. A. 2nd ed. Cambridge: Harvard University Press, 1934.

────. *The Politics of Aristotle.* Eng. translated by Ernest Barker. Oxford: Clarendon Press, 1948.

────. *Metaphysics.* Translated by Richard Hope. Michigan University Press, 1952.

────. *The Ethics of Aristotle.* Edited with an introduction and notes by John Burnet. London: Methuen, 1900.

──── and Xenophon, *Aristotle and Xenophon on Democracy and Oligarchy.* Translated with introduction and commentary by J. M. Moore. Berkeley: University of California Press, 1975.

Blythe, J. M. "Family, Government, and the Medieval Aristotelians." *History of Political Thought,* Vol. X, No. 1 (Spring,

1989).

Cherniss, H. F. *Aristotle's Criticism of Presocratic Philosophy*. Baltimore: Johns Hopkins Press, 1935.

Clark, Stephen R. L. *Aristotle's Man : Speculative upon Aristotelian Anthropology*. New York: Clarendon Press, 1975.

Cooper, John M. *Reason and Human Good in Aristotle*. Cambridge: Harvard University Press, 1975.

————. "Friendship and the Good in Aristotle." *Philosophical Review*, 86 (1977).

Evans, John and David, Gemmill, *Aristotle's Concept of Dialectic*. New York: Cambridge University Press, 1977.

Farrington, Benjamin. *Aristotle, Founder of Scientific Philosophy*. New York: Frederick A. Praeger, 1969.

Hardie, W. F. R. *Aristotle's Ethical Theory*. 2nd ed. Oxford: Clarendon Press, 1980.

Huxley, G. "On Aristotle's Best State." *History of Political Thought*, Vol. VI, No. 1/2 (Summer, 1985), pp. 139~149.

Irwin, T. H. "Aristotle on Reason, Desire, and Virtue." *Journal of Philosophy*, 72 (1975).

Johnson, C. "Aristotle's Polity : Mixed or Middle Constitution ?" *History of Political Thought*, Vol. IX, No. 2 (Summer, 1988), pp. 189~204.

Kenny, Anthony. *The Aristotelian Ethics : A Study of the Relationship between the Eudemian and Nicomachean Ethics of Aristotles*. Oxford: Clarendon Press, 1978.

Larkin, Miriam Therese. *Language in the Philosophy of Aristotle*. The Hagul, Mouton, 1971.

Skemp, J. B. "How Political is the Republic." *History of Political Thought*, Vol. I, No. 1 (Spring, 1980).

Springborg, P. "Aristotle and the Problem of Need." *History of Political Thought*, Vol. V, No. 3 (Winter, 1985).

von Leyden, Wolfgang. *Aristotle on Equality and Justice : His Political Argument*. Houndmills: Macmillan, 1985.

Hellenism

Cicero, Marcus Tullius. *The Basic Works of Cicero*. Edited by Moses Hadas. New York: Random House, 1951.

————. *De officiis*. Eng. translated by Walter Miller. Cambridge: Harvard University Press, 1968.

————. *De republica*. Eng. translated by Clinton Walker Keyes. Cambridge: Harvard University Press, 1970.

Edelstein, L. *The Meaning of Stoicism*. Cambridge, Mass., 1966.

Long, A. A. *Problems in Stoicism*. London, 1971.

————. *Hellenistic Philosophy*. London, 1975.

Polybius. *The Histories*. Eng. translated by W. R. Paton. Cambridge: Harvard University Press, 1922.

————. *The Rise of The Roman Empire*. Translated by Ian Scott-Kilvert. Selected with an Introduction by Walbank. Penguin Classics, 1979.

Reith, O. *Grundbegriffe der Stoischen Ethik*. Berlin, 1933.

Rist, J. *Stoic Philosophy*. Cambridge, 1969.

Seneca, Lucius Annaeus. *The Stoic Philosophy of Seneca*. Translated by Moses Hardes. New York: Norton, 1958.

Watson, G. *The Stoic Theory of Knowledge*. Belfast, 1966.

St. Augustinus

Augustinus. *De Civitate Dei Contra Paganos*.

Chevalier, Irenee. *St. Augustin et la pensee grecque. Les relations trinitaires*. Fribourg en Suisse: Collectannea Friburgensia, 1940.

Guitton, Jean. *Le temps et l'eternite chez Plotin et saint Augustin*. Paris: Boivin, 1933.

Jaspers, Karl. *Plato and Augustine*. New York: Harcourt, Brace & World, 1962.

Markus, R. A. (ed.). *Ausgustine : A Collection of Critical Essays*. New York: Doubleday, 1972.

O'Connell, Robert J. *St. Augustine's Confessions : The Odyssey of Soul*. Cambridge: Harvard University Press, 1968.

O'Toole, Christopher J. *The Philosophy of Creation in the Writings of St. Augustine*. Washington: Catholic University Press of America, 1944.

St. Thomas Aquinas

Bigongiari, D. (ed.) *The Political Ideas of St. Thomas Aquinas*. New York: Hafner, 1953.

Chenu, M. D. "Introduction to the Summa of St. Thomas." *The Thomist Reader*, II. *Washington*: Thomist Press, 1958.

D'Entreves, A. P. and Dawson, J. G. *Aquinas, Selected Political Writings*. Oxford: Clarendon Press, 1948.

————. *Dante as a Political Thinker*. Oxford, 1952.

Garrigou-Lagrange, R. *Reality : A Synthesis of Thomistic Thought*. Translated by P. Cummins. St. Louis: Herder, 1950.

Giby, T. *The Political Thought of Thomas Aquinas*. Chicago: University of Chicago Press, 1958.

Gilson, E. *History of Christian Philosophy in the Middle Ages*. New York: Random House, 1955.

Grabmann, M. *Thomas Aquinas : His Personality and Thought*. Translated by V. Michel. London and New York: Sheed and Ward, 1928.

O'Neil, C. J. *Imprudence in St. Thomas Aquinas*. Milwaukee: Marquette University Press, 1955.

Thomas, I. "Introduction." To *Aristotle's de Anima* with the Commentary of St. Thomas Aquinas. New Haven: Yale University Press, 1951, pp. 5~37.

Thomas Aquinas. *Summa Theologica*.

Tooke, J. D. *The Just War in Aquinas and Grotius*. London, 1965.

Dante Alighieri

Dante Alighieri. *The Divine Comedy*, Vol. I : *Hell*, Vol. II : *Purgatory*, Vol. III : *Paradise*. Eng. translated by Dorothy L. Sayers. Harmondsworth: Penguin Books, 1949~1962.

──. *On World-Government or De Monarchia*. Translated by H. W. Schneider. New York, 1949.

Erasmus

Erasmus. *Dulce Bellum Inexpertis*.

──. *Querela pacis*.

月村辰雄住 譯. 《戰爭は體驗しない者にこそ快し》. 二宮敬, 《エラスムス》. 講談社, 1984.

箕輪三郎 譯. 《平和の訴え》. 者波書店, 1961.

Tracy, J. D. *The Politics of Erasmus*. Toronto, 1978.

Thomas More

Hale, J. D. *War and Society in Renaissance Europe*. Leicester, 1985.

More. *Utopia*. Introd. J. Warrington. London: Dent: Everyman's Library, 1974.

Niccolo Machiavelli

Bonadeo, Alfredo. *Corruption, Conflict, and Power in the Works and Times of Niccolo Machiavelli*. Berkeley, California, 1973.

Butterfield, H. *The Statecraft of Machiavelli*. London, 1940.

Chabod, Federico. *Machiavelli and the Renaissance*. Translated by David Moore. *History of Ideas*, 37 (1976), pp. 351~368.

──────. "Self-love, 'Egoism' and Ambizione in Machiavelli's Thought." *History of Political Thought*, Summer, 1988.

Hannaford, I. "Machiavelli's Concept of Virtu in The Prince and The Discourses Reconsidered." *Political Studies*, 20 (1972), pp. 185~189.

Machiavelli, Niccolo. *The Prince*. Translated by George Bull. Harmondsworth, 1961.

──────. *The Letters of Machiavelli : A Selection of his Letters*. Translated and edited by Allan Gilbert. New York, 1961.

──────. *The Art of War in Machiavelli : The Chief Works and Other*. Translated and edited Allan Gilbert. Vols. 3. Durhan, Noth Carolina, 1965.

──────. *The Discourses*. Translated by J. Leslie, S. J. Walker, and edited by Bernard Crick. Harmondsworth, 1970.

Price, Russel. "The Senses of Virtu in Machiavell." *The European Studies Reviews*, 3 (1973), pp. 315~345.

Wood, Neal. "Machiavelli's Concept of Virtu Reconsidered." *Political Studies*, 15 (1967), pp. 159~172.

Hugo Grotius

Grotius, Hugo. *De jure belli ac pacis*. Eng. translated by F. W. Kelsey. Oxford: Clarendon Press, 1925.

Tooke, J. D. *The Just War in Aquinas and Grotius*. London, 1965.

大沼保昭 編. "フーゴー グロティウスに おける 戰爭・平和・正義."《戰爭と平和の法》. 東京: 東信党, 1987.

Thomas Hobbes

Dietz, Mary G. (ed.). *Thomas Hobbes and Political Theory*. Kansas: University Press of Kansas, 1990.

Eisenach, E. J. "Hobbes on Church, State, and Religion." *History of Political Thought*, Vol. III, No. 2 (1982), pp. 215~243.

Gauthier, David P. *The Logic of Leviathan*. Oxford: Clarendon Press, 1969.

Goldsmith, M. M. "Hobbes's Mortal God : Is There a Fallacy in Hobbes's Theory of Sovereignty." *History of Political Thought*, Vol. I, No. 1 (1980), pp. 33~50.

Grover, Robinson A. "Individualism, Absolutism, and Contract in Thomas Hobbes's Political Theory." *Hobbes Studies*, Vol. III (1990), pp. 89~111.

Hardin, Russell. "Hobbesian Political Order." *Political Theory*,

Vol. 19, No. 2 (May 1991), pp. 156~180.

Hobbes, Thomas. *De Cive or The Citizen.* Edited by Sterling P. Lamprecht. New York: Appleton-Century-Crofts, 1949.

————. *Leviathan.* Edited by Michael Oakeshott. London & New York: Collier Macmillan, 1962.

King, Preston. *The Ideology of Order : A Comparative Analysis of Jean Bodin and Thomas Hobbes.* London: George Allen & Unwin, 1974.

Lund, Wm. R. "The Historical and 'Political' Origins of Civil Society: Hobbes on Presumption and Certainty." *History of Political Thought,* Vol. IV, No. 2 (Summer, 1988), pp. 223~235.

Macpherson, C. B. *The Political Theory of Possessive Individualism : Hobbes to Locke.* Oxford University Press, 1962.

Mintz, Samuel I. *The Hunting of Leviathan.* Cambridge: Cambridge University Press, 1970.

Strauss, Leo. *The Political Philosophy of Hobbes.* Translated by E. M. Sinclair. Chicago: University of Chicago Press, 1952.

Warrender, Howard. *The Political Philosophy of Hobbes.* Oxford: Clarendon Press, 1957.

Wood, Neal. "Thomas Hobbes and the Crisis of the English Aristocracy." *History of Political Thought,* Vol. I, No. 3 (1980), pp. 437~452.

John Locke

Ashcraft, Richard. *Revolutionary Politics & Locke's Two Treatises of Government.* Princeton University Press, 1986.

Ayers, M. R. "The Ideas of Power and Substance in Locke's Philosophy." *Philosophical Quarterly*, Vol. 25, No. 98 (January 1975), pp. 1~27.

Cox, Richard. *Locke on War and Peace*. Oxford, 1950.

Drury, S. B. "John Locke : Natural Law and Innate Ideas." *Dialogus*, Vol. 19, No. 4 (1980), pp. 531~545.

Dunn, John. "Consent in the Political Theory of John Locke." *Historical Journal*, Vol. 10, No. 2 (1967), pp. 153~182.

Gough, J. W. *John Locke's Political Philosophy*. Oxford, 1950.

Grant, Ruth W. *John Locke's Liberalism*. Chicago University Press, 1987.

Kessler, Sanford. "John Locke's Legacy of Religious Freedom." *Polity*, Vol. 17, No. 3 (Spring, 1985), pp. 484~503.

Lemos, Ramon M. "Locke's Theory of Property." *Interpretation*, Vol. 5, No. 2 (Winter, 1975), pp. 226~244.

Moore, J. T. "Locke on Assent and Toleration." *Journal of Religion*, Vol. 59, No. 1 (January 1978), pp. 30~36.

Oakley, Francis and Urdang, Elliot W. "Locke, Natural Law and God." *Natural Law Forum*, Vol. 11 (1966), pp. 92~109.

Ryan, Alan. "Locke and the Dictatorship of Bourgeoisie." *Political Studies*, Vol, 13, No. 2 (June 1965), pp. 219~230.

von Leden, W. "John Locke and Natural Law." *Philosophy*, Vol. 21 (1956), pp. 23~35.

Saint-Pierre

Abbe de Saint-Pierre. *Projet pour sendre la parx perpetuelle en Europe*. 1713.

―――. *Abrege du Projet de paix perpetuelle*. 1729.

Jean Jacques Rousseau

Babbitt, Irving. *Rousseau and Romanticism.* Boston: Houghton Mifflin, 1977.

Blum, Carol. *Rousseau and the Republic Virtue.* Ithaca: Cornell University Press, 1986.

Chapman, John W. *Rousseau, Totalitarian or Liberal ?* New York: Columbia University Press, 1956.

Cobban, Alfred. *Rousseau and the Modern State.* London: Allen & Unwin, 1934.

Davy, Gedrges. *Thomas Hobbes et J. J. Rousseau.* Oxford: Clarendon Press, 1953.

Della Volpe, Galvano. *Rousseau and Marx.* Trans. and intro. by John Fraser. London: Lawrence and Wishart, 1978.

Durant, William James. *Rousseau and Revolution.* New York: Simon & Schuster, 1967.

————. *Hobbes and Rousseau.* New York: Doubleday, 1972.

Durkheim, Emile. *Montesquieu and Rousseau.* Translated by Ralph Manheim and Ann Arbor. University of Michigan Press, 1965.

Fairchild, Hoxie N. *The Noble Savage.* New York: Farrar, Straus & Giroux, 1961.

————. *The First and Second Discourses.* Translated by Roger D. and Judith R. Masters. New York: St. Martin's Press, 1964.

Fralin, Richard. *Rousseau and Representation.* New York: Columbia University Press, 1978.

Green, F. G. *Rousseau and the Idea of Progress.* Oxford: Clarendon Press, 1950.

Grimsley, Ronald. *Jean-Jacques Rousseau*. New Jersey: Harnes & Noble, 1983.

Hartle, Ann. *The Modern Self in Rousseau's Confessions*. Notre Dame: University of Notr Dame Press, 1983.

Hope, Mason J. "Individual in Society, Rousseau's Republican Vision," *History of Political Thought*, 10, pp. 89~112.

Levine, Andrew. *The Politics of Autonomy : A Kantian Readings of Rousseau's Social Contract*. Amherst: University of Mass. Press, 1976.

Maritain, Jacques. *Three Reformers : Luther-Descartes-Rousseau*. New York: Charles Scribner's Sons, 1929.

Mcdonald, Joan. *Rousseau and the French Revolution, 1762~1791*. London: Athlone Press, 1965.

Mcneil, Gordon H. "The Anti-Revolutionary Rousseau." *American Historical Review*, 58 (1952~1953), pp. 808~823.

Melzer, Arthur M. *The Natural Goodness of Man : On the System of Rousseau's Thought*. Chicago and London: University of Chicago Press, 1990.

————. *A Discourse on the Origin of the Inequality*. Translated by G. D. H. Cole. In *Great Books of the Western World*, V. 38.

————. *A Discourse on the Political Economy*. Translated by G. D. H. Cole. In *Great Books of the Western World*, V. 38.

————. *The Confession of Jean-Jacques Rousseau*. London: Dent.

Osborn, Annie. *Rousseau and Burke*. New York: Russell & Russell, 1940.

Plattner, Marc F. *Rousseau's State of Nature : An Interpretation of the Discourse on Inequality*. Dekalb, Northern Ill. University Press, 1979.

Riley, Patrick. *The General Will Before Rousseau*. Princeton:

Princeton University Press, 1986.

Roche, Kennedy F. *Rousseau: Stoic & Romantic.* London: Mathuen, 1974.

Roosevelt, G. G. "A Reconstruction of Rousseau's Fragments on the State of War." *History of Political Thought,* V. 82-2.

Rousseau, Jean Jacques. *Emile.* Translated by Barbara Foxley, London: Dent, 1911.

──────. *The Political Writings of Jean Jacques Rousseau,* Vol. I~II (French). Edited by C. E. Vaughan, M. A., Litt. D. Cambridge: Cambridge University Press, 1915.

Steinberg, Jules. *Locke, Rousseau, and the Idea of Consent.* Westport Conn. : Greenwood Press, 1978.

Temmer, Mark. *Time in Rousseau and Kant.* Paris: Libraire Minard, 1958.

Viroli, M. "Republic and Political in Machiavelli and Rousseau." *History of Political Thought,* V. 10-3 (1989), pp. 405~420.

Yoav, Peled. "Rousseau Inhibited Radcalism : An Analysis of His Political Thought in Light of His Economic Ideas." *APSR,* V. 74 (December 1980), p. 1034.

Jeremy Bentham

Bentham, J. *A Fragment on Government.* Edited by F. C. Montague. *Political Science.* London: Oxford, 1891.

Burns, J. H. "Bentham and the French Revolution." *Transactions of the Royal Historical Society,* 5th Series, XVL, 1966.

──────. *The Collected Works of Jeremy Bentham.* Edited by Burn Progress. London, 1968. Contains, "The Correspondence of Jeremy Bentham" ; "An Introduction to the Principle of

Morals and Legislation"; "Of Laws in General"; "A Comment on the Commentaries and A Fragment on Government".

Coates, W. H. "Benthamism, Laissez-Faire and Collectivism." *Journal of the History of Ideas*, II (1950).

Dicey, A. V. *Lectures on the Relation Between Law and Public Opinion in England during the Nineteenth Century*. London, 1905.

Dinwiddy, J. R. "Bentham's Transition to Political Radicalism, 1809~1810." *Journal of the History of Idea*, XXXV (1975).

Dvidson, William L. *Political Thought in England : The Utilitarians from Bentham to Mill*.

Goldworth, Amnon. "The Meaning of Bentham's Greatest Happiness Principle." *Journal of the History of Philosophy*, VII (1969).

Halevy, Elie. *The Growth of Philosophic Radicalism*. London: Faber & Faber, 1928.

————. *An Introduction to the Principle of Morals and Legislation*. New York: Hafner, 1948.

Hare, R. M. "Ethical Theory and Utilitarianism." Edited by H. D. Lewis. *Contemporary British Philosophy British Philosophy*, Fourth Series. London: Allen & Unwin, 1976.

Hume, L. J. *Bentham and Bureaucracy*. New York: Cambridge University Press, 1981.

James, M. H. (ed.). *Bentham and Legal Theory*. Belfast, 1974.

Long, Douglas G. *Bentham on Liberty*. University of Toronto Press, 1977.

Rosenblum, Nancy L. *Bentham's Theory of the Modern State*. Cambridge: Harvard University Press, 1978.

Zepos, P. J. "Jeremy Bentham and the Greek Independence." *Proceedings of the British Academy*, LXII (1976).

Kant

Kant, Immanual. *Uber den Gemeinspruch 1793, Werke* (Cassirer Ausgabe), Bd. IV.

_____. *Die Metaphysik der Sitten, Werke*, Bd. VII.

_____. *Idee zu einer allgemeiner Geschichte* in Weltbürgerlicher absicht, *Werke*, Bd. IV.

_____. *Zum Ewigen Frieden*, 1795.

_____. *Idea for a Universal in Kant's Political Writings*, ed. by Hans Reiss, Cambridge: Cambridge Univ. Press, 1970.

Hurrell, Andrew. "Kant and Kantian Paradigm in International Relation," *Review of International Studies*, Vol. 56, No. 2 (1962).

Waltz, Kenneth N. "Kant, Liberalism and war," *American Political Science Review*, Vol. 56, No. 2 (1962).

Kelly, G. A. "Rousseau, Kant and History." *Journal of the History of Ideas*, Vol. 29 (1968).

Georg Wilhelm Friedrich Hegel

Heller, H. *Hegel und der Nationale Machtstaatsgedanke in Deutschland.* Leipzig & Berlin, 1921.

Foster, Michael B. *The Political Philosophies of Plato and Hegel.* Oxford, 1935.

_____. *Philosophy of Right.* Translated by T. M. Knox. Oxford, 1942.

Friedrich, Car J. "The Power of Negation : Hegel's Dialectic and Totalitarian Ideology." *Hegel Symposium*. Edited by D. C. Travis. Austin, 1962, pp. 13~35.

————. *Political Writings*. Translated by T. M. Knox, with an introduction by Z. A. Pelczynski. Oxford, 1964.

————. *The Phenomenology of Mind*. Translated by J. B. Baillie, with a new introduction by G. Lichtheim. New York, 1967.

————. *Wissenschaft der Logik*. Edited by G. Lasson. 2 Vols. New edition. Hamburg, 1966~1967.

Germino, Dante. "Hegel as a Political Theorist." *Journal of Politics*, XXXI (1969), pp. 885~912.

Hegel, *Werke*, Vols. I~XVIII. Berlin, 1832~1845.

Karl Marx

Bober, Mandell M. *Marx's Interpretation of History*. 2nd ed. New York, 1965.

Chang, S. H. *The Marxian Theory of the State*. Philadelphia, 1931.

Engels, F. *Die lage der arbeitenden Klasse in England*. 1844~1845. MEW 2.

Engels, F. /Marx, K. *Die heilige Familie oder Kritik der kritischer Kritik Gegen Bruno Bauer und Konsorten*. 1844. MEW 2.

————. *Die deuche Ideologie, Kritik der neuesten deutchen Philosophie in ihren Reprasentanten Feurbach, B. Bauer und Stirner, und des deutchen Stirner, und des deutchen Sozialismus in seinen verschiedenen Propheten*. 1844~1846. MEW 3~4.

————. "Manifest der Kommunistischen Partei." MEW 4.

Hunt, Richard N. *The Political Ideas of Marx and Engels*, Vol. I :
　　Marxism and Totalitarian Democracy 1818~1850. University
　　of Pitsburg Press, 1974.

Marx, K. *Kritik des Hegelschen Staatsrechts*. 1843~1844. MEW 1.

Mayo, H. B. *Democracy and Marxism*. New York: Oxford Uni-
　　versity Press, 1955.

Poster, Mark. "Existential Marxism in Postwar France : From
　　Sartre to Althusser." *History and Theory*, Vol. 17, No. 1
　　(1978).

Rubel, Maximilien. "Marx's Conception of Democracy." *New
　　Political*, I, No. 2 (1962), pp. 78~90.

Schaff, Adam. "Marxist Theory on Revolution and Violence."
　　Journal of the History of Ideas, Vol. 34, No. 2 (April-June
　　1973).

찾아보기

▌주 제

▌인 명

■ 저자 약력

최 상 용

서울대학교 문리과대학 외교학과 졸업
일본 東京大學 대학원 정치학 석사 및 박사
미국 하버드대학 옌칭연구소 객원교수 및 일본연구소 연구원
고려대학교 평화연구소 소장, 아세아문제연구소 소장
한국정치학회 회장
주일본국 특명전권대사 역임
현재 고려대학교 정치외교학과 교수

주요 저서

《중용의 정치》, 《미군정과 한국민족주의》
A Political Philosophy of Peace
《韓國イデオロギ-論》(공저), 《현대한국정치와 국가》(편저)
《한반도 평화론》(공저), 《현대평화사상의 이해》(편저)
《デモクラシ-の未來》(공저), 《일본·일본학》(공저)

나남신서 550

평화의 정치사상

1997년 8월 20일 발행
2006년 3월 30일 제2판 발행

著 者 : 崔 相 龍
發行人 : 趙 相 浩

發行處 : (주) 나남출판

4 1 3 - 7 5 6   경기도 파주시 교하읍 출판도시 518-4
전화 : (031) 955-4600 (代), FAX : (031) 955-4555
등록 : 제 1-71호(79. 5. 12)
http://www.nanam.net
post@nanam.net

ISBN 89-300-3550-7   책값은 뒤표지에 있습니다.

나남커뮤니케이션스 ⑦

나남신서

나남출판사의 책은 쉽게 팔리지 않고 오래 팔립니다

2006. 4

나남출판 파주시 교하읍 출판도시 518-4 TEL : 031)955-4600 FAX : 031)955-4555 www.nanam.net